教養としての
東大・京大
英語の
入試問題

佐藤ヒロシ
HIROSHI SATO

THE ENGLISH ENTRANCE EXAM
FOR U-TOKYO AND
KYOTO UNIVERSITY

ベレ出版

はじめに

　現役東大生や東大出身のタレントを回答者としたクイズ番組やクイズ本など がブームになってから久しいものがありますが、なかなかそのブームは衰える どころか、むしろ定番のコンテンツになっていると言ってもよいかもしれませ ん。そうしたクイズ番組で現役東大・京大生や東大・京大出身のタレントなど が一瞬で回答したりすると、「よくこんなことを知っているなあ。やっぱり東 大出となると、こんな風に人が知らないことも知っているのか」というように 思われる方が多いのではないでしょうか？

　しかし、いかにもクイズ番組で問われるような知識（クイズ番組でしか問わ れないと言ってもよいかもしれません。例えば、「山のつく都道府県は全部で いくつあるか」など）は、東大の入試問題では一切問われません。実際、この ような知識のみならず、様々な知識の豊富な東大生は数多くいるでしょうが、 知識の多寡が決め手になるような入試問題は、実は東大や京大は昔から一切出 題してきていないのです。

　英語の場合も同様で、東大・京大の入試問題というと「一般の人が知らない ような高度な単語や細かい文法を覚えていないと解けない、読めない」という イメージをお持ちの方も多いかもしれません。

　ところで、近年 2018 年の東大英語入試問題で、mammal「哺乳類」と いう語句に注が付けられていたことはご存じでしょうか？　正直、「哺乳類」 mammal といった語は東大志望者でなくとも一般受験生のほとんどが知って いるであろう単語です。もちろん東大志望者なら当然知っていると思われます が、逆に言えばこの程度の単語にも注がつくほど、一般受験生の学習範囲を超 えるような（わかりやすく言えば、英検 1 級レベルのような）語句の知識の有 無が決め手になる問題は皆無なのです。

最近になって、入試改革で盛んに「思考力入試」とやらが叫ばれていますが、個人的には、何を今更という感が正直否めません。東大・京大は遙か昔（昭和以前）から思考力を問う問題を出題してきました。

　もちろん、東大・京大の入試においても、単語に限らず、高等学校で学ぶべき知識は当然必要です。何も覚えていなくても考えればできるというわけではありません。ただし、東大・京大入試はその高等学校で身につけていなければならない最低限の知識を、付け焼き刃ではなくどう運用できるかに加え、その過程をしっかり考え抜くという、いわば近年盛んに言われている「思考力入試」を遙か昔から実践していると言えるのです。

　さらに言えば、ただ知っている・見覚えがあるというような、曖昧な知識の持ち主や、何の関連性もなくひたすら知識を詰め込んだだけの「知識モンスター」には東大・京大は門戸を開いてくれないのです。

　私は、これまでに『東大英語が教えてくれる英文正読の真相55』（プレイス）、『英語が面白くなる 東大のディープな英語』（KADOKAWA）と、東大の入試問題を題材とした書物を上梓してまいりましたが、お陰様で今回、上記の拙著をご覧いただいた担当者の方から、今回は京大の入試問題との比較を交えてというお話をいただき、本書の完成に至りました。すでに拙著をご愛読いただいた方はもちろん、新たに本書を手にとられる方で、受験生時代には東大・京大の入試問題に触れる機会がなかった方でも、様々な形式の問題に取り組むことで、出題内容含め、現代社会の抱える数々の課題にも触れることができると思います。その過程で、受験生時代にはあやふやだった英語力そのもののブラッシュアップだけでなく、思考力を磨くことで、文系・理系といった狭い受験の枠組みから離れ、真の教養を身につけるきっかけにしていただければ幸いです。

佐藤　ヒロシ

CONTENTS

第1章 | 東大・京大が問う わかっているようでわかっていない英語の基本

第2章 | 東大・京大が問う 基本重要文法項目の理解度

第5章 | 東大・京大が求める英作文力（和文英訳・自由作文）

注) 本書に記載した解答例は、すべて
　　東京大学・京都大学が発表したも
　　のではありません。

東大英語と京大英語は何が違うのか?

> 東大英語は「入試問題のデパート・百貨店」、一方、京大英語は「入試問題の老舗専門店」

　「東大」「京大」といえば、もちろん日本の最難関国公立大学として、東西の頂点にある大学ですが、こと英語の入試問題においては、両大学には大きな差があるのはご存じでしょうか?

　一番大きな違いは、同じ試験時間(120分)に対して、出題される英文の量、加えて出題形式(設問形式)にあります。

　まず、京大の問題は、近年こそ英作文の問題が細分化されていますが、基本的には、**読解問題×二題、英作文(和文英訳)**という構成で、従来から読解問題では**設問のほとんどを下線部和訳**が占めています。

　80年代末の入試制度の改革に伴う一時期には、空所補充問題などの選択問題が出題されたこともありましたが、それも一時的で、90年代初頭から2010年代にかけては、読解大問二題、それぞれ下線部和訳三箇所(計六題)のみ。それに加えて、和文英訳問題というシンプルな形式が徹底されていました。2010年代中頃から再び、空所補充問題などが出題されるようになったり、記述問題も下線部の説明などが加わったこともありました。また英作文も和文英訳のみならず自由作文が出題されたり、従来の下線部和訳+和文英訳一辺倒というわけではなくなるかと思われた時期もありましたが、20年代からは再び下線部和訳を中心とした形式に戻りつつあります。

　つまり、**下線部和訳と英作文**という、開国以来の日本の英語教育の原点と言うべき**出題形式**を、多少の変化はあっても基本的には踏襲している、言うなればブレの少ない、経営の多角化などには目もくれずひたすら一つの商品にこだわり抜く**「老舗専門店のような問題」**が京大英語の特徴です。

それに対し、東大の問題は、時代に応じて細部の変遷はあるものの、基本的には**大問が五題**。そのうち大問の 5 番以外は形式に応じて、**1 － A、1 － B、2 － A、2 － B、4 － A、4 － B のように細分化**されています。

　設問形式も、京大のような下線部和訳の問題（4 － B）も出題されてはいますが、近年では、字数制限付きの「要約・要旨」問題（1 － A）から始まり、説明問題といった記述問題に加えて、早慶などの私立大学に見られるような空所補充や正誤問題（4 － A）、本文の内容と合うものを選ばせる選択肢付きの客観問題など、また英作文も 2 － A、2 － B という形で、和文英訳に加え、自由作文、さらに 3 － A、B、C としてリスニング試験が課されるというように、日本の大学入試で出題される代表的な設問形式が多種多様に出題される、**「入試問題のデパート・百貨店のような問題」**が**東大英語の特徴**と言えるでしょう。

> **「柔軟な思考力 + 手際良い問題の処理能力」が要求される東大英語 vs.
> 「時間はたっぷりあげるから、とことん考え抜くこと」を要求される京大英語**

　さらに言えば、東大の問題は、リスニング（30 分）も含めた限られた時間（実質 90 分）で解くには、分量的にかなりハードな部分があります。これは**東大が、そもそも官僚養成が目的であった**ことと無関係ではないでしょう（もっとも近年では、東大卒業生の官僚離れが起きているようですが）。つまり、**東大の問題は限られた時間内に的確に、しかも手際良く情報を処理するという力が求められる形式**と言えるわけです。

　それに対し、京大は同じ 120 分でも、問題量は東大の約 3 分の 1。つまり、時間は十分に与えるから、じっくり考えて解答を練り上げよという、言うなれば、芸術作品を作り上げる、もしくはじっくり研究の成果を確認するといったような、**芸術家、研究者タイプの受験生を京大は求めている**と言えます。

　誤解されては困りますが、東大の問題はスピードを要求するだけで思考力は要求されない、という意味ではありません。これから本書の問題に取り組んでいただければ

わかることですが、東大こそ思考力が要求される問題のオンパレードです。言い換えれば、一部の私立大学（どことは言いませんが）に見られるような、どの受験単語集にも記載のないような、一般受験生のほとんどが知らないであろう単語や知識の有無を直接問う問題は皆無であり、他人が知らない知識をどれだけ持っているかでマウントをとって悦に入るような受験生には、東大は一生縁のない大学と言えるでしょう。**思考力を要する、非常に高度な問題を限られた時間で解く、というのが東大が従来から志願者に求めるところであり、それだけ東大英語はハードルが高い**と言えます。

　もちろん、どちらが良い・悪いとか、入試問題としてのあり方がどうあるべきかを語る気はありません。出題方針や求める学生のあり方は大学それぞれの特徴というか個性です。

　本書に収録した東大・京大の問題は、以上のような特徴が垣間見えるものばかりです。もっとも受験生でない限り、本書をご覧になる方には、まずは時間など気にせずじっくりと問題に取り組んでいただき、東大・京大英語の入試問題の醍醐味を味わっていただければと思います。

第 1 章

東大・京大が問う
わかっているようでわかっていない
英語の基本

東大・京大が最も嫌う思考停止

意味も考えず、見覚えのある語句・表現に飛びつくことを戒めさせる問題①

　さっそく、実際の東大・京大の問題に触れていきます。この章では短めの文法語法問題が中心ですが、まさに東大・京大の出題するエッセンスが凝縮されたものを厳選してあります。とりあえず、解説を読む前にご自分で解答を出してみてください（なお、各問題の★☆印は東大・京大の入試問題としての難易度を五段階で表したものです）。

1　★★☆☆☆　　次の文は、それぞれ一語を補うと正常な英文となる。補うべき語と直前の一語を記せ。

(a) You must make certain the doors of the auditorium are not locked when it is use.

(b) The old lady is said to burst into tears when her daughter read her the letter from the wife of her dead son.

　いかがでしょうか？　まず正解を示す前に、ありがちな「誤答例」を挙げておきます。

　(a) 補うべき語　of　直前の語　use
　(b) 補うべき語　to　直前の語　her

　残念ながら、両方とも不正解なのですが、ご自分の考えた解答がまさにその通りだった、という方はいらっしゃらないでしょうか？
　まず、(a) から見ていきましょう。

(a) You must make certain the doors of the auditorium are not locked / when it is use.

　まず、when 節の前までですが、make certain (that) SV... で「必ず、確実に SV... するよう気をつける」という用法です。certain の代わりに sure を用いることもできます。「大講堂（auditorium）のドアを施錠しないよう気をつけなさい」という意味になります。ここまで問題はありません。やはり間違いがあるのは、when 節の中なのですが、不足している語＝of と考えた方は、おそらく「of ＋抽象名詞＝形容詞」というパターンを思い出されたのではないかと思われます。

　ただし、その場合の文意をお考えになったでしょうか？

→ You must make certain the doors of the auditorium are not locked / when it is │of│ use. ？？？

　when に続く it は the auditorium 以外とは考えられませんが、of use は useful（役に立つ）に相当します。そうなると、「大講堂が**役に立つ**時には、大講堂のドアを施錠しないよう気をつけなさい」？？？という意味不明の文になってしまいます。

　しかし、it が「大講堂」である以上、it ＝ use という関係は成立しないことから、use の前に前置詞が必要であることは間違いありません。再度、意味を考えると、「大講堂が**使用中**は、大講堂のドアを施錠しないよう気をつけなさい」という意味ならば問題はありません。それなら use を used とし、受身（when it is used）にすれば意味は通りますが、この問題は、単語の語形変化ではなく、一語を補うというものです。そこで of ではなく、in を用いて in use「使用中で」（ちなみに反対は out of use で「使用されていない」）とすれば良いことがわかるかどうかという問題です。

- -

《解答》（a）補うべき語　in　直前の語　use

- -

in useという表現自体は特別な語句ではありませんが、of useの方が受験生にとってはよく見かける（出題される）表現かもしれません。「意味を考えず見覚えのある表現に飛びつく」とやられてしまう問題の典型と言えるでしょう。

　(b) も同様です。to を補うとした方は、「彼女に読んでやる」という意味で read to her としなければならないと考えるようです。

→ The old lady is said to burst into tears when her daughter read to her the letter from the wife of her dead son.　？？？

　when 以下は「彼女の娘が彼女に、亡き息子の妻からの手紙を読んで聞かせた」という意味から、「彼女に」の「に」に相当する部分に前置詞が必要だと考えたと思われます。ところが、read には read A B で「A に B を読んであげる」という二重目的の用法があります。よって間違いがあるのは、when 節の前の部分ということになります。

　when 節の前には be said to V「V すると言われている」という表現がありますが、その場合、to V の V の時制は「言われている」と「同時」になります。

　⑳ He is said to be ill.　　彼は（今）病気であると言われている。

　そうなると The old lady is said to burst into tears は「その老婦人はどっと泣き出すと言われている」という意味になりますが、そもそも when 節の中の read は、現在形ではなく過去形であることはよろしいでしょうか？　確かに read の活用は read – read – read ですが、主語が her daughter ですから、仮に現在形なら when her daughter reads her... のように -s（三単現）が必要です。-s がないことから、この場合は過去形と考えるしかありません。

　今一度文意を考えます。「その老婦人は、娘が彼女に、亡き息子の妻からの手紙を読んで聞かせた時、<u>どっと泣き出したと言われている。</u>」としなければならないことは明らかです。そうすると、泣き出した（burst into tears）のは、「娘が読んで聞かせた時」、つまり**「過去のこと」**となり、**「言われている」よりも以前のこと**になり

ます。

　言われている時より以前、つまり「…したと言われている」にするには **to V（to ＋原形）を to have Vpp にする必要があります**。よって The old lady is said to have burst into tears ということになるわけです。

《解答》（b）補うべき語　have　　直前の語　burst

　ここで嫌らしいのは、先ほどの read 同様、burst の活用も burst − burst − burst なので have がなくても文法的には成立することです。ただし、再三触れているように、is said to burst ではこの場合、文意が通らなくなることは明白です。

　この二題は、同じ年に東大が出題した問題ですが、同じポイントが問われていることはおわかりでしょうか？

　つまり、**「何も意味を考えずに表面上の語句だけを眺めているようでは東大の問題には太刀打ちできませんよ」**ということなのです。

「当たり前のこと」でありながら…英語は左から読む

意味も考えず、見覚えのある語句・表現に飛びつくことを戒めさせる問題②

05年・東大

1 次の英文には、文法上取り除かなければならない語が一語ある。
該当する語を記せ。

(1) ★★★☆☆

In the early years of the 21st century the trend toward the unisex look had reached so advanced from a state that it was almost impossible to distinguish males and females unless they were completely unclothed.

(2) ★★☆☆☆

In one of the earliest attempts at solar heating, energy from the sun was absorbed by and large metal sheets covered by double plates of glass.

---

(1) どこが間違っているかわからない、皆目見当がつかないという方は、まずこの文の基本構造の確認（主語と動詞 etc.）という「当たり前の作業」を行うことをお勧めします。

まず、冒頭の前置詞 In の目的語となる名詞までを一つの塊（句）としてとらえると、この文の主語が the trend...、動詞が had reached であることがわかります。

{In the early years of the 21st century} the trend toward the unisex look had reached so advanced from a state...

ご存じかと思われますが、reach は「…に到達する」という場合は他動詞です。つまり、目的語となる名詞が必要になるわけですが、その名詞はどれでしょうか？続く部分の a state「状態」は、from a state と前置詞 from の目的語になっており、このままでは reach の目的語になることはできません。ただし、そうなると後続は that 節となりますが、that 節を目的語にとれる動詞は、think / believe / consider / say といった「思考・認識・発言」系に限られます。もちろん reach は思考・認識系ではないため、that 節を目的語にとることはできません。

ということはやはり、reach の目的語は a state と考える他はなくなります。それには、前置詞の from が邪魔となります。

{In the early years of the 21st century} the trend toward the unisex look had reached so advanced ~~from~~ a state that it was almost impossible to distinguish males and females unless they were completely unclothed.

> 21 世紀初頭には、ユニセックス化が進んだ結果、裸にでもならない限り男女の区別がつかないほどになっていた。

ちなみに、so advanced a state の so は、続く that と so...that ～構文（あまりに…なのでその結果～）という「結果・程度・因果関係」を表す表現を構成しています。同時に so advanced a state の不定冠詞 a の位置ですが、通例 an advanced state となるところを副詞である so が形容詞 advanced を引き寄せるためにおこる語順で、これはいわゆる入試英語の定番です。

㉑ It was **so hot a day** that children couldn't play outside.

> あまりに暑い日だったので、子供たちは外で遊べなかった。

つまり、左からきちんと英文法のルール通りに読んでいけば、他動詞である reach の目的語となる名詞が必要であるということになり、そこが正解を導く突破

□となっていることがわかる仕組みなのですが、適当に知っている語句を拾い出すという悪癖がついてしまっていると、advanced from a state で「ある状態から前進・進歩する」などと決めこんでしまう恐れがあります。

逆に言えば、英文を左から読んでいくという当たり前の作業ができているかどうか、つまり知っている・見覚えのある語句をとりあえず見つけてつなぐようなことをしていないかどうかを、東大はこの問題を通して問うていると言えるでしょう。

《解答》(1) 取り除くべき語　from

---

(2) この問題も (1) と同様に語句の拾い読みを戒める問題と言えます。まず、by and large (概して) というイディオムは、初級から中級レベルのもので、東大・京大を目指す受験生のみならず、一般学習者の間でもおなじみの表現です。この by and large という結合がこの文にも含まれています。

$\rightarrow$　In one of the earliest attempts at solar heating, energy from the sun was absorbed **by and large** metal sheets covered by double plates of glass.

ところがこの問題の正解 (＝取り除くべき語) とは、by の直後の and です。

$\rightarrow$　..., energy from the sun was absorbed by ~~and~~ large metal sheets covered by double plates of glass.

太陽熱暖房の初期の試みの一つでは、太陽からのエネルギーは二重のガラス板に覆われた大きな金属によって吸収された。

ここを by and large という成句ととらえた場合、was absorbed という受動態の後ろに metal sheets という名詞が続く理由が説明できなくなることに加え、そもそもこの文も左から文意を考えつつ読んでいけば、by は was absorbed (吸収される) という受身の動作主 (…によって) を表す用法ということになり、それが

large metal sheets（巨大な金属板によって）という意味だとわかります。つまり by and large を成句と思い込み、拾い読みをした人はそこで「詰んでしまう」わけです。

- -

《解答》(2) 取り除くべき語　and

- -

94年・京大（抜粋）

2　★★★★☆　次の文の下線をほどこした部分を和訳せよ。

'My God,' said my father to my mother. 'Again no money? But I gave you twelve dollars at the beginning of the week. What have you done with it?'

'I don't know. It went away.'

'So quickly... by Tuesday? Impossible.'

'It couldn't be helped. Some of it I used to pay old bills. We've owed money to Jacob for I don't know how long.'

下線部に至るまでの展開は以下の通りです。

'My God,' said my father to my mother. 'Again no money? But I gave you twelve dollars at the beginning of the week. What have you done with it?'

「なんだって？」父が母に向かって言った。「またお金がなくなったって？ 今週の頭に 12 ドル渡したじゃないか。あのお金はどうしたんだ？」

'I don't know. It went away.'

「さあ。とにかくなくなっちゃったのよ。」

'So quickly... by Tuesday? Impossible.'

「そんなあっという間に。まだ火曜だよ？ ありえない。」

　要するに、母が父にお金を無心しているのですが、母の浪費ぶりに父があきれている、という状況です。

　さて下線部ですが、ここは母の台詞です。先頭の It couldn't be helped. の help には「助ける」ではなく、「…を避ける」という意味があります。これは受験英語ではおなじみの cannot help Ving「…しないわけにはいかない」「思わず…してしまう」の help の用法と同じものです（もっともこの句も、help の意味に注目せず訳語だけを丸暗記していると、気づかないかもしれません）。

　つまり、It couldn't be helped. は「避けることができなかった。→ 仕方なかったのよ。」という意味になります（主語の it はいわゆる状況の it で訳出はしません）。

　さて、二つ目の文 Some of it I used to pay old bills. を見て used to V という結合が目に飛び込んできたのではないでしょうか？

　一般に used to V... は「以前…したものであった」という「過去の習慣」を表すことはご存じかと思います。そこでこの二つ目の文 <u>Some of it I used to pay old bills.</u> を「その一部を私は旧札で払ったものだった。」？？？などと考えてしまってはいないでしょうか？

　残念ながら、これも完全に**見覚えのある単語を適当にそれらしくつないでしまっている力任せの解答**と言わざるを得ません。

　そもそも、この文の先頭の Some of it という名詞の働きは何でしょうか？ 先頭の名詞は「主語」として働くのが普通です。

　ところが、この Some of it を「主語」と考えるなら、受ける「動詞」の候補は used to pay しかありませんが、この主語は明らかに I です。他に動詞の候補がない以上、Some of it が主語という考えは根本的に見直さなければなりません。

　「主語」でないなら、目的語の可能性があります。目的語が本来の位置から移動する形については p.61-62 でも触れますが、pay の目的語には old bills が来ています。ちなみに pay には目的語を二つとる用法が確かにありますが（pay $O_1 O_2$「O_1

に O_2 を支払う」)、ではその場合、O_1 は「支払う相手」になります。Some of it の it は、「状況の it」などではなく、先ほどから話題に上がっている「母が父からもらったお金」、Some of it で「そのお金の一部」という意味と考える他はなく、pay の O_1 と考えるには無理があります。

実はもう一つ問題が残っています。そもそも used to pay は本当に「過去の習慣」を表す used to... なのでしょうか？

あらためてこの used を動詞 use の単なる過去形だと考えると、use は他動詞ですから、目的語をとることが可能です。ではその目的語は何かと考えた場合、冒頭の Some of it がそれに相当すると考えれば、すべてが一気に解決します。

$\boxed{\text{Some of it}}$　I used　●　to pay old bills.
　　　O　　　　S　V

そのお金の一部は、以前からの借金の支払いに使っちゃったのよ。

目的語である some of it を本来の位置に戻せば、当然以下のようになります。

$\longrightarrow$　I used $\boxed{\text{some of it}}$ to pay old bills.
　　　S　V　　　O

つまり、used to pay の部分は、過去の習慣「…したものだった」ではなく、単に use の過去形 used（…を使った）に「…するために」の to 不定詞がつながったものにすぎません。ここでは used の目的語の some of it が前方に移動したため、used と to pay の部分がたまたまつながり、「過去の習慣」を表す used to... と同じ形になっているだけなのです。used to... と考えた場合の矛盾（some of it の説明がつかないこと）から突破口を開くことができたかどうかを京大は試していると言えます。

つまり、「単語が簡単だから、文も簡単にわかる」という俗説を木っ端みじんにしてくれる問題と言えるでしょう（ちなみに、used の目的語である some of it が前方に移動したのは、**情報構造**という原則によるものです。「情報構造」については、p.62 で扱います）。

なお、old bills も「旧札」という意味ではなく、続く三つ目の文の冒頭 We've

owed money to Jacob for I don't know how long. から、ジェイコブへの「以前からの借金」であることがわかります。

　ちなみに、この三つ目の文もなかなか厄介かもしれません。for の後ろに I don't know... という SV が続いていることから、for は前置詞ではなく（**前置詞ならその目的語は名詞となり、SV... が続くことはありません**）接続詞の用法、つまり、for SV...「というのも SV... だからだ」という根拠を表す用法であると考えて、「私たちはジェイコブに借金してきた、というのもどのくらいの期間だか私は知らないからだ」？？？ としても、何を言っているのか意味不明でしかありません。

　ここはかなり難易度が高い、ある意味さすが京大と言えなくもない部分なのですが、先に以下の例文をご覧ください。

例1 I got home last night at I don't remember what time.
　　昨夜の帰宅は何時だったか記憶にない。

　前置詞 at の後ろに I don't remember という SV が続いている部分は、この京大の下線部分と同じです。実はこの文は、以下のように二つの文から構成されているものと考えられます。

　① I got home last night **at** the time.
　　昨夜はその時刻に帰宅した。

　② I don't remember what time I got home last night.
　　昨夜は何時に帰宅したか記憶にない。

　①②を time を中心とし、the を疑問詞の what にして結びつけたものが上の例文です。

→ 　I got home last night at **I don't remember what** time (~~I got home last night~~).

　形としては、前置詞と目的語の名詞（ここでは at と time）の間に I don't

remember what... が挿入されたようになります。文法的には破格のような構造ですが、実際にはちらほら見かける表現です（**必ず how や what などの疑問詞を含むことが特徴です**）。

⦿2 We were partners <u>for</u> **I don't know how** <u>many years</u>.

　　我々はどのくらいかわからないほど長年ペアを組んだ。

前置詞だけではなく、他動詞の目的語の場合にもこの形は登場します。

⦿3 As a kid, I used to <u>spend</u> **I don't know how** <u>many hours playing the game</u>.

　　子供の頃、それこそ寝食も忘れて何時間もそのゲームをしたものだ。

⦿4 Babe Ruth <u>hit</u> **how could anyone forget how** <u>many home runs</u>.

　　ベーブ・ルースは誰も忘れられないほどの本数のホームランを打った。

　　※ how could anyone forget how... の部分は、修辞疑問（反語）で no one could forget how に相当。

- -

《解答例》「仕方なかったのよ。その一部は借金の支払いに使っちゃったのよ。もういつからかわからないくらい長い間、私たち、ジェイコブに借金しているのよ。」

- -

　　これらの問題からも明らかなことは、東大も京大も、単に見覚えのある語句を拾い出して適当につなげるという取り組み方では全くもって通用しない、ということです。

3

「単語さえ知っていれば何とかなる」のか？

「文」の基本構造・基本語への
意識を問う問題

東大は「基礎 ＝ 簡単なこと」という誤解を正そうとする

「英語なんて感覚で理解するもの。あとは単語さえわかれば意味がわかる、単語を並べればなんとか文は作れる」などと豪語する方を時折見かけます。本当にそうなのでしょうか？　そういう人に是非トライしてみていただきたい東大の問題があるのですが、その前に次の文の意味を考えてみてください。

Do what you think is right.

この文を、次のような意味だと思われた方はいないでしょうか？

自分の思うことをするのは正しい。

残念ながら、そのような意味ではありません。その意味なら <u>To do what you think is right.</u> のように、To が必要です。

この文は、Do という動詞の原形で始まっていることから、「…をしなさい」といういわゆる命令文であり、do の目的語に相当するのは what you think is right「自分が正しいと思うこと」という部分です（what is right「正しいこと」の what の直後に you think という SV が入り込んだ構造で、連鎖関係詞と呼ばれるものです。これについてはあらためて p.51 で触れます）。

したがって、正しくは「**自分が正しいと思うことをしなさい。**」という意味になります。

「**自分が正しいと思うことをしなさい。**」と「**自分の思うことをするのは正しい。**」

26

では、言っていることは全く異なります。つまり、To のあるなしで意味が異なってしまうわけです。

「感覚で…」というのは、要するに「いい加減」「力任せ」なものでしかなく、実際、東大も京大もそのような考えの人を必要としていないことが、数々の出題例からうかがえます。以下は「下線部和訳」の問題です。未知の単語は全くないと思いますが、いかがでしょうか？

※解説の都合上、各文の冒頭に番号を振ってあります（以降同じ）。

80年・東大（抜粋）

---

1 ★★★☆☆

①I want to talk about memory － memory and the loss of memory － about remembering and forgetting. ②My own memory was never a good one, but such as it is, or was, I am beginning to lose it, and I find this both a worrying and an interesting process. ③What do I forget? ④(1)<u>I won't say everything</u>：of course, (2)<u>that would be going too far</u>.

問1　下線部（1）を和訳せよ。

問2　下線部（2）の意味に最も近いものを、ア～エから一つ選べ。

(ア) Everything would be completely gone out of my mind,

(イ) To tell everything would reveal that I am too talkative.

(ウ) If I should say so I would be saying more than what is true.

(エ) It would be too foolish of me to be frank with you in everything.

さて、いかがでしょうか？　結論から申し上げますと、下線部（1）I won't say everything の部分を、everything を say の目的語ととらえ、「私はすべてを語る

つもりはない」としてしまったら、完全な誤訳であり、答案としては 1 点もつきません（つまり 0 点です）。

そもそも東大に限らず、それが正解になるような問題は大学入試で出題されるはずはないのですが、では東大は何を求めてこの部分を和訳という形で出題したのかを考えましょう。

まず、この下線部は直前の疑問文 What do I forget? に対する返答であることをつかまなければなりません。

What do I forget?　　私は何を忘れるのか？

この問いに対する返答は、基本的には

I forget X.（X = what に相当する部分）　　私は X を忘れる。

になるはずです。

下線部をあらためて比べてみた結果、everything がその X に相当する語句であることに気づけるかどうかが全てと言えるでしょう。

つまり、everything は say の目的語ではなく、上の疑問文で問われている what の答え（つまり forget の目的語）に相当すると考えることができたかどうかがこの問題のポイント（つまり東大が求めたこと）だったわけです。

③ **What** do I forget?　　私は何を忘れるのか？
④ I won't say I forget **everything**.
　　　何もかもすべて忘れてしまう、とまで言うつもりはない。

この文から I forget を省略すると、下線部（1）になります。

$\longrightarrow$　**I won't say** [I forget] **everything**.

では、I forget はなぜ省略されたのでしょうか？　すでにおわかりと思いますが、③と④の共通（重複）部分である I forget が、繰り返しを避けて省略されたのです。
英語には「**同じ語句・表現の繰り返し・重複を避ける**」という暗黙の了解事項があ

ります。英語で省略が頻繁に行われる背景がここにあります。

　「省略」というと、いたずらに難解そうなイメージを持たれる方がいるのですが、例えば "Is he a teacher?"「あの人、先生？」に対し、「うん、そうだよ。」と言う場合、"Yes, he is a teacher." ではなく "Yes, he is." と答えるのは、完全に中学一年生レベルの文法知識です。つまりこれが省略のからくりで、中一の段階から全員が触れているはずの文法事項（中学では省略という名称を使わなかっただけ）を、ただ東大は下線部を通して問うたにすぎません。

　したがって、この問題は実質的に先ほどの省略を復元した形 I won't say I forget everything. を和訳したものが正解（東大の求めていた解答）となります。

- -

《解答》　問1　すべてを忘れてしまう、とまで言うつもりはない。

- -

　ちなみに問2の正解（下線部(2) that would be going too far. の意味に近いもの）は（ウ）If I should say so I would be saying more than what is true.「仮にそう言えば、それは真実であるものを超えることを言う。→ 言い過ぎであろう。」となります。say so の so の内容は、先の下線部(1)の say の目的語に相当する部分、つまり（I forget）everything「すべてを忘れてしまう」となり、そう言ったらさすがに go too far「行き過ぎる、度を越す」ということになります。

　㉞ Your joke is going too far.　冗談きつ過ぎるよ。/ シャレになってないよ。

- -

《解答》　問2　ウ

- -

《訳例》①記憶、というより記憶と忘却について語りたいと思う。②私の記憶力はたいしたものではなかったが、たいしたものではない、いやなかったとはいえ、私の記憶力は衰えつつあるのは確かで、これは困ったものであるとともに興味深いプロセスでもある。③私は何を忘れるのであろうか。④洗いざらいすべてを忘れてしまう、とまでは言うつもりはない。もちろんそれはいくらなんでも言い過ぎだろう。

さて、次の問題はいかがでしょうか？

この部分に至るまでの展開を簡単に説明しておきます。まだ幼い筆者は母親と二人暮らし。ある日学校から帰宅すると、見知らぬ男性（ロシア人）が家の中におり、しかも料理を作っています。そこに母親が登場しますが、彼女はその男のことを不審に思うどころか親しげに話しています。しかもその男はなんと筆者の名前を知っている、という状況が述べられています。

おわかりかと思いますが、この男性は母親の新しいパートナーで、幼い筆者だけが状況をつかめていないという状況です（東大では、昔からシングルマザーとその子供が登場する物語文が何度も出題されています）。

以上の展開および冒頭文の Russian の台詞の Anna が筆者であることを踏まえて取り組んでみてください。ポイントはまたも下線部和訳です。

00年・東大（抜粋）

2 ★★★★☆

① "Ah! You must be Anna," the Russian said.

② I was startled, not expecting him to have my name so readily on his lips. ③ I looked at my mother. ④ (1)<u>She was giving nothing away</u>. ⑤ The Russian held out his hands and said, "Konstantin. I am very pleased to meet you. I have heard so much about you."

⑥ We shook hands. ⑦ I wanted to know how he had heard so much about me, (2)<u>but couldn't think of a way of asking, at least not with my mother there</u>.

設問1 下線部（1）の意味に最も近いものはどれか。次のうちから1つ選び、その記号を記せ。

（ア）She wasn't holding out her hands.

（イ）Nothing was missing from the house.

（ウ）I couldn't tell anything from her face.

（エ）The situation was completely under her control.

設問2 下線部（2）を和訳せよ。

　まず設問1ですが、give... away「正体を思わず現す」「秘密などをうっかりもらす」の意味を知っていれば何でもない問題ですが、仮に知らなくても、相手のロシア人が自分の名前を知っていることに筆者が驚いて母に視線を送ったものの、母が特にこの男性のことを不審がるどころか、筆者に何の説明もしないことから、（ウ）I couldn't tell anything from her face.「母の表情からは何もうかがい知ることはできなかった。」が正解となります。

　ちなみにこの場合の tell は「相手に告げる」ではなく、「わかる、判断する」という意味です。

㊟ There is no telling what will happen tomorrow.

　　明日何が起こるかわからない。

　選択肢の英文でも、東大は基本単語の正確な知識を問うていると言えます。

　give away は14年にも下線部和訳の問題で登場しています。

《解答》 設問1 ウ

さて、次は（2）の下線部です。

₆We shook hands. ₇I wanted to know how he had heard so much about me, (2)but couldn't think of a way of asking, at least not with my mother there.

> ₆我々は握手をした。₇私はこの男性がどうやって私についてそんなに多くのことを耳にしたのか知りたかったが、(2)しかし、どうやってそれを聞き出したら良いのかは思いつかなかったし、少なくとも母親はそこにいなかった。　？？？

　東大志望の受験生にこの問題をやらせてみると、残念ながらこのような解答を作ってしまう生徒が必ずいます。もちろんここまでの英文をまともに読んでいればわかることなのですが、母親はこの場にいます。

　間違い（誤訳）の原因は 1 で取り上げた問題同様、この not が打ち消す部分を何も考えず直後の with my mother there としてしまったことです。

　ポイントはここでも省略です。しかもここでは否定文がかかわってきます。

　現代英語では、**否定語の not は後続を打ち消します**（「現代英語では」と断ったのは、forget-me-not「わすれな草」などの場合、not は前の動詞 forget を打ち消しますが、文語体です。あくまで現代英語では don't forget me とします）。

　例えば、I'm afraid not. は「私は恐れていない。」という意味になることはあり得ません。それなら、I'm **not** afraid.（not は後続の afraid を否定）となります。

　では、I'm afraid not. の not は何を打ち消すのでしょうか？ 後ろにはピリオド以外ありません。ということは **「必要な語句が欠けている状態」** つまり **「省略」** ということになるわけです。実際この文は、以下のような状況で使われます。

⑩ A：I wonder if he'll get better.　　彼良くなるかしら。
　 B：I'm afraid **not**.　　厳しいかもね。

　つまり、I'm afraid not. の not は直前の A の台詞を打ち消すことになり（I'm afraid he'll **not** get better.「彼は良くならないのではないか。」）、ここから重複部分（he'll get better）を省略した形が I'm afraid **not**. であることはもうおわかりでしょう。

今回の文も同様で、not が with my mother there を打ち消しているとは考えられない以上、not の打ち消す部分は省略されている、と考えられるかどうかを東大は試してきたのです。

今回の省略部分は、couldn't に続く think of... 以下です。

I wanted to know how he had heard so much about me, <u>but couldn't think of a way of asking, at least not ● {with my mother there}</u>.

→ I wanted to know how he had heard so much about me, <u>but</u> **couldn't think of a way of asking**, at least [**could**] not [**think of a way of asking**] {with my mother there}.

- -

《解答例（下線部）》設問2　①「ああ、君がアンナだね。」とそのロシア人は言った。②私はたまげた。この男の口からそんなにもあっさりと私の名前が出てくるとは思っていなかったからである。③私は母に目をやった。④母の表情からは何もわからなかった。⑤その男は両手を差し出し、言った。「コンスタンチンだよ。よろしく。君については色々聞いているよ。」⑥我々は握手をした。⑦どうやって私のことをそんなに聞いているのか知りたかったが、**しかし、たずねる術など思いつかなかったし、少なくとも母がそこにいては、そのような術など思いつかなかった。**

- -

東大では数年後にも次のような問題を出題しています。

15年・東大（抜粋）

3　★★☆☆☆　下線部を、省略されている部分を補って和訳せよ。
（＊ them とは母と娘を指す）

Both of them knew this — and yet, between them, love has always had to be proved. It is there; and it gets proved, over and over. Some of their worst fights, confusingly, seem to both prove and disprove it: two people who didn't love each other couldn't fight like that — <u>certainly not repeatedly</u>.

ご覧のように、この年の問題文は「省略されている部分を補って和訳せよ」となっています。ずいぶん東大は親切になったと思いますが、この文言がなくても、省略であることに気づき、省略部分を復元する必要があることは言うまでもありません。

... two people [who didn't love each other] couldn't fight like that —

certainly ∧ not ∧ repeatedly.

$\longrightarrow$ certainly [two people who didn't love each other could] not [fight like that] repeatedly

- -

《解答例》二人の人間がお互い同士を愛していなければ、そのような喧嘩を何度も繰り返したりはできないことは確かであった。

- -

《訳例》母娘共々このことは知っていたものの、二人の間では、愛を常に証明する必要があった。愛は存在し、繰り返し何度も証明される。二人の大喧嘩の中には、頭がこんがらがってしまうが、愛あればこそであると同時に愛を否定するものもあった。お互いに愛し合っていない者同士の間なら、あんな喧嘩は起きないし、（少なくとも）<u>そんな喧嘩を何度も繰り返したりすることができないことは確かであった</u>。

4

これもまた「当たり前のこと」でありながら…

「自動詞・他動詞」が
本当に理解できているかを問う問題

　本書をご覧の方なら、英語の動詞には大きく分けて「他動詞」と「自動詞」の二種類の性質があることなど何を今更と思われるかもしれませんが、実際の英文中でこの知識をきちんと運用できるかはどうやら別問題のようです。試しに以下の問題（誤りを指摘させる問題）のどこが、なぜ間違いであるかおわかりでしょうか？

> 「受身（受動態）」を作れる条件とは?

1　★☆☆☆☆　次の英文には、文法上取り除かなければならない語が一語ある。該当する語と前後の単語それぞれ一語を記せ。

　Not only did the country become economically successful, but its citizens achieved some level of psychological unity as a people, despite the fact that they became consisted of several distinct ethnic groups.

　おわかりでしょうか？　正解、つまり取り除くべき語は、they became consisted of の部分の became です（つまり前後の単語は they と consisted となります）。

　まさにこれは自動詞と他動詞の理解ができているかを問うている基本問題で、東大志望の受験生なら朝飯前のはずと思われる問題ですが、意外と気づかない人を見かけ

ます（もちろん東大なりに少々ひねりが加えてありますが）。

　動詞 consist は自動詞で、前置詞 of を伴うことで「…から成り立つ」という意味
で使われます（ちなみに前置詞 in を伴い、consist in... となると「（本質が）…にある」
という意味になります）。

　ところで「…から成り立つ」というのは、日本語としては「…から構成される」と
言っても意味が変わりませんが、この「…される」という日本語がくせものです。

　「…される → られる」という日本語から「受身（受動態）」とつい考えてしまいが
ちですが、受身を作ることのできる動詞の条件はよろしいでしょうか？ 受身を作る
には目的語が必要です。つまり**受身をとれるのは、目的語をとれる動詞、すなわち能
動態に直した場合には他動詞でなければなりません**。逆に言えば、目的語をとること
のできない自動詞は（当たり前ですが）受身を作ることはできないわけです。

　したがって、自動詞 consist の受身は存在しないということです（be consisted
of...（×））。当然 be を become に置き換えた become consisted of... という英語
も存在しないことになります。したがって became を消去し、consisted of... とす
る必要があるわけです。

$\longrightarrow$　Not only did the country become economically successful, but its
　　citizens achieved some level of psychological unity as a people,
　　despite the fact that they ~~became~~ consisted of several distinct
　　ethnic groups.

- -

《解答》取り除くべき語　became　　前後の単語　they / consisted

- -

　《訳例》その国は経済的成功を収めただけでなく、その国民は、複数の異なる民族集団
　から構成されているにもかかわらず、一つの国民としてある程度の心理的統一を達成し
　た。

　東大は受身を通して、自動詞と他動詞の基本的理解が徹底できているかを問うたにすぎないのです。

> **英語の動詞はほとんどが二刀流（同じ動詞が自動詞と他動詞の両方になれる）**

　英語の動詞を、先ほどの consist をはじめ go / come / happen / occur / die / arrive といった自動詞と、discuss / resemble のように常に目的語を必要とする他動詞…というように、つい二分して考えがちです。

　ところが現実には、英語では、同じ動詞が意味により目的語を必要とする場合とそうでない場合の二通り、言うなれば「**二刀流**」のものが中心であるということ、逆に consist や discuss のような自動詞のみ、他動詞のみの方がむしろ少数派であることは意外と認識されていないようです。

　実際、中学生段階で習うような基本動詞こそ、他動詞・自動詞の場合も含め、文型が異なれば意味が変わるものが多く見られます。

> [2]　★☆☆☆☆　空所に入れるべき語を下記の語群から選び、必要なら語形を変えよ。
>
> He is a popular writer and at the same time he is making considerable profits by (　　　　　) a luxury hotel. No wonder he is very rich.
>
> go, intend, know, lose, pay, run, see, take

　正解は run を選んだ上で、前置詞 by の目的語となることから、動名詞の running となります。

　run という単語自体は最近なら小学生でも知っていておかしくない基本中の基本単語ですが、これもまた「**自動詞・他動詞の二刀流で意味が変わる**」→「**基本単語ほ**

ど重要で奥が深いという**典型的な例**」と言えるでしょう。run は「走る」という意味では目的語をとらない自動詞ですが、目的語をとる、つまり他動詞として「…を経営する、運営する」という用法があります。これは比較的有名であると思われますが、東大はこの問題を通してその知識と理解の運用を試しているわけです（ちなみに「走る」と「経営する」は何の接点もないように思われるかもしれませんが、**run の中心的意味は「流れるように移動する・させる」**です。「会社を経営する」ということは、「会社を興し、動かす → 経営を軌道に乗せる」という意味であることはよろしいでしょうか？）。

　さらに言えば、run は自動詞の場合にも「補語」をとり、**「流れるように補語の状態へと移動する → …になる」**という用法があります。run short で「不足する」というような語義を丸暗記してしまった方も多いと思いますが、これも short「足りない」状態に流れるようになっていく run → 「不足する」という意味になるというような理解は、是非とも心がけていただければと思います。

- -

《解答》 running

- -

《訳例》彼は人気作家であると同時に豪華ホテルを経営することで、かなりの利益を上げている。どうりで羽振りが良いはずである。

　なお、自動詞の用法として、東大は別の年度に以下のような形で run の意味を問うています。

89年・東大（抜粋）

3　★★☆☆☆

　At this time I had decided the only thing I was fit (　　D　　) was to be a writer, and this notion rested solely on my suspicion that I would never be suited to real work, and that writing didn't require any. My mother didn't try to discourage me, though writing was not a career just then that many ambitious parents encouraged their children to plan for.

"(E)Writing runs in the family," she said. And it seemed to. Her mother had written poetry in the manner of Tennyson*. One of her uncles had written for the Baltimore American*; with a little more luck Uncle Charlie might have had a carrer on the Brooklyn Eagle*; and Cousin Edwin was proof that writing, when done for newspapers, could make a man as rich as Midas*.

(注) Tennyson　イギリスの詩人
　　 Baltimore American、Brooklyn Eagle　アメリカの新聞
　　 Midas　ギリシャ神話に登場する王

(1) 空所 (D) を埋めるのにもっとも適当な一語は何か。その一語を書け。

(2) 下線部 (E) を日本語に直せ。

まず空所 (D) には for が入ります。be fit for... で「…に適している、向いている」という意味になります。これは単なる語彙の問題ですので、問題はないでしょう。

→ At this time I had decided the only thing (I was fit **for** ●) was to be a writer,

※ thing と I の間には関係代名詞 that が省略されている。●の部分は先行詞となる名詞（thing）が欠落。詳しくは 2 章 No.3（p.91）を参照。

《解答》(1)　for

さて、下線部 (E) には動詞 run が用いられていますが、この文では目的語をとっていない自動詞の用法です。

Writing runs in the family,

ただし、だからといって「物を書くことが家族の中で走っている」などとするのは、言うまでもなく論外です。先ほど触れたように run の定義が**「流れるように移動する」**であることに加え、下線部の後ろに目を通すと、筆者の家系には物書きの人が多かったことが述べられています。このことから「writing 物を書くこと、物書きの才能が、代々家系の中を流れている」つまり、「物書きとしての才能、能力が代々伝わっている → 作家、物書きの血が流れている」というような答案を作ることは十分に可能でしょう。

《**解答（下線部）**》(2) この時点で私は、作家になるくらいしか自分には能はない、と判断していたが、その根拠はと言えば、専ら自分は実務には不向きで、作家ならばその必要は一切ないのではという思いだけであった。母は私の思いを留めようとはしなかったものの、その当時物書きなどは、教育熱心な親の多くが将来設計として子供に勧めるような職業ではなかった。「**血は争えないものよね（＝うちの家系には、代々作家の血が流れているのよ）**」と母は言った。実際その通りのようであった。母方の祖母はテニソン風の詩を書いていたし、母方の大叔父はボルチモア・アメリカン紙に寄稿していた。運が良ければ叔父のチャーリーはブルックリン・イーグル紙で働いていたかもしれなかった。従兄弟のエドウィンは、新聞記事を書けばミダス王のように金持ちになれるという生き証人であった。

● ─── ⟮同じ動詞でも、他動詞・自動詞、文型が異なれば意味・用法が変わる⟯

　こうしたことは run に限ったことではありません。以下の文のそれぞれの動詞（特に他動詞・自動詞の区別・文型）に注意して各文の意味を考えてみてください。

1　(1) He <u>talked</u> with his father about buying the camera.
　　(2) He <u>talked his father</u> into buying him the camera.

2　(1) He <u>appeared</u> on time.
　　(2) He <u>appeared pale</u>.

3　(1) He <u>proved his innocence</u>.
　　(2) His story <u>proved</u> to be false.

4　(1)　He <u>denied</u> having stolen the money.

(2)　He <u>denied</u> his son every luxury.

5　(1)　He <u>saved</u> the child from the fire.

(2)　The mail <u>saved</u> him the trouble of going there.

それぞれの意味・用法は以下のようになります。

1　(1)　He <u>talked</u> with his father about buying the camera.

彼は父親とそのカメラの購入について話し合った。

→ 自動詞「話をする」

(2)　He <u>talked</u> his father into buying him the camera.

彼は父親を説き伏せて、カメラを買ってもらった。

→ 他動詞　talk O + into ～「O を説得して～させる」

2　(1)　He <u>appeared</u> on time.

彼は時間通りに姿を現した。→ 自動詞（SV）「現れる」

(2)　He <u>appeared</u> pale.

彼は顔色が真っ青だった。→ 自動詞（SVC）「C のように見える」

3　(1)　He <u>proved</u> his innocence.

彼は自分の無実を証明した。→ 他動詞（SVO）「…を証明する」

(2)　His story <u>proved</u> to be false.

彼の話は嘘だとわかった。→ 自動詞（SVC）「C だとわかる、判明する」

4　(1)　He <u>denied</u> having stolen the money.

彼はそのお金を盗んでいないと言った。→ 他動詞（SVO）「…を否定する」

(2)　He <u>denied</u> his son every luxury.

彼は息子に一切贅沢をさせなかった。

→ 他動詞（SVO$_1$O$_2$）「O$_1$ に O$_2$ を与えない」

5 （1）He <u>saved the child</u> from the fire.

　　　彼は子供を火事から救った。→ 他動詞（SVO）「…を救う」

　（2）The mail <u>saved him the trouble of going there</u>.

　　　そのメールのおかげで、彼は直接現地に足を運ばなくて済んだ。

　　　→ 他動詞（SVO$_1$O$_2$）「O$_1$ から O$_2$ を省く」

　4、5 のように同じ他動詞でも、単なる SVO か、O$_1$ O$_2$ をとるか、つまり文型が異なれば意味が変わってしまうものもあります。

21年・東大

　4　★★★☆☆　誤りを含む下線部を指摘せよ。

　Our relatively large brains (b)<u>are smaller than those of our Neanderthal cousins</u> — something that (c)<u>has puzzled many an evolutionary biologist</u>. And like many domesticated species, young humans (d)<u>are also programmed to learn their peers</u> for an unusually long time. Some of these similarities between humans and domesticated animals were noted early in the 20th century, but there was no follow-up.

　下線部だけをぱっと見て、特に間違いはないのでは？と思われた方もいるかと思いますが、誤りを含む文は（d）です。

　確かに learn には「…を習得する、身につける」という他動詞の用法があります。

⑩1 learn <u>foreign languages</u>　　外国語を身につける

⑩2 learn <u>how to drive</u>　　運転の仕方を身につける → 運転できるようになる

　ただしその場合、learn の目的語に来るものは「外国語」や「技術」など、当然 learn の結果身につけるものでなければなりません。

　今回の場合では、仮に learn が他動詞なら目的語は their peers となります。もちろん peer は名詞ですから、目的語となることは（文法的には）可能です。ただし peer とは「仲間、同僚」（ちなみに peer pressure で「同調圧力」となります）という意味であることを考えてみれば、「their peers を learn する（身につける）」というのは、明らかに意味不明です。

　実は learn は特に目的語を明示しなくても単に「学習する、ものを身につける」という意味で自動詞として用いることが可能です。例えば learn from mistakes というフレーズは「間違いから学習する」という意味です。つまり learn もまた二刀流なわけです。よってここでも learn their peers ではなく、learn from their peers「自分たちの仲間から学習する」とすることで、全体の文意が通ることになります（下線部 (c) の many an evolutionary biologist という表現について、many は「複数名詞」を伴うのが原則ですが、文章体では「many a 単数名詞」という形を用いることがあります。間違いではありません）。

- -

《解答》d → learn from their peers とする。

- -

《訳例》我々の比較的大きな脳が、近縁のネアンデルタール人の脳よりも小さいということは、多くの進化生物学者を困惑させてきた。そして多くの、人に飼い慣らされた動物と同様に、人間の幼児も、異常なほどの長期間、仲間から学習するようにプログラムされている。人間と人に飼われた動物とのこうした類似点の一部は、20 世紀初頭に注目されたものの、その後追跡調査は行われなかった。

　今回触れた項目はまさしく英語の基本事項と言えるのですが、ここで取り上げた問題を含め東大がこのような問題を従来から繰り返し出題しているという事実を考えてみると、こうした基本事項をおろそかにしている学習者が東大志望者の中にも多々見られるという現実を反映しているように思われます。入試問題は、出題者から受験生へのメッセージと言えるでしょう。

初歩の初歩、入り口の入り口でありながら…

主語と動詞を正確にとらえる
必要性を問う問題

まずは以下の東大の問題に取り組んでみてください。

1 ★★★☆☆　不要語を一語削除せよ。

Among the many consequences of those political developments
was for one that in the end turned out to be too complicated for
the government to handle.

　いかがでしょうか？ おわかりにならなかった方は今一度、この文の主語と動詞（い
わゆる SV）が何かを確認することから始めてみてください。

　この文の冒頭部分は、前置詞の Among で始まる形になっています。

　**英語には「前置詞に続く名詞（前置詞の目的語になる名詞）は、文の主語になれな
い」という大原則があります。これは文字通り基本中の基本事項なのですが、お忘れ
の方が多いようです。**

　ここでは名詞そのものは動詞 was の前に consequences と developments の二
つがありますが、それぞれ前置詞 Among, of の目的語となっていますから、主語に
はなれません。

　逆に言えば、前置詞の目的語になっていなければ、主語になることは可能です。し
たがって、「前置詞を消去すれば良いのでは？」という考えは当然成り立ちます。

　では、冒頭の Among を消去すれば、解決（つまり消去すべき語が Among）な
のでしょうか？

そもそもこの文を左から見ていきますと、be 動詞の過去形である was が登場します。**この was の主語にあたる名詞は、当然単数の名詞でなければなりません。**ところが Among を消去しても、続く名詞は the many consequences で複数形ですから、was の主語にはなり得ません。さらに、was の前にある developments も同様に複数名詞ですので、of を消去したところで was の主語にはなり得ないことになります。

ただし、ここで「詰んでしまう」ようではいただけません。「押してだめなら引いてみな」ではありませんが、**「動詞の前に主語の候補が存在しない」**のなら、**「後ろにあるのでは？」**と軌道修正する柔軟性がほしいところです。

そこで was の後ろに目をやると、for one というまたも「前置詞＋名詞」の結合が見えてきます。この one が単数形であること（one ＝ a ＋名詞に相当する代名詞）から、前置詞 for を消去すれば、one は was の主語になる資格を持つことになります。

もうおわかりと思いますが、正解（消去すべき一語）は for であり、この文自体は動詞 was の主語となる名詞（one）が動詞の後ろに回る形、いわゆる VS の倒置構文であるという判断が求められていたわけです。

→ {**Among** the many consequences of those political developments}
was for one (that {in the end} turned out to be too complicated for
the government to handle).

> そうした政治的展開の多くの結果の中には、結局のところ複雑過ぎて政府の手には負えないことがわかったもの（結果）があった。

one は a consequence に相当し、one に続く that 節は関係代名詞節で、先行詞 one を修飾する形となっています。

ちなみに、この［前置詞＋名詞］＋ V ＋ S という倒置構文のうち、この文に登場している

Among ＋（複数名詞）＋ be ＋名詞（＝ S）　　複数名詞の中には、名詞がある

というパターンは、理系論文などでもよく見られる構文です。ところでなぜこのよう

に主語を後ろに回した倒置構文が英文ではしばしば用いられるのかは是非理解しておくべき項目なのですが（ちなみに「主語が長いから…」と思われた方がいたら、残念ながら不正解です）、それについては、p.61 であらためて触れますので、是非ご覧ください。

- -

《解答》 for

- -

主語と動詞をとらえる ― 入り口の入り口でありながら…

以上を踏まえてあらためて、以下の東大の下線部和訳の問題に挑戦してみていただきたいと思います（(★★★★★) 五つ星です）。

2 ★★★★★ 下線部を和訳せよ。

①Some people are so changed by their life's experience that in old age they behave in completely unexpected ways. ②Many of us know elderly men and women who no longer act as we have come to expect them to act. ③I am not talking here about victims of senile dementia*. ④In the examples I am talking of the person continues to behave in what most people would agree is a normal manner, but one so remote from his old self that he appears, to those who know him, to be someone else entirely.

（注）senile dementia: 老年性認知症

まず、下線部に至るまでの①②③の文の内容をざっと見ていきます。

① Some people are so changed by their life's experience that in old age they behave in completely unexpected ways.

> 一部の人々は、人生経験によりあまりにも変わってしまい、老齢になると全く予想外の振るまいをするようになる。

> ※いわゆる so...that 〜構文　「あまりに…なのでその結果〜」

② Many of us know elderly men and women (who no longer act as we have come to expect them to act).

> 我々の多くは、もはや我々の予想通りには振るまうことのない高齢者を知っている。

③ I am not talking here about victims of senile dementia*.

> ただし、老年性認知症患者のことを言っているわけではない。

「老年性認知症」などという単語にはちゃんと注がついています。このような単語の知識を東大が求めていないことは明らかです。

....
(ポイント1)　**下線部分 ― 主語と動詞は？**
....

さて、下線部の冒頭部分ですが、以下のようなとらえ方をした方はいないでしょうか？

{In the examples} I am talking of the person continues to behave in...
> その例において、私はその人間について考えている

冒頭が前置詞 In で始まり、その目的語となる名詞が the example であることから、先に触れたように（p.44）**「前置詞の目的語になる名詞は、文の主語になることはない」**ということから、主語が examples ではないことは明らかです。そうなると、続く I が主語で、受ける動詞も am であることから、上のような構造ではないかと予想するのはむしろ当然と言えます。

一見それでいけそうな感じがするかもしれませんが、ここである問題が発生します。おわかりでしょうか？

{In the examples} I am talking of the person continues to behave in...

このとり方では、talking of の目的語となる名詞は the person となりますが、その場合、the person に続く動詞 continues to behave（振るまい続ける）の主語は何でしょうか？

continues の -s いわゆる三単現の s からも、主語となるのは the person 以外には考えられませんが、この解釈では the person は前置詞 of の目的語になっています。ここでまたしても、先ほどから登場している「**前置詞の目的語となっている名詞が主語になることはない**」というルールが立ちはだかります。

つまり、talking of の目的語を the person としてしまうと、続く continues という動詞の主語がなくなってしまうことになるわけです。第一の関門は、この矛盾をどう解決するかということになりますが、**ここでも基本文法無視の強引な力任せによる解釈を試みる人がいるようです。**次のような解釈がそうです。

その例において、私は（in 以下のように）振るまい続ける人々について話している。

残念ながらこのとり方では表題のごとく、出てきた単語を（文法的観点を無視して）ただ並べているだけの典型と言わざるを得ません。

ここでは、continues 以下を後ろから the person を修飾するような形でとらえていますが、**それなら continues の前に関係代名詞の who がなければなりません。**

{In the examples} I am talking of the person **who** continues to behave in...

そこで苦し紛れなのでしょうか、あくまでこの解釈を正当化しようとして「continues の前には関係代名詞が省略されていて、先行詞は the person。「振るまい続ける人々について私は語っている…」と言い張る人が時々います。

{In the examples} I am talking of the person (who) continues to behave in...　？？？

残念ながらこの考え方も、完全に文法ルールを無視しています。なぜなら、**関係代**

名詞の **who が省略できないことは、英文法の基本中の基本**だからです。つまり、「主格」すなわち関係代名詞の先行詞となる名詞が、関係詞節の中の主語となる場合「**名詞（＝先行詞）＋関係代名詞（who, which / that）＋V...**）、関係代名詞は省略できない」という原則を完全に無視していることになるわけです。

ここで行き詰まるということは、**出発点に問題がある**ということです。つまり出発点とは、In the examples に続く I am talking of... の部分をこの文の SV とし、of の目的語を the person と考えて、I am talking of the person（私はその人について語っている）としたことです。この考えを一旦元に戻す（ちゃらにする）必要が出てくるわけです。

もちろん am の主語は I しか考えられませんが、同時に continues の主語となる名詞も（三単現の s がついていることからも）the person 以外には考えられないことはよろしいかと思います。

In the examples I am talking of <u>the person</u> <u>continues</u>...

　　　　　　　　　　　　　　　　　　　　　　S　　　　　　V

そうなると、of の目的語は the person ととることはできなくなり、最初の想定が誤りであることが明白になるわけですが、「そうなると of の目的語がないことになってしまってやっぱりわからない…」と思われた方は、先ほどの関係詞省略の原則がやはり身についていないと言わざるを得ません。

先ほど触れたように**関係代名詞の省略は主格は不可ですが、逆に言えば主格以外、目的格の場合に行われることは英文法の基本事項です。その場合、先行詞となる名詞は、関係詞節の中では欠落することになります**（欠落位置は、当然のことながら他動詞や前置詞の後ろ（目的語の位置）になります）。

例 <u>the book</u>（I bought ● yesterday）　　　私が昨日買った本
例 <u>the girl</u>（you were talking with ●）　　君が話していた女の子

もうおわかりかと思いますが、talking of の目的語となる名詞は、直後の the person ではなく、先行詞として前に存在する examples であり、I am talking of までが関係詞節（関係代名詞が省略される場合、接触節と呼ぶこともあります）

として働いていると考えることができます。

→ {In the examples (I am talking of ●)} the person continues to
                                                     S   V
  behave in...

    私が語っているその例において、その人物は振るまい続ける

(ポイント2)　**関係詞節（what 節）はどこまでか？**

　そこまで理解したところで、次に behave に続く in 以下を見ていきます。前置詞の in の後ろには what が続いています。what は関係詞であれ疑問詞であれ、名詞節を導くことはよろしいかと思います。そしてここでも前置詞 in の目的語が what 節であると判断できます。問題は what 節全体がどこまでかということになるわけですが、以下のように agree までと考えてしまった方は、またしても is の主語が何か？という問題に遭遇してしまいます。

→ in [what most people would agree] **is** a normal manner, but one so
  remote...

　そもそもこう考えた時点で、残念ながら関係詞の基本が身についているとは言えません。**what が導く節の中では、疑問詞であれ関係代名詞であれ、名詞が欠落する構造になるという、関係代名詞の基本**が抜けてしまっています。

⑩ **What he said** was a lie.　　彼が言ったことは嘘だった。
　→ [What he said ●] was a lie.　　※ said の目的語が欠落

⑩ Please keep me informed of **what is going on**.　逐一状況を知らせてください。
　→ ... what ● is going on　　※ is の主語が欠落

　あらためて該当部分に目をやると、agree は自動詞なので、目的語をとることができません（agree with... 「…と一致する」、agree to... 「…を承認する」、agree on... 「…の点で考えが一致する」のように、名詞を置く場合には agree は自動詞な

ので前置詞が必要です）。つまり、what 節は agree で終わらず、さらに続くと考えるべきです。

もうおわかりかと思います。ここでは、p.26 でも触れた Do what you think is right.「正しいと思うことをしなさい。」と同じ形の「関係詞 $S_1V_1V_2$…」という「**連鎖関係詞**」（V_2…すると S_1V_1 する）の構造になっています。

$\longrightarrow$ …the person continues to behave in [what most people would agree
<u>関係詞</u> <u>S_1</u> <u>V_1</u>

● is a normal manner], …
  <u>V_2</u>
  正常な方法である ｛と、ほとんどの人の考えが一致する｝ もの
  → ほとんどの人が正常だと思う方法（で振るまい続ける）

ちなみに、**連鎖関係詞では、$S_1V_1V_2$ の V_1 の部分には、that 節を続けることができるもの、すなわち think / believe / hope / be sure などの「思考・認識・発言系」の動詞や形容詞しか使うことはできません。**

agree は本来自動詞ですが、that 節を続けることは可能です（これは接続詞 that の前では前置詞が欠落することによります）。

㋹ We **agreed that** stronger steps should be taken.
  我々はさらに強硬な措置をとるべきだということで意見が一致した。

したがって、連鎖関係詞の $S_1V_1V_2$ の V_1 に agree を用いることは可能です。

また、manner は、単数形の場合には「仕草、やり方」という意味であり、カタカタの「マナー＝礼儀作法」ではありません。「マナー」の意味の場合は manners と複数形にします。これは単語の基礎知識であり、東大以前の問題です（ちなみに、normal の訳語は、反対語 abnormal（アブノーマル＝異常な）からも、「普通」というよりも「正常な」の方が近くなります。下線部の前で、「老年性認知症のことを言っているわけではない」とあったことはよろしいでしょうか？ つまり「夜中に徘徊したりといった異常行動」ではなく、いたって「正常に」振るまい続ける老人のことを言っているわけです）。

ここまでの段階で、「普段そんな細かいことはいちいち意識していないし、気にも

していない、面倒くさい」と思われた方がおられたら、それが**東大が一番嫌う**「**思考停止の力任せ**」そのものです。

「意識していない」のと「理解していない」のは、イコールではありません。本当の基礎力とは、「意識していなくても身についている」、言うなれば息をするように自然にできることであることを再度認識していただけたらと思います。

....

(ポイント3) **基本事項 but の結ぶものは？ ―「等位接続詞」の意識**

....

さらに下線部は続きますが、次のポイントは、manner に続く but です。もちろん but 自体はおなじみの単語ですが、問題は **but が何と何を結んでいるかに対して意識が向けられたか**ということです。

英語の接続詞には、and / but / or を代表とする「等位接続詞」と呼ばれるものがあります。これらは、A and B, A but B, A or B という形で、文法上対等のもの、等しい働きをするものを結ぶため、「等位接続詞」と呼ばれるわけですが、英語を読んだり書いたり（もちろん会話の場合もですが）する際には、この A と B がそれぞれ何に相当するかということをきちんと確認することが大切（基本）です。しかしながら実際には、and =「そして」、but =「しかし」とただ置き換えるだけで満足してしまっている人が多いようです。

さらに but の後ろには常に文、つまり SV... が続くと思い込んでいる方も時々見かけますが、そんなことはありません。

例 We live in spectacular **but** uncertain times.
　　我々は、目を見張るような、しかし不確実な時代に生きている。

この場合、等位接続詞 but が結んでいるのは spectacular と uncertain という二つの形容詞で、ともに 名詞 times を修飾する形になっています。

→ We live in (spectacular **but** uncertain) times.

以上を踏まえた上で、あらためて今回の英文における but がつなぐもの（つまり A but B の A と B に相当するもの）は何と何でしょうか？

... the person continues to behave in what most people would agree is a normal manner, but one so remote from his old self that he appears, to those who know him, to be someone else entirely.

結論から言えば、この but がつないでいるのは、a manner と one、つまり but の前後の「名詞」と「名詞」です（one は厳密に言えば代名詞ですが、「a ＋ 名詞」に相当するもので、この場合はもちろん a manner に相当します）。

さらに one の後ろには、形容詞 remote が続き、これが名詞（代名詞）one を後ろから修飾する形になっていて、さらにその remote を so...that ～構文（あまりに…なのでその結果～）の so と that が挟む形の後置修飾になっていることをとらえる必要があります。

そして、so...that ～の that 以下では、appear と to 不定詞の間に、to those who know him が前後のコンマを挟んで挿入されていることにも気をつける必要があります（ちなみに appear to V...「…するように思われる」という使い方であることに気づかず、appear 単独で「現れる」としてしまった場合も、完全な誤読となります。挿入にからめて、appear という基本動詞の使い方・語法の知識も試されているわけです）。

one 以下のみを処理すれば、以下のようになります。

→ one (＝ a manner) (**so** remote from his old self **that** he appears, {to those who know him}, to be someone else entirely).

あまりに昔のその人物とはかけ離れているために、その人を知っている人には、全くの別人と思われるような方法・仕草

さらに、but とこの部分を結ぶ形で処理すれば、以下のようになります。

→ the person continues to behave in [what most people would agree is a normal manner], **but** one (**so** remote from his old self **that** he

appears, {to those who know him}, to be someone else entirely).

> ほとんどの人が異口同音に正常であると思うような方法であるものの、あまりにも以
> 前とはかけ離れているために、その人を知っている人には、全く別人のように見えて
> しまうような方法で振るまい続けるのである。

あくまで構造に沿った形で訳出してみましたので、ややぎこちないと感じられな
くもありません（合格点はもらえるでしょうが）。but が結ぶものは a manner と
one であり、one が a manner を示すことを答案にはっきり出せれば、以下のよう
に but 以下を一旦切り離して訳出しても構いません。

以上を踏まえて、答案を作成すると、以下のようになります。

- -
《解答例》私が言及している例では、その人は正常であることに、ほとんどの人が異論はない
ような方法で振るまいを続けてはいるものの、その振るまいが以前とはあまりにもかけ離れ
たものであるため、その人を知っている人には、全く別人のように見えてしまうのである。
- -

負け惜しみはやめましょう

いかがでしょうか？ かなり骨が折れると思われた方もおいでかもしれません。し
かし、解説部分をご覧になればおわかりかと思いますが、この答案を処理するのに必
要なポイントを整理すれば、

① 主語・動詞をとらえる　　→　前置詞付きの名詞は主語にならない

② 関係代名詞の省略　　　　→　節内では名詞が欠落。名詞（SV ●）

③ 連鎖関係詞　　　　　　　→　関係詞＋ $S_1 V_1 V_2$

④ 等位接続詞の結ぶもの　　→　文法上対等なもの同士

⑤ 名詞＋形容詞の後置修飾

⑥ 代名詞 one　　　　　　　→　「a ＋名詞」に相当

⑦ so...that ～構文　　　　　→　あまりに…なのでその結果～

⑧ 基本動詞 appear の語法　　→ appear to V... 「…するように思われる」

と確かに「てんこ盛り」ですが、一つとして高校英語の学習範囲を逸脱しているもの
はありません。

　ところで、以前「この問題こそ、悪しき日本の受験英語の構文主義の見本である」
という批判を耳にしたことがあります。しかし私に言わせれば、ただの強がりという
か負け惜しみ？のようにしか聞こえません。先に触れたように、この英文には一般の
人が知らないようなマニアックな文法事項など一つもなく、英語で読み書きするため
の基本事項しか含まれていません。**これが難しいとか複雑怪奇であるかのように思え
る時点で、英語を感覚でしか（つまりなんとなくでしか）読めていない**ことが明らか
になります。

　また、このような解説を繰り返し読んでやっと理解できたという人の中には、「こ
んな問題が実際の短い試験時間の中で読み解けるものなのか？」という疑問が浮かん
でくる方もいらっしゃるかと思いますが、先に述べたように、今回の英文を読み解く
のに必要な語彙・文法事項は、すべて通常の高等学校で学ぶべき項目です。

　もちろん東大の入試問題は京大に比べて、じっくり考える時間は少ないのが現状で
す。しかし、こうした**基本となる文法項目を、いざという時に（それこそ空気を吸う
ように自然に、無意識に）使えるかどうかが本当の基礎力と言える**のです。反対に「ど
こかでやったような気がする」程度の曖昧な状態では、東大の問題には太刀打ちでき
ないことがおわかりいただけるのではないでしょうか。

文の要素（S・O・C）が
とらえられているかを問う問題

「他動詞」の目的語 ＝ 直後にあるとは限らない

　英語の動詞は自動詞と他動詞にはっきり二分されるわけではなく、むしろ同じ動詞が自動詞と他動詞の両方になり得る、言うなれば「二刀流」がほとんどであることは、p.37 で触れた通りです。

　もちろんそうした二刀流の動詞の場合、どちらで用いられているかは目的語の有無で判断することになるわけですが、問題は目的語をとる場合でも、素直に動詞の直後に目的語が来る場合ばかりではないケースが多々見られることです。

82年・東大

1　★★★☆☆　下線部を和訳せよ。

　① All great men must be viewed in two distinct aspects. ② There is the limited aspect in which they are great, and there is the other aspect in which they are ordinary human beings like the rest of us. ③ No great man lives constantly on the level of his vision. ④ Like the rest of us, in their daily lives all are largely preoccupied with petty concerns; they are prone to be moved by jealousy or bad temper, to say foolish things, to act meanly, and to behave inconsiderately toward those who are close to them. ⑤ Our need for heroes to worship, however, generally makes us disregard or deny what is ordinary in a great man. ⑥ For the

man as he was we substitute, sometimes while he is still alive, a
legend.

　　下線部に至るまでの①〜④の内容は、どんな偉人であっても人間であることには変わりなく、一般人同様、嫉妬もするし腹も立てるし、理不尽な振るまいをすることもある。要は普通の人間の側面がある（聖人君子ではない）…ということはよろしいかと思います。

　　では、下線部分を見ていきます。

⑤Our need for heroes to worship, however, generally makes us
disregard or deny what is ordinary in a great man.

　　不定詞 to worship の前に for heroes があります。一般に to 不定詞の前に for［名詞］が置かれる（for［名詞］to V 〜）場合、「名詞」と V の間には SV の関係（for以下＝いわゆる意味上の主語）があることはご存じかと思いますが、今回 worship「…を崇拝する」の主語は heroes「英雄」なのでしょうか？

　　実際、そうとった場合の Our need（for heroes to worship）の訳出は「英雄が崇拝する我々の必要性」？？？となりますが、果たしてそれでよいのでしょうか？

　　今回 worship の主語に相当するのは、明らかに「我々」であり、heroes はむしろ worship の主語ではなく、我々の崇拝の対象、つまり「目的語」と考えるのが自然です。

　　to worship は heroes という名詞を後ろから修飾する、いわゆる形容詞用法と判断すべきところです。

　Our need for heroes (to worship ●)
　　　　　　　　（我々が）崇拝すべき英雄たち

　　したがって、この for heroes の for は不定詞の意味上の主語を表すわけではないことになりますが、ではこの for の働きはどうとらえたら良いでしょうか？

あらためて見てみると、直前の名詞 need は need for... で「…に対する必要性、…を必要とすること」という使い方ができる名詞です。

㋑ There is a **need for** more investigation.
　　もっと調査をする必要がある。

したがって、Our need for heroes（to worship ●）の解釈は、**「我々が崇拝すべき英雄を必要とすること」**となります。

もう一つのポイントは等位接続詞 or の結ぶものが、disregard と deny であることです。disregard の直後には目的語となる名詞が一見見当たりませんが、ここでは等位接続詞 or が disregard と deny という二つの他動詞を結ぶ形になることから、目的語は what is... となります。

解析的に示すと、以下のようになります。

⑤ Our need for heroes (to worship ●), {however}, generally makes us
　 S　　　　　　　　　　　　　　　　　　　　　　　　　　　V　　　O
disregard or deny [what is ordinary in a great man].
　　　　　　　　　　C
　　しかしながら、我々が崇拝できる英雄を必要とするため、我々は通常彼ら偉人の平凡な側面を無視し、否定する。

（二つの他動詞が共通の目的語をとることから、このような構造を「共通関係」と呼ぶことが多いのですが、個人的には「分配法則」「因数分解」のイメージで考える方がわかりやすいのではないかと思います。$(V_1+V_2)\,O \to (V_1 O + V_2 O)$

今度は、下線部の後半⑥の文ですが、そもそもこの文の SV をとらえることはできたでしょうか？

⑥ For the man as he was we substitute, sometimes while he is still
alive, a legend.

　一見 he was がこの文の SV と思われたかもしれませんが、直後に we

substitute という SV 構造が続いていることに加え、he was の前に as が存在することから、as he was を一つの塊ととらえることができるかどうかが、まず最初のポイントとなります。as A be で「A があるがままに / の」という使い方は、しばしば見かける表現です。

> ⑳ You should accept things **as they are**.
>
> 事態をそのまま受け入れるべきだ。　※ they = things

この as he was は直前の the man を修飾し、the man as he was で「あるがままの人間」という意味になります（ちなみに the man as he was とは、第②文の ordinary human beings like the rest of us「我々同様の普通の人間」とほぼ同様の意味を表す「言い換え」にもなっています。このことは最後にもう一度触れますので、頭の片隅に置いておいてください）。

そうなると、この文全体の SV は was に続く we substitute の部分だという判断は下せると思いますが、問題はここからです。

substitute は自動詞と他動詞の両方の使い方を持つ二刀流の動詞です。

① ［自動詞の例］

He had to **substitute for** his sick colleague.

彼は病気の同僚の代役を務めなければならなかった。

② ［他動詞の例］

We **substitute** honey **for** sugar.

砂糖の代わりに蜂蜜を使う。→ 目的語は honey

お気づきかと思いますが、自動詞の場合も他動詞の場合も substitute は for ＋名詞という前置詞句を伴います。そうなると、先頭の For the man as he was の For は substitute と結合する For ではないかという可能性が生まれます。

では、この substitute は結局自動詞と他動詞のどちらなのでしょうか？　今回 substitute の直後には、名詞ではなく sometimes という副詞、さらに接続詞

while が導く節が続いています。

$\longrightarrow$ For the man (as he was) we **substitute**, sometimes while he is still
  alive, a legend.

<small>S</small> <small>V</small>

ということはこの substitute は自動詞で、とりあえず for 以下が前置された理由はさておき、substitute for... で「…の代わりを務める」と考えて、「我々はあるがままの人間の代わりを務める・代役をする」（この部分だけ見ると日本語としては通らなくもありませんが）とし、while 以下を he is still alive, a legend「彼が未だ生きていて伝説である間に」などとしてしまってはいないでしょうか？

実は、while 節の切れ目は alive までで、コンマ以下の a legend は含みません。名詞は文中で、①主語　②（他動詞の）目的語　③補語　④（前置詞の）目的語…のいずれかの位置に置かれます。では、この a legend という名詞はどれに相当すると考えたら良いのでしょうか？

この a legend が実は substitute の目的語です。つまりこの文の substitute は自動詞ではなく、他動詞で substitute A for B（B の代わりに A を使う、A を B の代わりとする）の用法ということになります。

$\longrightarrow$ For the man (as he was) we substitute, {sometimes while he is still
  alive}, a legend.

<small>S</small> <small>V</small>

<small>O</small>

> その人物のあるがままの姿の代わりに、時にはその偉人が存命中に、我々はその人物を伝説とする。
> → その人物の普通の姿ではなく、時にはその偉人が存命中であっても、我々はその人物を神格化してしまうのである。

（この文の内容は、簡単に言えば、偉人やスターを神格化してしまうということです。今は芸能人やアイドルなどでも、直接接触できる機会が増えていたり、SNS などで日常生活を発信する人も増えているためにピンとこない方もいるかもしれませんが、一昔前の映画スターは、トイレにも行かないといったまさに「神話」が作られたり、ファンの夢を壊してはいけないというようなポリシーを持った人も多かったよう

です。）

　わかってしまえばなんてことはありませんが、言われてわかるのと自分で気づくことができるのでは全く次元の違う話です。そして実際ここでも必要とされているのは、単語・文法を含めて、高等学校までに学ぶ基本事項です。東大が入試問題を通し、求めているものがどういうことかはっきり見えてくるのではないでしょうか？

「他動詞の直後」に「前置詞＋名詞」が続いたら…

　今回のように、目的語が他動詞の直後ではなく後方に移動するケースもあり、実際に登場する頻度はかなり高い用法です。他動詞の直後に前置詞が来ていたら、まずは「前置詞＋名詞」の塊（句）を括りだし、後ろに名詞があれば、その名詞が他動詞の目的語ということになります。

　　　他動詞＋前置詞＋名詞＋名詞　…

→　　$\boxed{\text{他動詞}}_{\text{V}}$ ＋ {前置詞＋名詞} ＋ $\boxed{\text{名詞}}_{\text{O}}$

なぜ目的語が移動するのか？ ―「情報構造」という考え方

　ところで、この文に対して次のような疑問を抱く方はいないでしょうか？

　「そもそもなぜ、わざわざ substitute A for B の for B を前に出したり、目的語である A を while 節の後ろに置いたりしたのだろうか？ 最初から普通の語順で書けば良いのではないか？」「こんな文は悪文ではないか？ わざわざそんな悪文に下線を引くとは、これこそが悪しき受験英語ではないか？」

　ある意味もっともな疑問だと思います。

　しかし、この文は悪文でもなんでもありません。このような語順になったのは、別に筆者の悪趣味でもなんでもなく、英語学的にもきちんとした暗黙の了解事項に基づいているのです。

「情報構造」という英語の原則をご存じでしょうか？　これについては近年盛んに取り上げられるようになっているためご存じの方も多いと思われますが、これは英語の語順、文と文とのつながりに大きな影響を与える大原則です。

「情報構造」には、大きく「旧情報」と「新情報」というのがあります。「旧情報」とは、別の言い方をすれば、「前で述べられたお互い了解済みの内容」（「既知情報」と呼ぶ方が実態にかなっているかもしれません）であるのに対し、「新情報」とは「相手が知らない情報・強調したい重要な情報」（「重点情報」）を表します。これらはそれぞれ、旧情報はなるべく前、新情報（重点情報）はなるべく後ろに置くという原則があり、実はこれが倒置や受身等の語順に関係してきます。

「旧情報」→ お互い了解済みのこと → なるべく前

「新情報」→ 重点情報 → なるべく後

考えてみれば、これはある意味当たり前の話で、まずお互いが知っている情報（旧情報）を取り上げ、それに大事な情報（重点情報＝新情報）を追加していくというのは、理にかなっています。

あらためて、なぜ For 以下が前に置かれ、目的語 a legend がわざわざ while 節を挟んで後ろに置かれたかを「情報構造」の観点から見てみましょう。

この文で、前に出た For the man as he was のうち the man as he was「あるがままの人物・姿」とは、すでにその前②文で登場した ordinary human beings like the rest of us の言い換えであることは p.59 で触れた通りです。つまりこの部分は、「旧情報」ということになります。

逆に、substitute の目的語 a legend は、the man as he was の代わりとされるもの、つまり「重点情報」＝「新情報」ということから、あえて最後に置かれたわけです。

<u>**For the man (as he was)**</u> we substitute, {sometimes while he is still (= ordinary human beings like the rest of us) ＝旧情報 alive}, <u>a legend</u> ＝新情報 .

O＝重点情報

試しにこれらの語句を本来の位置に置くと、次のような形になります。

→ We substitute a legend for the man as he was, sometimes while he
　 is still alive.

　もちろんこの文は文法的にはなんら間違いはなく、むしろすっきりしていると思われるかもしれませんが、この形では一番強調したい語句（普通の人間ではない伝説的人物）である a legend が文中で埋もれてしまうだけでなく、while 節が最後に置かれることでこの部分が「重点情報」になってしまい、「存命中」という部分がフォーカスされてしまいます。

　この「情報構造」の話が日本の英語教育で取り上げられるようになったのはここ 20 年前後で、この問題が出題された 80 年代には、ほぼ浸透していなかった考えと言えます。とはいえ、仮にこの「情報構造」の知識がなくても、この下線部の構造を判断するのに必要な考え方・知識は、従来の英文法の領域を少しも逸脱していません。

　ただし先ほど触れたように、「情報構造」の観点があれば、通常の語順とは異なる構造になっている理由もすっきりするだけでなく、文と文とのつながりといったさらに一段も二段も上の視点を持つことができることは、間違いないでしょう。

- -

《解答例（下線部）》①偉人というものは二つの異なる側面から見るべきである。②彼らが偉大であるという限定された側面と、彼らも我々と同じ普通の人間であるというもう一方の側面である。③いかに偉大な人物でも常にその虚像のまま生きることはできない。④我々と同じく、彼らの日常生活もたいてい些細なことに追われている。彼らも嫉妬を感じたり、気分を害したり、バカなことを言ったり、意地悪な行動をしたり、親しい人に対し思慮に欠けた振るまいをしたりしがちである。⑤**しかしながら、我々が崇拝できる英雄を必要とするため、通常我々は彼ら偉人の平凡な側面を無視し、否定する。**⑥**その人物のあるがままの姿ではなく、時にはその偉人が存命中であっても、我々はその人物を神格化するのである。**

- -

「目的語」はどこに？②

本来の位置にあるとは限らない「文の要素」を
正確にとらえられているかを試す問題

> 1 ★★★☆☆　次の文は、一語を補うと正常な英文となる。補うべき語と直前の一
> 語を記せ。
>
> I cannot except you from these regulations, whatever pressure
> you may put me to do so.

設問文にあるように、この文はこのままでは文法的に問題があるのですが、ただ漫
然と見ているだけでは気づかないかもしれません。

まず、意味を考えてみてください。コンマを挟んで前半から見ていきます。

I cannot except you from these regulations, ...

こうした規則から君だけを免除するわけにはいかない

except（expect ではありません）はここでは、「…を除いて」という前置詞ではなく、
動詞です。except A from B で「A を B から除外する・免除する」という意味に
なります。この部分には問題は見当たりません。

続いてコンマ以下を見ていきます。

..., whatever pressure you may put me to do so.

そうするよう、君がどんな圧力を私に掛けようとも

先頭の whatever は名詞（ここでは pressure）を伴い、「どんな名詞でも」とい

う譲歩を表す用法です。また、do so は except you from these regulations に相当することはよろしいかと思います。

　この部分のベースとなる「そうするように君が私に圧力を掛ける」という表現を考えてみますと、pressure は put の目的語に相当すると考えることができます。その pressure が whatever により、前に移動する形となっていることに気づけたかどうかが、この問題のポイントと言えるでしょう。

　実際、pressure を本来の位置である put の目的語の位置に戻してみますと、

$\longrightarrow$　you may put ⎡pressure⎤ me to do so　？？？

となりますが、そうなると me は put の目的語ではなく、「浮いて」しまっています。

　あらためて、「私に圧力を掛ける」という表現に立ち戻って考えれば、意味的にも構造的にも me の前に on（または upon）という前置詞が必要になることが見えてくるのではないでしょうか？

$\longrightarrow$　you may put ⎡pressure⎤ on (upon) me to do so

$\longrightarrow$　**⎡whatever pressure⎤ you may put ● on(upon) me to do so**

- -

《解答》 補うべき語　on (upon)　　直前の語　put

- -

•───（**apply タイプ（自動詞と他動詞で同じ前置詞と結びつくもの）は特に注意**）

82年・東大

2　★★★☆☆　下線部を和訳せよ。

　The more intelligent you are, the more you may be inclined to consider rapidly many factors before making a decision. If you were feeble-minded, you would have little or no difficulty, for you wouldn't be able to think of a variety of possible consequences.

Your difficulty may be that you have acquired the habit of applying to a multitude of little, unimportant things the same serious consideration you might advisedly give to vital matters.

この問題の下線部で、やっかいなのは apply という動詞の使い方です。もはや日本語にもなったと言えるアプリケーション、アプリの元がこの apply という動詞ですが、この動詞は「自動詞と他動詞のどちらの用法もとれる」、言うなれば「二刀流」で、しかも幾通りもの使い方があります。まず、apply の使い方を確認しておくことにします。

自動詞　① to を伴い apply to... で「…にあてはまる」

⑩ This rule doesn't **apply to** this case.
　　このルールはこの場合にはあてはまらない。

② for を伴い apply for... で「…を申し込む・申請する」

⑩ **apply for** My-Number Card
　　マイナンバーカードを申請する

他動詞　A to B を伴い apply A to B で「A を B にあてる・応用する」

⑩ **apply** the technology **to** medical science
　　その技術を医学に応用する

ちなみに以下の文は、自動詞で to を伴う①の用法です。

⑩ We do not tell others everything we think. At least, this **applies to** most people in perhaps a majority of social situations. [21 年・東大]

　　我々は他人に自分の考えていることを洗いざらい語ったりはしない。少なくともこのことは、ひょっとすると多くの社会的状況においては、ほとんどの人々にあてはまることである。

さて、今回の英文における apply の用法はどれに該当するでしょうか？　先ほどの例文同様に apply と to が連続しています。ただし、apply to... ととってしまうと明らかに不都合が生じることにお気づきでしょうか？

→　Your difficulty may be [that you have acquired the habit of **applying to** a multitude of little, unimportant things the same serious consideration you might advisedly give to vital matters].

前置詞 to の目的語となる名詞は、a multitude of little, unimportant things 「多くの、取るに足らないどうでもいいこと」となりますが、そうなると、続く the same serious consideration という名詞の働きが「文の要素」になっていないことになり、またも「浮き上がってしまう」のです。

結論を言えば、この下線部の apply は自動詞の apply to ではなく、他動詞の用法（apply A to B）で、目的語となる A が後置され、apply（to B）A となっているのです。

例　It doesn't pay to **apply to** the American soil the intensive cultivation of European agriculture.

　　アメリカの土壌にヨーロッパ式の集約農業を応用しても、割に合わない。
　　※ pay「割に合う」

→　It doesn't pay to **apply** ● {**to** the American soil} the intensive cultivation of European agriculture.
　　　　　　　　　　　　　　　　　　　　　　　　B
　　　　　　　　　　　　　　　　A

この下線部も例と同じような形になっています。

→　Your difficulty may be that you have acquired the habit of **applying** {**to** a multitude of little, unimportant things} the same serious consideration (you might advisedly give ● to vital matters).
　　　　　　　　　　　　　　　　　　　　　　　　　　　B
　　　　　　　　　A

ところで、この little を「ほとんど…ない」と解釈された方はいらっしゃらない

でしょうか？ little がその意味で使われるのは、いわゆる「不可算名詞」（water / money など）に対する場合です。

　　⑳ There is **little** water in the pond.　　池にはほとんど水がない。

little が可算名詞を修飾する場合は、「小さな・わずかな」という意味になります。

　　⑳ a **little** girl　小さな女の子　→　複数形　**little** girls

今回の little は things という複数形でもおわかりのように可算名詞ですので、「ほとんど…ない」ではなく、「小さな、取るに足らないこと」という意味になります。同時にこの部分は、最後の vital と対比の関係になっています。

→　Your difficulty may be that you have acquired the habit of applying
　　{to a multitude of **little, unimportant things**} the same serious
　　consideration (you might advisedly give ● to **vital matters**).

　　little, unimportant things　⇔　vital matters
　　　些細などうでもいいこと　　　　　　　　重要なこと
　　　　　　　　　　　　　　　　　　　　※ matters は things の言い換え

結局、この部分は「些細などうでもいいこと」に対して、「重要なこと」に向けるであろう場合と同じだけの serious consideration を向けてしまう（apply）癖がついてしまっているということを言っているわけです（**つまり、「木を見て森を見ず」の状態（《虫の眼》でしかものを見られなくなってしまっていること）を戒めているわけです**）。

　実際《鳥の眼》で見れば、you might advisedly give to vital matters の部分では、give が apply の言い換えであることも見えてきます。なお advisedly は形容詞 advised の副詞に相当し、「よく吟味して・慎重に」という意味です。

《解答例（下線部）》人は聡明であればあるほど、決断を下す前に素早く多くの要因を考慮しがちとなる。（逆に）暗愚であるなら、ほとんどと言ってよいほど苦労することはないだろう。なぜなら暗愚な人間は、起こり得る様々な結果について考えることができないからである。**問題は、非常に重大な問題を慎重に考慮するのと同じように、無数の取るに足らない、どうでもいいことを真剣に考えてしまう習慣が身についてしまっていることであるかもしれない。**

apply の語法については、近年の問題でも東大は問いかけています。

17年・東大（抜粋）

3　★★★★☆　誤った箇所を含む下線部を選び、その記号をマークせよ。

Other people called their films "educationals," "actualities," "interest films," [c]or perhaps referred to their subject matter — "travel films," for example.

John Grierson, a Scot, decided to use this new form in the service of the British government and invented the term "documentary" [d]by applying to a work of the great American filmmaker Robert Flaherty.

下線部［d］に apply to... が用いられていますが、「…にあてはまる」という意味ではないことは明らかです。

John Grierson, a Scot, decided to use this new form in the service of the British government and invented the term "documentary" [d]by applying to a work of the great American filmmaker Robert Flaherty.

スコットランド人のジョン・グリアソンは、英国政府のためにこの新たな形式を使うことを決め、偉大なアメリカの映画監督ロバート・フラハティの作品にあてはまることによって「ドキュメンタリー」という用語を考案した。　？？？

したがって、ここでも apply to... ではなく apply A to B「A を B にあてる・

応用する」ではないかと考え、A を it（＝ the term "documentary"）とし、by applying it to a work とすることで、意味の通る文となります。

... and invented the term "documentary" [d]<u>by applying **it** to a work</u> of the great American filmmaker Robert Flaherty.

- -

《解答》 d

- -

《訳例》自分たちの映画を「教育もの」「実録もの」「興味本位の作品」、もしくはおそらくその主題を指して「旅行映画」と呼ぶ人もいる。
　スコットランド人のジョン・グリアソンは、英国政府のためにこの新たな形式を使用することを決定し、「ドキュメンタリー」という用語を考案して、アメリカのロバート・フラハティ監督作品にその言葉を適用した。

さて、今回の和訳問題 2 のポイントは、apply A to B の A が後置される（apply {to B} A）ことで、一見 apply to... のように見えてしまう部分を読み解くことができるかに尽きると言えるでしょう。

apply のように、自動詞と他動詞の二刀流、しかもどちらも同じ前置詞を伴うものでは、目的語が後置される場合、自動詞と見かけ上は同じになってしまうことから一層の注意が必要となります。数は多くありませんが、このパターンがよく見られる要注意動詞には apply 以外にも次のようなものがあります。

- add 　　　[自]　add to...「…を増す」
　　　　　　[他]　add A to B「A を B に加える」
　　　　　　　　⇒ add {to B} A ≠ add to...

- impose 　[自]　impose on...「…につけこむ、利用する」
　　　　　　[他]　impose A on B「A を B に課す、押し付ける」
　　　　　　　　⇒ impose {on B} A ≠ impose on...

- associate 　　[自]　associate with... 「…と付き合う、交際する」

　　　　　　　　[他]　associate A with B 「A を B と結びつける、連想する」

　　　　　　　　⇒ associate {with B} A ≠ associate with...

- substitute 　　[自]　substitute for... 「…の代わりを務める」

　　　　　　　　[他]　substitute A for B 「A を B の代わりに用いる」

　　　　　　　　⇒ substitute {for B} A ≠ substitute for...

　　　　　　　　　　　　　　　　　　（substitute については、p.59 参照）

最後に仕上げとして、もう一題下線部和訳の問題を取り上げます。

86年・東大

4　★★☆☆☆　下線部を和訳せよ。

①Between historical events and the historian there is constant interplay. ②The historian tries to impose on these events some kind of rational pattern : how they happened and even why they happened. ③No historian starts with a blank mind as a jury is supposed to do. ④He does not go to documents with a childlike innocence of mind and wait patiently until they dictate conclusions to them. ⑤Quite the contrary.

下線部②文では、impose on... という連続が見られますが、やはり「…につけこむ」という impose on... ととると some kind of 以下の名詞が浮いてしまうことから、impose A on B「A を B に課す」の A が後置された impose {on B} A であることが、この下線部分のポイントとなります。

⟶　The historian tries to impose {on these events} some kind of rational pattern : how they happened and even why they happened.

なお、these events となっていることからも、この部分は「旧情報」に相当することから、on these events が前置され、「重点情報」である some kind of rational pattern 以下が後置されたと考えることができます。

- impose A on B　→　impose ● {on B} A （＝新情報）
　　　　　　　　　　　　　　　　↑
　　　　　　　　　　　　　　（＝旧情報）

続く③④文の構造・ポイントにも触れておきます。

③No historian starts {with a blank mind} **as** a jury is supposed to do.

陪審員に当然求められるのとは異なり、予断や先入観を持たずにとりかかる歴史家など存在しない。

この as は「同じように」という、いわゆる様態の as ですが、as の前後が「否定 as 肯定」となっている場合、否定と肯定の対比「…するのと同じようにはしない」という意味になることから、あえて「…と違って」とするとスムーズに処理できます。

⑨ We do not worship the sun **as** ancient people did.

　　我々は、古代人と同じようには太陽を崇めたりしない。　（△）
　　→我々は、古代人と違って太陽を崇めたりしない。　（○）

④He does not go to documents with a childlike innocence of mind and wait patiently until they dictate conclusions to them.

　　歴史家は子供のように頭をまっさらにして史料を読むことはせず、その史料が結論を語るまで、我慢強く待つこともしない。　　（（×）NG !!）

　　→ 歴史家は子供のように頭をまっさらにして史料を読み、その史料が結論を語るまで、我慢強く待つようなことはしない。

not（A and B）は、「A も B もしない」ではなく、「（A して B する）わけではない」という意味だということに注意します。「A も B もしない」なら、not A and B ではなく、not A or B または neither A nor B です。

例 Don't drink **and** drive.

　　呑んだら乗るな。　　→　［呑んで運転する］のは禁止

例 He does**n't** drink **or** smoke.

　　彼は酒もタバコもやらない。

- -

《**解答例（下線部）**》₁史実と歴史家の間には、絶えず相互作用が働いている。₂**歴史家は、こうした史実に、それが起きた背景や、さらにはそれが起きた理由といった、ある種の合理的な法則を押しつけようとする。**₃**陪審員に求められるような、予断や先入観を持たない公平無私な姿勢を持つ歴史家は誰一人存在しない。**₄**歴史家は子供のように頭をまっさらにして史料を読み、その史料が結論を教えてくれるまで、我慢強く待つなどということはしない。**₅実際は全くその正反対である。

- -

第 2 章

東大・京大が問う
基本重要文法項目の理解度

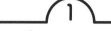

「等位接続詞」の重要性を教えてくれる
問題①

and＝「そして」では and が怒る

　英語の接続詞には、and / but / or を代表とする「等位接続詞」と呼ばれるものがあります。「等位接続詞」とは、読んで字のごとく、それぞれ A and B, A but B, A or B という形で、「文法上対等なもの、等しいもの同士を結ぶ」ということです。

　これは英文を読み解く際のまさしく基本中の基本と言えるのですが、実際にはand が出たら「そして」、but を見たら「しかし」とするだけで満足してしまっている人が多いようです。

　とはいえ、「そんな、いちいち and などにこだわる必要があるのだろうか？」という疑問を抱く方も多いのではないかと思います。それこそ重箱の隅をつついているように思われるかもしれません。

　ただし、この「A と B がそれぞれ何に相当するか」ということをきちんと確認（意識）できていないために、思わぬ勘違いや誤読につながるケースが多々あります。まずは以下の東大の問題に挑戦してみてください。不要な語句を一語選べという問題です。ちなみに等位接続詞は and が三回、or が二回登場しています。

10年・東大

1　★★☆☆☆　取り除くべき不要な語句と前後の語句を一語ずつ書け。

　Science does and must continually try to bring theory and in fact into closer agreement, and that activity can be seen as testing or as a search for confirmation or disconfirmation.

いかがでしょうか？ 正解を先に言ってしまうと、取り除くべき語とは二つ目の and の直後の in fact の in です。

Science <u>does</u> and$_1$ <u>must</u> continually try to bring <u>theory</u> and$_2$ $\boxed{in}$ fact into closer agreement, and$_3$ that activity can be seen <u>as testing</u> or$_1$ as a search for confirmation or$_2$ disconfirmation.

ここで「in fact（実は）という表現が目に飛び込んできたため、わからなかった」という方は p.14 でも触れた「見覚えのある表現を拾い出して適当につなげる」という東大が最も嫌う悪癖にどっぷりつかっていることになります。

ではなぜin factと読んではいけないのでしょうか？ これを in fact ととらえると、直前の and$_2$ が結ぶものがはっきりしなくなってしまうのです。

$\longrightarrow$ Science <u>does</u> **and$_1$** <u>must</u> continually try to bring <u>theory</u> **and$_2$** $\boxed{in}$ fact into closer agreement, **and$_3$** that activity can be seen <u>as testing</u> **or$_1$** as a search for confirmation **or$_2$** disconfirmation.

最初の and$_1$ が結ぶものは、does と must という助動詞と助動詞になることは問題ないと思います。では問題の in fact の直前の and$_2$ が結ぶものを同じように考えた場合、in fact（前置詞＋名詞）に相当する対等な部分、つまり「副詞要素」が and$_2$ の前には存在しません。

in fact を取り除いて、B を into 以下と考えても同じことです。

$\longrightarrow$ Science <u>does</u> and$_1$ <u>must</u> continually try to bring <u>theory</u> and$_2$ $\boxed{\text{in fact}}$
A　　　　　 B　　　　　　　　　　　　 A???B
into closer agreement, and$_3$ that activity can be seen <u>as testing</u> or$_1$ as a search for confirmation or$_2$ disconfirmation.

再度 and$_2$ の前後に目を配ると、直前の theory と fact で、theory and fact ＝「理論と事実」という反対語同士のペアができあがります。同時に、この theory and fact という名詞が他動詞 bring の目的語になり、全体の意味がはっきり見えてくることになるわけです。つまり in fact は見せかけで、in を消去する必要があっ

たのです。

ちなみに他の等位接続詞が結ぶものは、それぞれ以下のようになります。

Science **does** and₁ **must** continually try to bring **theory** and₂ **fact** into closer agreement, and₃ that activity can be seen <u>as testing</u> or₁ <u>as a search for confirmation</u> or₂ disconfirmation.

and₁ → 助動詞と助動詞　does と must

and₂ → 名詞と名詞　theory と fact

and₃ → 文と文　Science does... と that activity can be...

or₁ → as 以下と as 以下

or₂ → 名詞と名詞　confirmation と disconfirmation

- -

《解答》 取り除くべき語　in　　前後の語　and / fact

- -

《訳例》科学は、理論と事実をより密接に一致させる努力を実際に絶えず行い、またそうしなければならない、そうした活動は、検証もしくは実証ないしは反証を探求するものと見なすことができる。

•——(**both A and B, not only A but B でも and は and、but は but**)

もう一題、比較的近年の問題です。下線部の中から誤りのある記号を選べという問題です。

21年・東大⟨抜粋⟩

2　★★★★☆

　Now, for the first time, *genetic comparisons between us and *Neanderthals suggest that we really (b)<u>may be the puppy dogs to their savage wolves.</u> (c)<u>Not only could this explain</u> some long-standing mysteries — (d)but also including why our brains are strangely smaller than those of our Stone Age ancestors — (e)some say it is the only way to make sense of certain twists of human evolution.

*genetic 遺伝子に基づく　Neanderthal ネアンデルタール人

　こちらも先に正解に触れますと、間違いを含んでいるのは（d）なのですが、どこが不適かおわかりでしょうか？（実際の入試問題では、間違い・不適部分を含む下線の記号を答えればよいのですが、このような問題に取り組む際には、間違い・不適部分を正しい形に直せることが大切です。）

　いわゆる not only A but also B「Aのみならず B」という表現はご存じでしょうが、not only... but であろうと、both A and B であろうと、but は but、and は and、つまり等位接続詞であることに変わりはありません。

　では、ここでは not only A but also B の A, B に相当するものとは何でしょうか？

→　(c)**Not only** could this explain some long-standing mysteries —
　　(d)**but also** including why our brains are strangely smaller than those of our Stone Age ancestors —

　一見すると、動詞 explain が原形であり、これを A と考えると、but also 以下の including を原形 include にすれば、A と B が explain と include で原形、等しい形になってめでたし…となりそうですが、果たしてそれで意味が通るでしょうか？

→　(c)**Not only** could this explain some long-standing mysteries —
　　(d)**but also** include {why our brains are strangely smaller than those of our Stone Age ancestors} —

　　このことで長年の謎が説明できるばかりか、なぜ我々の脳が石器時代の先祖の脳よりも奇妙なまでに小さいのかを含むことが可能である　？？？

明らかに何を言っているのか不明です。動詞を include とした場合、目的語は why 節ですが、主語は explain 同様 this になります。もともと include という動詞は、X include Y「X が Y を含む」となり、言うなれば、X ＝全体集合、Y ＝部分集合に相当するものを表すことを考えると、this と why 以下の間に、全体集合と部分集合の関係があるようには思えません。むしろ、why 以下を含む全体集合に相当するのは、直前の some long-standing mysteries「長年の謎の一部」と考える方が遥かに自然です。

some long-standing mysteries　長年の謎（全体）

>　why...　なぜ人類の脳が石器時代の先祖よりも小さいのか（一部）

実は、including には、X including Y という形で「X、例えば Y」という for example などと似た意味を表す用法があります。X ＝全体、Y ＝部分ということは、X ＝抽象、Y ＝具体の関係にも発展するわけです。したがって、including はそのままの形で、include にする必要はない（むしろ include にしてはいけない）ということになります。

そうなると逆に、出発点であった等位接続詞の but 自体が怪しいのでは？という意外な展開になってきます。

あらためて下線部（d）の部分が、前後を－（ダッシュ）で挟まれていることに着目します。通例、前後ダッシュで挟まれる場合は、コンマ同様その部分が挿入と同じような働きになります。したがってその部分を取り除くと、あらためて見えてくる部分があるのではないでしょうか？

→　(c)Not only could this explain some long-standing mysteries {－ (d)including [why our brains are strangely smaller than those of our Stone Age ancestors] }－ (e)some say it is the only way to make sense of certain twists of human evolution.

このように not only A but also B の B に相当する部分を、下線部（d）ではなく下線部（e）some say 以下と考えてみると全てがつながります。つまり下線部（d）は but also こそが取り除くべき語句だったのですが、そうなると別の疑問が生じるかもしれません。

「それなら but also という語句は下線部（e）の前に必要なのでは？（e）が間違い箇所として正解になるのでは？」ということです。これはどう説明したらよいでしょうか？

実は、not only A but also B や not A but B「A ではなく B」などの場合、but が省略され、コンマで代用されることがよくあります。

例① He doesn't care about other people, he thinks only of himself.

　→ He doesn't care about other people, **(but)** he thinks only of himself.

　　彼は他人のことなどどうでもよく、自分のことしか考えない。

例② We **not only** have no idea when language began, we do not even have an idea of what the earlier stages of language might have been like.

　→ We **not only** have no idea when language began, **(but)** we do not even have an idea of what the earlier stages of language might have been like.

　　我々はいつ言語が始まったかわからないだけでなく、さらには言語の初期段階がどのようなものであったかすらわからない。

結局この問題では、間違いを含む箇所（正解として答える部分）は（d）ですが、仮に正しい形に修正することまで求められたら、かなりの難問と言えるでしょう。

$\rightarrow$ (c)Not only could this explain some long-standing mysteries

{— (d)~~but also~~ including why our brains are strangely smaller than

those of our Stone Age ancestors} — ∧ (e)some say it is the only way

(but also)

to make sense of certain twists of human evolution.

- -

《解答》 d

- -

《訳例》今や、初めて、我々とネアンデルタール人を遺伝的に比較してみると、我々は実は子犬で、彼らは獰猛なオオカミに相当する可能性が示唆される。このことで、長年の謎の一部、例えば我々の脳が石器時代の先祖よりも奇妙に小さい理由も説明できるのみならず、これが人類の進化の急激な変化を理解する唯一の方法であると言う人もいる。

2

英作文で "but, ～" としてしまう日本人が多いわけは？

「等位接続詞」の重要性を教えてくれる
問題②

日本人学習者の英作文を見ていると、受験生に限らず共通して見られる間違いがあります。

例 …しかし、私はその考えには同意できない。

　…, but, I can't agree with the idea.　（×）

日本語では、「しかし、…」のように「しかし」の直後に読点（、）を置くことが多いためか、英語でも but の直後についコンマを打ってしまうケースを頻繁に見かけます。しかし、このコンマは不要です。というよりも間違いです。これは but のみならず、and や or など等位接続詞全般にあてはまります。

ただし英文において、and や but などの等位接続詞の直後にコンマが置かれている場合があるのですが、それはどのような場合でしょうか？

これは等位接続詞に限ったことではなく、**接続詞や関係詞、前置詞の直後にコンマが打たれている場合は、副詞句や副詞節などの修飾語句（Modifier = M）の挿入が行われている**と考えられます。

　接続詞, {　M　}, SV...

　関係詞, {　M　}, V...

　前置詞, {　M　}, 名詞

例 I cannot thank him enough **because**, if it had not been for his help, I would not have made it.

$\longrightarrow$ I cannot thank him enough **because**, {if it had not been for his help}, **I would not have made it**.

> 彼に感謝の念が絶えないのは、彼の協力がなかったらうまくはいかなかったであろうからだ。

言い換えれば、**これらの直後にコンマがあれば、それは挿入の始まり**と言えるわけです。当然、始まりがあれば終わりもあるわけで、挿入部分をとらえることで、文の構造が見えてくる（逆に言えば、挿入の始まりと終わりをとらえられなければ、構造を取り間違える）場合が多々あります。

等位接続詞の場合には以下のような構造が考えられます。

$\boxed{\text{A}}$ and / but / or, { M }, $\boxed{\text{B}}$

つまり、Aとペアを組むBが、and の直後ではなく{ M }の後ろにあることになり、場合によってはこれが文構造の把握を困難にすることがあるのです。

$\boxed{1}$ ★★★★☆　下線部を和訳せよ。

Perhaps the most striking fact about modern science, in its explorations ranging from the heart of the atom to the frontiers of the universe, is that, <u>like poetry, it reveals depths and mysteries beyond, and, this is important, quite different from the ordinary matter-of-fact world we are used to.</u>

全体の構造は、主語は fact でコンマ以下 in から universe までの前置詞句を取り除くと、動詞は is、is の補語となっている that 節の中身の部分が東大が下線部和訳として求めた部分です。

→ Perhaps the most striking fact (about modern science), {in its explorations (ranging from the heart of the atom to the frontiers of the universe)}, is [that, {like poetry}, it reveals depths and$_1$ mysteries beyond, and$_2$, {this is important}, quite different from the ordinary matter-of-fact world we are used to.]

> ひょっとすると、原子核から宇宙の果てに至るまで、その探求における現代科学に関する最も著しい事実とは、[　　　　　]である。

まず、下線部分直前の接続詞 that の直後にコンマが置かれていることから、先に触れたように、「挿入の始まり」と考える必要があります。そこで {like poetry} の部分を括り出します。同時に「詩と同様に」ということから、it reveals の it が modern science であることをつかみます。

さらに動詞 reveals（…を明らかにする）の後続にある depths and mysteries における等位接続詞の and$_1$ は depths と mysteries という二つの名詞を結び、他動詞 reveals の目的語になっていることもよろしいかと思います。

{like poetry}, it (= modern science) reveals depths and$_1$ mysteries

> 詩と同じように、現代科学が様々な深みや謎を明らかにする

問題は、depths and mysteries に続く beyond 以下の部分です。

... depths and mysteries beyond, and$_2$, this is important, **quite different from** the ordinary matter-of-fact world we are used to.

beyond の直後に等位接続詞の and、しかもその and の直後にコンマが来ています。ここから挿入が始まると考えると、this is important の部分が挿入部分となります。

beyond, and, {this is important}, **quite different from** the ordinary matter-of-fact world we are used to.

同時に and が結ぶものを考えると、前置詞 beyond と quite different from の前置詞 from が、それぞれ目的語として the ordinary matter-of-fact world（we are used to）「我々が慣れている普通のありきたりな世界」をとる構造が見えてきます。

(**beyond**, and, {this is important}, **quite different from**) the
（　前置詞　　and　　　　{　M　}　　{副詞}形容詞＋前置詞　）

ordinary matter-of-fact world (we are used to).
　　　　　名詞

我々が慣れている普通のありきたりな世界**を超越し**、また {ここが重要なのであるが}、その我々が慣れている普通のありきたりな世界**とは異なる**。

言うなれば、(A + B) C → AC + BC のような、数学で言う分配法則のような形になっているわけですが、英語ではこのような形を**共通関係**、または**共通構文**と呼んでいます。この＋記号に相当する役割を、英語では and や but, or などの等位接続詞が担うことになります。

ちなみに、A が beyond という前置詞であるのに対し、B＝quite different from は形の上では「（副詞）形容詞＋前置詞」となるのは、文法上対等にはなっていないのでは？と思われる方がいるようですが、**文法上対等というのは、必ずしも品詞や語数が同じになるということとは限りません。**

ここでは、前置詞 beyond は目的語として名詞をとり、quite different from は from の後ろに目的語としての名詞をとることに加え、**それぞれが直前の depths and mysteries を修飾できるという点で文法上対等**になっています。

→　... reveals depths and mysteries (**beyond**, and, {this is important}, **quite different from**) the ordinary matter-of-fact world (we are used to).

「我々が慣れている普通のありきたりな世界」**を超越し**、また {ここが重要なのであるが}、「その我々が慣れている普通のありきたりな世界**とはかなり異なる深みや神秘**」を明らかにする。

　下線部全体をまとめると次のようになります。わかりやすくするため beyond 以下の後置修飾の部分は最終的には、一旦切って訳し下ろす形にしています。

- -

《解答例》詩と同様に、現代科学は、様々な深みと神秘を明らかにし、その深みと神秘は、我々が慣れている普通のありきたりな世界を超越し、またここが重要な点であるが、そうした世界とはまったく異なるものである。

- -

● ─(直後にコンマがなくても → A and M B)

　「等位接続詞の直後にコンマがあれば挿入」というのは、以上のようにパターン化できるのですが、実はコンマがなくても直後に挿入が行われるケースも多々あります。その場合、当然難易度は上がりますが、**「等位接続詞を見たら、何と何を結ぶものかを考える」**という基本事項のあくまで延長線上にあることに変わりありません。

78年・東大（抜粋）

2　★★★☆☆　次の文はアメリカに定住した英国人の感想文の一節である。下線をほどこした部分を日本語に訳せ。

　In Britain, one of the minor duties of good citizenship is not to disturb the private life of other citizens. <u>If this is not true, then Englishmen are not what they used to be, and their passion for privacy, and what's more for respecting the next man's privacy, is dead and gone.</u>

　下線部には等位接続詞 and が二箇所で用いられています。便宜上それぞれを and_1, and_2 とします。

<u>If this is not true, then Englishmen are not what they used to be, **and**$_1$ their passion for privacy, **and**$_2$ what's more for respecting the next man's privacy, is dead and gone.</u>

さて、and₂ の直後には what's more for... のように what 節が続いています。また and₁ の前にも what they used to be「以前のイギリス人」という what 節が続いていることから、and₂ の結ぶもの（A and B）を what they used to be と what's more for... 以下ととらえた方はいらっしゃらないでしょうか？ そうとると and₁ の結ぶものも含め、何がなんだかわからなくなってしまう恐れがあります。

実はこの下線部では、and₂ の結ぶもの、つまり A and B の A と B は for 以下と for 以下（their passion に続く部分、passion for... で「…を好む強い気持ち」の for）であり、and₂ の直後の what's more「おまけに」は、挿入としてとらえる必要があります。

If this is not true, then Englishmen are not what they used to be, and₁ their passion for privacy, **and₂** {what's more} for respecting the next man's privacy, is dead and gone.

what 節は名詞節を導くのが原則ですが、この what is 比較級という結合は、副詞のような働きをし、しばしば挿入的に用いられます。

⑨ It was raining hard and, **what is worse**, the wind began to blow.
　　雨は本降りで、さらに悪いことには、風も出てきた。

その際は、例文のようにコンマを打つことが多いのですが、今回のように and の直後であってもコンマを打たないケースも見られます。あくまでコンマは任意のものと考えてください。

※副詞の働きと言っても、もともとは、It was raining hard and **what is worse** is that the wind began to blow. のように what 節は名詞節だったのが、is that が省略されるようになり、結果的に副詞節のように使われるようになっただけです。

ちなみに and₁ が結ぶものは、SV と SV...、つまり文と文です。

{If this is not true},

then Englishmen are not <u>what they used to be</u>,

and₁

their passion **for privacy**, and₂ {what's more} **for respecting** the
next man's privacy, is <u>dead and gone</u>.

《**解答例**（下線部）》イギリスでは良き市民のちょっとした義務の一つに、他人の私生活を乱さ
ないことがある。**もしそうでないなら、イギリス人は以前とは変わってしまい、プライバシー
を望む気持ちと、さらに言えば、隣人のプライバシーを尊重する気持ちがなくなってしまっ
ていることになる。**

3

英語の大原則への意識が徹底できているかを問う

わかっているつもりで
意外とわかっていない関係詞の基本

関係代名詞の「大原則」とは?

　一般に「名詞の後に SV が連続する形（名詞＋ SV）」の場合には、その名詞が目的語（＝ O）で、旧情報により前方に移動する場合（つまり OSV）（→ p.23）がありますが、**名詞と SV の間に関係代名詞を補うことができるもの**、言い換えれば、**関係代名詞が省略されたもの**の方が、頻度的には遥かに高いと言えます（**名詞＋ SV → 名詞（関代）SV**）。

　実際、これから取り組んでいただく問題の下線部も、結論から言えば、関係代名詞の省略です。ただし問題はそこから先です。関係代名詞の場合、省略が可能なのは、いわゆる目的格（**先行詞が V の目的語、または前置詞の目的語に相当する**）の場合です。

　上記のように、関係代名詞節の中では、**他動詞もしくは前置詞の目的語となる名詞が欠けている構造が続く**ことになります。

　これは関係代名詞を省略した場合も同様です。

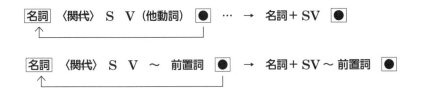

なお、**関係代名詞の省略は、いわゆる目的格**の場合であり、**主格**（名詞〈関代〉●V...）の場合には**省略はできません**。

また、関係代名詞ではなく、「**関係副詞**」（**when / where / why / how**[注1]）**の導く節では、「名詞が欠落しない構造」**、言うなれば「**完全文**」が続きます。これは関係副詞を省略する場合[注2]も同様です。

名詞 〈関副〉 SV... 名詞欠落なし（完全文）

名詞 〈関副〉 SV... 名詞欠落なし（完全文）

これまでわざわざ「関係詞」ではなく「**関係代名詞**」とことわってきた理由もこれでおわかりいただけたと思います。

注1 関係副詞のうち、how は「完全文」が続きますが、先行詞を修飾することはありません。

注2 関係副詞 where は通例省略されませんが、先行詞が place の場合のみ省略可能です。

これは関係詞の基本であり、関係詞を含む文を処理する際の基本原則なのですが、その意識を十分に徹底できているかどうか試す問題は、東大・京大でも数多く見られます。

1 ★★★☆☆　下線部を和訳せよ。

　We do not read books if we are already thoroughly familiar with the material or if it is so completely unfamiliar that it is likely to remain so. <u>We read books which help us say things we are on the verge of saying anyway but cannot quite say without help.</u>

　さて、下線部の文には which が用いられていますが、この which は books が先行詞であり、「主格」で用いられているため、先ほど確認したように省略はできません。今回「名詞 + SV」の構造が含まれているのは、say に続く things we are... の部分です。では「先行詞」および「名詞の欠落位置」はどこでしょうか？

→　We read books（which help us say things（we are on the verge of saying ● anyway but cannot quite say ● without help）.

　　※ on the verge of... 「…する瀬戸際に、もう少しで…する」

　先行詞は things ですが、元の位置、つまり欠落位置は等位接続詞 but によって二つの動詞が結ばれた関係で二箇所あり、それぞれ saying と say の後ろに things が戻せることはおわかりかと思われます。

- -

《解答例（下線部）》我々が本を読まないのは、その内容が全くおなじみの場合や、全く馴染みがなく、今後もその可能性が高い場合である。**我々が読む本とは、ともかくも喉元まで出かかっているのに、自力ではなかなか出てこないことを言うのに役立つような本である。**

- -

2 ★★★★☆　下線部を日本語に直せ。

(1) For all the intimate familiarity we feel we have with decision-making, it is very difficult to know about it from the 'inside': one of the great barriers for scientific research is the nature of subjectivity.

(2) As anyone who has ever been in a verbal disagreement can confirm, people tend to give elaborate justifications for their decisions, which we have every reason to believe are nothing more than rationalizations after the event. To prove such people wrong, though, is an entirely different matter ; who are you to say what my reasons are?

　下線部（1）には the intimate familiarity という名詞の後ろに、we feel... という SV 構造が連続しています。

For all the intimate familiarity we feel we have with decision-making, it is very difficult to know about it from the 'inside': ...

　ただし、名詞（the intimately familiarity）の戻る位置（欠落位置）は feel の後ろではありません。確かに feel には他動詞の用法がありますが、名詞（＝先行詞）familiarity の戻る位置、つまり欠落位置は feel ではなく have の後ろです。

→　For all the intimate familiarity we feel we have ● with decision-making,

　戻してみれば明らかですが、familiarity の形容詞 familiar は前置詞 with を伴い、be familiar with... で「…を熟知している」という意味であることはご存じでしょ

う。結局、have familiarity with... で be familiar with... とほぼ同義になります。つまり、have with... は成句などではなく、be familiar with... を基にした have familiarity with... の familiarity が先行詞として移動したために連続しているにすぎません。

　ちなみに文頭の For all... は「…にもかかわらず」で、接続詞で言えば Though に相当することから、前半部分は以下のように考えることもできます。

For all the intimate familiarity we feel we have ● with decision-making,

→　Though we feel we **have the intimate familiarity with** decision-making,

→　Though we feel we **are intimately familiar with** decision-making,

　　我々は意思決定というものを熟知していると感じているにもかかわらず

　下線部（2）の前半部分も関係代名詞 which が含まれています。ここでも先行詞の確認と欠落位置の確認が課題となってきます。

{As anyone (who has ever been in a verbal disagreement) can confirm}, people tend to give elaborate justifications for their decisions, **which** we have every reason to believe are nothing more than rationalizations after the event.

まず which 以下の名詞が欠落する位置はどこでしょうか？
　一見、believe の目的語が欠落しているように見えるかもしれません。しかしそう考えると、続く are の主語に相当する名詞が見当たらないことに気づくはずです。実際、欠落しているのは、believe の目的語ではなく、are の主語に相当する名詞です。

..., which {we have every reason to believe} ● are nothing more than rationalizations after the event.

　　それ（which）は、事後の合理化にすぎない（と我々が信じるのももっともである）。

　　　※ nothing more than...「…にすぎない」
　　　※ have every reason to V...「…するのももっともである」

　このように関係詞の直後に SV が入り込み、「…すると SV する名詞」となる形は、p.51 で触れた「連鎖関係詞」とよばれるものです。

⑳ The man who I thought would be reliable betrayed me.
⟶　The man (who {I thought} ● would be reliable) betrayed me.

　　信頼できると私が思っていた男に裏切られた。

　次に、先行詞となる名詞を決定する必要があります。are の主語であることから、「複数名詞」であることがわかりますが、その候補となる複数名詞は、justifications と their decisions の二つが存在するため、その見極めが必要になってきます。

　ここでは、be 動詞が「＝イコール関係」を表すことに着目できれば、先行詞となる名詞、つまり are の主語となる名詞は nothing more than rationalizations after the event「事後の合理化」とイコール関係になるはずです（rationalization という単語自体を覚えていなくても、形容詞 rational「合理的な」の動詞形が名詞となったものという判断はつけられると思います）。

rational+ize　→　rationalize　→　rationalization
　　　　　　　　　　合理化する　　　　　　　合理化

　そこから、rationalization は「合理化、合理的理由で説明すること」、つまり、rationalization after the event「事後の合理化 → 後付けの理由」というような意味であるという見当がつけられれば、その意味に近いものは their decisions（自分たちの決断）よりも justifications（正当化、正当な理由をつけること）であることがわかります。

このように関係詞の基本事項の理解が、一見複雑に見える文を解きほぐすのに大きく役立つこと、逆に言えば、こうした理解の手順を踏まずに単語だけをつないで適当な意味を作り出すだけとは、天と地の差があることが実感できたのではないでしょうか？

《解答例》

(1) 我々は意思決定というものを熟知していると感じているにもかかわらず、それを「内部」から知ることは極めて困難である。科学研究の大きな障壁の一つは主観性という性質である。

(2) 言葉の食い違いによる口論をしたことがある人なら誰でもわかることだが、人は自分の下した決定に対して、あれこれと手の込んだ正当な理由を述べる傾向にあるが、それが後付けに過ぎないと信じるだけの理由が存在する。しかしながら、そうした人々の考えが間違いであると証明するのは全くの別問題である。「こちらの下した決断の理由が何なのかわかるなんていったい何様だ」と反論されてしまうのが関の山である。

仕上げに、もう一題、東大の問題を紹介します。

3 ★★☆☆☆ 下線部を和訳せよ。
注釈：舞台はイギリスのウェールズ地方の灯台

I climbed the spiral staircase and knocked on the door up at the top. A man came to open it who seemed the image of what a lighthouse-keeper ought to be. He smoked a pipe and had a gray-white beard.

"Come in, come in," he said, and immediately, <u>with that strange power some people have to put you at ease, he made me feel at home.</u> He seemed to consider it most natural that a boy should come and visit his lighthouse.

この下線部でも、名詞 that strange power の後ろに SV が続く「名詞＋SV」の形になっています。では、先行詞 power を戻せる位置はどこでしょうか？

{immediately}, with that strange power (some people have ● to put you at ease), ...

明らかに、先行詞 power の元の位置、すなわち名詞の欠落する位置は have の後ろ以外にはありません。実際元の位置に戻してみると some people have that strange power to put you at ease「一部の人は人を気楽にさせる不思議な力を持っている」という表現がベースとなっていることがわかります。to put you at ease は power を修飾することも明白です。

つまり、have to と連続してはいますが、have to ≠ must「…ねばならない」ではなかったのです。言うなれば、**にせ have to** だったわけですが、この下線部和訳のポイントはその一点と言えるでしょう。

東大がここに下線を引いた理由はまさしく、関係代名詞の先行詞の元の位置を確認しているかという基本事項が徹底されているかの一点に尽きるわけです。

- -

《**解答例（下線部）**》　私は螺旋階段を昇り切ったところでドアをノックした。いかにも灯台守という感じの男が出て来て扉を開けてくれた。彼は白いあごひげをたくわえパイプをくゆらせていた。

「さあさ、お入りよ」と彼が言った、そして、たちまち**一部の人々が兼ね備えている、人を落ち着いた気分にさせる不思議な力で、彼は私をくつろいだ気分にさせた**。彼は、男の子なら彼の灯台を見に来るのが当然だと考えている様子だった。

- -

4

thatは関係代名詞か？ 接続詞か？

thatの解釈でとことん
頭を悩ませる問題

以下は京大の問題（下線部和訳）です。問われているポイントは前項と同じですが、さらに頭を悩ませる要素が含まれています。

03年・京大

1 ★★★★☆ 下線部を和訳せよ。

①If philosophy is so close to us, why do so many people think that it is something very difficult and rather weird? ②It isn't that they are simply wrong: some philosophy is difficult or weird at first. ③That's because the best philosophy doesn't just come up with a few new facts that we can simply add to our stock of information, or a few new maxims to extend our lists of dos and don'ts, but embodies a picture of the world and a set of values ; and unless these happen to be yours already it is bound to seem very peculiar — if it doesn't seem peculiar you haven't understood it.

下線部までの展開を押さえておきます。

① {If philosophy is so close to us}, why do so many people think [that it is something very difficult and rather weird]?

哲学が我々にそれほど身近なものなら、なぜ多くの人は哲学がとても難解で、どちらかといえば得体の知れないものと思うのだろうか？

98

② It isn't that they are simply wrong: some philosophy is difficult or weird at first.

> とはいえ、そうした考えが全くの間違いというわけでもない。哲学の中には、最初は、実際難解であったり得体の知れないものもある。
>
> ※ (It is) not that SV... 「だからといって・とはいえ…というわけではない」

さて下線部ですが、ここで厄介なのは、facts に続く that の処理です。まず fact という名詞は、いわゆる同格接続詞 that を後続に置くことが可能な名詞です（…するという事実）。ただし、その場合 **that は接続詞であるため、同格 that 以下は関係代名詞と違って名詞が欠落しない完全文**が続くことになります。

⑩ The idea [that the earth is flat] is absurd.

　　　　　同格（接続詞）＋完全文（名詞欠落なし）

　地球が平らであるという考えはばかげている。

もちろん、関係代名詞を伴う場合には、当然、名詞欠落の構造が続きます。

⑩ The idea (that he has ● in mind) is absurd.

　　　　関代　→　has の O が欠落　先行詞は idea

　彼が抱いている考えはばかげている。

「同格の that とか関係詞とか言ったって、結局「…という名詞」だろうと「…する名詞」だろうと名詞に掛けて訳すのだから、そんな区別はどうでもいいのでは？」という声を耳にすることがあります。

　しかし、**関係詞と同格の that は構造だけでなく、意味的にも異なります。**「彼が抱いていた考え」では、考えの内容はわかりません。それに対し、「地球が平らという考え」の場合は、考えの内容そのもの、つまり考えの内容が一つに決まります。

　ただし、今回は that 節中の動詞 add が問題です。p.70 で触れたように、動詞 add は自動詞・他動詞の両方がとれる二刀流ですが、apply や impose などと同様、

それぞれ同じ前置詞（add の場合は to）と結合します。

[自動詞]　**add to...**　　　→　…を増す

[他動詞]　**add A to B**　→　**A を B に加える**

このパターンで、add の O に相当する名詞が先行詞となって前方に移動する場合にも、p.66 の apply の場合と同様の問題が発生します。つまり、that が関係代名詞か同格接続詞かによって、add の解釈も変わってくるわけです。

① **that = 関係代名詞なら**

→ **add は他動詞で、add A to B「A を B に加える」、A が先行詞の a few new facts**

名詞(= A)　(that　S　add　●　to　B)　　（S が B に加える）　名詞

② **that = 同格の接続詞なら**

→ **add to... は「…を増す」という意味の「自動詞＋前置詞」の「句動詞」に相当**

名詞　[that　S　add to...]　　（S が…を増すという）　名詞

これに沿って、今回の文をあらためて考えてみる必要があります。

① that =「関係代名詞、add A to B の A が欠落と考えた場合

That's because the best philosophy doesn't just come up with a few new facts (that we can simply **add** ● **to** our stock of information), or a few new maxims to extend our lists of dos and don'ts,

我々が単に情報の蓄積に加えることができる二、三の新しい事実

② that =「同格接続詞」、add to...「…を増す」と考えた場合

That's because the best philosophy doesn't just come up with a few new facts [that we can simply **add to** our stock of information], or a few new maxims to extend our lists of dos and don'ts,

> 我々が情報の蓄積を単に増すことができる**という**二、三の新しい事実

どちらも構造上は成立するため、堂々巡りのようになってしまいがちですが、よく見ると、今回は a few new facts「二、三の新しい事実」というように facts が複数になっています。ということは、that が同格（事実の内容を説明するもの）であるなら、当然 that 節は複数存在しなければなりません。

また、あらためて内容を考えてみると、同格ととった場合の「我々が情報の蓄積を単に増やすことができる」ということは、ある意味当たり前の話で、「新たな事実」でも何でもありません。

すでにおわかりかと思いますが、この that は同格接続詞ではなく、関係代名詞の that で、先行詞となる a few new facts は add の目的語に相当するものです。つまり、add to... ではなく、add A to B の A に相当する部分が、先行詞として前方に移動したため、add と to が連続したに過ぎないのです。

$\boxed{\text{a few new facts}}$ (that we can simply **add** ● **to** our stock of information)

先行詞を戻すと

$\longrightarrow$ we can simply **add** $\boxed{\text{a few new facts}}$ **to** our stock of information

> 少数の新たな事実を、情報のストックに加える

さらに等位接続詞である or 以下、a few new maxims に to 不定詞が続き、これが maxims を修飾していることからも、that 節は a few new facts を修飾する関係詞節であるという判断が裏書きされます。

a few new facts (that we can simply add ● to our stock of information),

> [蓄積された知識にただ加えることができる] 少数の新たな事実

or a few new maxims (to extend **our** lists of dos and don'ts),

> [すべきこととそうでないことのリストを拡大する] 少数の新たな定理

以上を踏まえ、下線部分の和訳（解答）は以下の通りになります。

《**解答例**》なぜかと言えば、最も優れた哲学は、これまでの知識の蓄積に仲間入りさせることのできる少数の新たな事実や、すべきこととそうでないことのリストを拡大する少数の新たな定理を提示するのみならず、様々な世界観と価値観を具現化するからである。そしてこうした世界観や価値観がたまたま自分の抱いているものと同じものでない限りは、きっと哲学が非常に奇妙なものに思われるであろう。逆に、奇妙に思われないなら、哲学を理解していないことになる。

5

関係詞節はただ名詞（先行詞）を修飾するとは限らない

関係詞節がどこまでかを問う問題

　関係詞節は、ただ名詞（先行詞）を修飾する → 掛けて訳せば終わりというわけではありません。

1　★★☆☆☆

　But changing the order of the alphabet today would probably make the confusion that surrounds changing to the metric system look simple. We are so accustomed to the order of the alphabet that we use it as an alternative to numbers in such things as lists and grades.

設問　次の文を下線部の意味に近いものにするには、空所に（ア）〜（オ）の中のどれを補うのが最も適当か。記号で答えよ。

　Changing the order of the alphabet today would be
（　　　　　　　） changing to the metric system.

- （ア）as easy as
- （イ）not so easy as
- （ウ）not so hard as
- （エ）much harder than
- （オ）no less easy than

まず、下線部の SV ですが、changing the order 以下が主語（動名詞）で、述部が would probably make... 以下であることはよろしいかと思います。

→ $\boxed{\text{changing the order of the alphabet today}}$ would probably make
                     S   V
今日アルファベットの順序を変えてしまうこと

さらに動詞 make の目的語が confusion、その confusion を先行詞として関係代名詞 that（ここでは主格）が続いていることも明白です。

問題はその that が導く節がどこまでか？ということです。最後のピリオドまで掛かると思われた方はいらっしゃらないでしょうか？

... would probably make the confusion (that surrounds changing to the metric system look simple).　？？？

ここでは最後に登場する look simple がヒントになります。結論から言えば、that が導く節は look の前の system までで、この look は make O ＋原形（＝ C）「O に C させる」の C に相当します。

... would probably make the confusion (that surrounds changing to
                             V   O
the metric system) look simple.
                       C
［メートル法への変更を取り巻く］混乱を、簡単なものと思わせる。

つまり、make OC の O（目的語）となる名詞に関係詞節が続いていたため、C となる部分の見極めができるかどうかという一点がポイントだったわけです。

あらためて下線部の意味を考えてみると、以下のようになります。

今日アルファベットの順序を変更してしまうことは、メートル法への変更を取り巻く混乱を簡単なものと思わせるであろう。

→ 今日アルファベットの順序を変更すれば、メートル法への変更を取り巻く混乱など可愛いものに思われるであろう。

つまり、「アルファベットの順序を変えたりしたら、メートル法への変更など比べものにならないほどの混乱が生じるであろう」という意味であることがわかれば（つまり関係詞がどこまで掛かるかを把握し、make + OC の骨格をとらえることができたかどうかを試した設問なのです）、設問の解答は（エ）much harder than であることが容易にわかると思います。なお、（イ）not so easy as「…ほど簡単ではない」でも通じるのでは？と思われた方がいらっしゃるかもしれませんが、その場合には not の位置を would not be so easy as としなければならず、文法的にも不適です。また「メートル法への変更」が簡単だったわけではなく、「アルファベットの順序の変更と比べたら、たいしたことはない」と言っているだけですので、意味的にも正解にはなりません。

Changing the order of the alphabet today would be (much harder than) changing to the metric system.

> 今日アルファベットの順序を変えるのは、メートル法への変更よりも**遙かに困難**であろう。

《解答》 エ

《訳例》しかし、今日アルファベットの順序を変更すれば、メートル法への変更を取り巻く混乱など可愛いものに思われるであろう。我々はアルファベットの順序に慣れているため、一覧表や成績などで、数字代わりにアルファベットを使っているのである。

20年・東大（抜粋）

2 ★★☆☆☆ 下線部を和訳せよ。

The social psychologist and writer Daniel Gilbert suggests that human beings are "works in progress that mistakenly think they're finished." And he claims, "the person you are right now doesn't remain as it is. It is as temporary as all the people you've

ever been. The one constant in our lives is change." Time is a
powerful force, he says, and one that perpetually revises our
values, personalities, and preferences in everything from music
and the places we would like to go to friendship.

下線部に至るまでの内容は次の通りです。

The social psychologist and writer Daniel Gilbert suggests [that
human beings are "works in progress (that mistakenly think they're
finished).]"

> 社会心理学者で著述家の Daniel Gilbert は、人間とは、すでに自分が完成済みであ
> ると誤解している未完成の作品のようなものだ、と示唆している。

And he claims, "the person (you are ● right now) doesn't remain as it is.

> 彼は以下のように主張する「今の自分はずっと変わらないわけではない」。

the person (you are ● right now) は「名詞＋ SV」の結合から、関係代名詞
that の省略ですが、欠落しているのは今回は目的語ではなく、先行詞 the person
は be 動詞 are の補語に相当します。

$\longrightarrow$　the person (you are ● right now)
　　　　　　　　名詞　　　　S　　V　　C

現在そうである人間 →「今の自分」で、who / what you are right now に相当
する表現です。

(類例)　He is not the person (he was ● ten years ago).

　　≒　He is not **who / what he was ten years ago**.

> 彼は 10 年前の彼ではない。

It is as temporary as all the people (you've ever been ●).

> これまでの自分と同じく、今の自分は、一時的なものである。

The one constant (in our lives) is change."

　　人生において変わらないものは一つだけ、それは「変化する」ということだけだ。

ここまでは「人は時が経てば誰でも変わる（「変わらない」のは「変化する」ということだけ）」ということを繰り返し述べています。

下線部をあらためて見てみましょう。

Time is a powerful force, {he says}, and one (that perpetually revises our values, personalities, and preferences in everything from music and the places we would like to go to friendship.)

and one の one は等位接続詞 and の結ぶものという観点から a force であることがわかります。その one を先行詞として関係代名詞 that が続いています。この that は「主格」であることはおわかりでしょうが、revises（…を改訂する、修正する → ここでは change の言い換えです）の目的語に相当する名詞（our values, personalities, and preferences）が並列され、最後の preferences に続く部分に「名詞＋SV」の結合が見られます。

... in everything from music and the places we would like to go to friendship.
名詞 ＋ S　　　　　V

前項（p.91）で触れましたが、関係副詞 where は先行詞が place の場合のみ省略可能です。その場合、**関係代名詞とは異なり名詞の欠落しない完全文**が続きます。

問題はここからです。where が省略されているとして、the place を修飾するその関係副詞の導く節はどこまででしょうか？

またしても、go to... などと読んでしまうと、go to friendship「友情へと行く場所」？？？となってしまいます。明らかに意味不明なのですが、おかしいと思いつつも、friendship を勝手に friends とし、「友人のところへ行く場所」（これでもよくわからないことに変わりはありませんが）としてしまう誤答が見られるようです。

そもそも to は go to の to なのでしょうか？　今一度該当箇所に目をやると、別の可能性が見えてきます。

... everything (**from** music and <u>the places</u> (we would like to go) **to** friendship).

　おわかりのように、この to は everything に続くことからも、go to の to ではなく、from A to B「A から B に至るまで」の to ととるべきです。結局、the places を修飾する関係詞節は go までだったということになります。

　ここでも関係詞節は、ただ先行詞に掛けて終わりというような安直なとらえ方ではなく、どこまで掛かるのか、節の終わりはどこまでか？の見極めが常に重要であり、その意識があるかどうかを東大は問うてきていると言えるでしょう。

《解答例》彼が言うには、時間とは強力な力であり、しかも我々の価値観、個性、および音楽や行きたい場所から友情に至るまで、あらゆるものにおける嗜好を絶えず変えていく力である。

----

6 奥が深い「前置詞＋関係代名詞」

様々な「前置詞＋関係代名詞」のとらえ方を問う問題

関係代名詞の後ろには名詞が欠落した構造が続くことは p.49 以降これまで何度か触れてきた通りですが、関係代名詞の前に前置詞が置かれる場合は事情が異なり、関係副詞の場合と同様に、名詞要素が欠けない「完全文」が続きます。

名詞（＝先行詞）[前置詞＋関係代名詞] ＋ SV... （完全文）

なぜ、欠落がないのでしょうか？ 先行詞となる名詞を関係代名詞と置き換えてみればわかります。

名詞　[前置詞＋関係代名詞] ＋ SV... （完全文）

→ 前置詞＋名詞（＝先行詞）

つまり、先行詞は前置詞の目的語に相当します。前置詞の後ろが先行詞の元の位置になるため、結果的に SV の部分には名詞の戻る位置は存在しなくなるわけです。

例 This is the town (in which he lived as a child.)
ここは、彼が子供の頃暮らしていた街だ。

→ he lived in the town as a child.
先行詞 the town は前置詞 in の目的語

1　★★★☆☆　下線部には文法上不要な語句がある。取り除くべき語を指摘せよ。

　　Although thought and action tend to be considered two separate things, some researchers have suggested that it is not necessarily the case. Consider a jigsaw puzzle. <u>Our actual practice employs a mixed method in itself which we make a rough guess and then physically try out the piece to see if it will fit.</u>

余分な語句などないのでは？と思われた方は、残念ながら関係代名詞の構造の理解が十分とは言えません。

　この文には which が用いられていますが、この which の後ろには名詞の欠落位置がどこにもありません。

<u>Our actual practice employs a mixed method in itself which we make a rough guess and then physically try out the piece to see [if it will fit.]</u>

もうおわかりかと思いますが、which の前の in itself は通例「それ自体、本来」という意味の成句で用いられますが、今回は in itself ではなく itself を消去し（つまり削除すべき語句が itself）、a mixed method in which... のように、名詞＋〈前置詞＋関係代名詞〉SV... とする必要があるのです。

Our actual practice employs a mixed method in ~~itself~~ which we make a rough guess and then physically try out the piece to see [if it will fit.]

→　Our actual practice employs a mixed method **(in which** we make a rough guess and then physically try out the piece to see [if it will fit.])

《解答》取り除くべき語　itself

《訳例》行動と思考は別のものと考えられる傾向があるが、一部の研究者は必ずしもそうとは限らないことを示唆してきた。ジグソーパズルを例に考えてみよう。我々が実際に用いるのは、我々が大雑把に推測をした後、物理的にそのピースが合うかどうか確かめるという、思考と行動の入り混じった手法である。

なぜ in which なのか? なぜその前置詞なのか? を確認する

[1] の問題では、in which... として前置詞 in が使われています。ところで冒頭で取り上げた例文 This is the town (in which he lived as a child.) 「ここは、彼が子供の頃暮らしていた街だ。」でも、in which と in が使われています。この場合は、関係詞節内の動詞が lived だから、という説明がされることが多いと思われます。つまり live と in が結合するため、which 以下の動詞が決め手になると言ってよいでしょう。

$\longrightarrow$ he **lived in** the town as a child.

問題は、live in のように which 以下の動詞との結合で前置詞が決まるケースばかりではないということです。実際、同じ in which でも [1] の場合は which の後ろの動詞に着目しても、なぜ in であるかはわかりません。

ではなぜ in which なのでしょうか? 先行詞を which の位置に戻してみればわかります。

a mixed method (in which we make a rough guess and then physically try out the piece to see if it will fit.)

$\longrightarrow$ we make a rough guess and then physically try out the piece to see if it will fit in a mixed method

この in は in a method「ある手法で」のように、method と結合する in であって、直前の fit と結合しているわけではありません。つまり、この場合の前置詞 in は、which の後続の動詞ではなく、先行詞となる名詞によって決定されるわけです。

もう一つ「前置詞＋関係詞」の注意点は、前置詞＋関係代名詞にすると前置詞そのものの訳語が消えてしまうことが多いということです。

・SV... in the method → the method in which SV...

　　その手法 で SV... する → SV する手法

・He lives in the town → the town in which he lives

　　彼はその街 で 暮らす → 彼が暮らしている街

このことから、英作文などでは**前置詞を抜かしてしまう恐れ**がありますので、注意が必要です。

2 ★★☆☆☆ 下線部を和訳せよ。

Your inability to reconstruct past beliefs will inevitably cause you to underestimate the extent to which you were surprised by past events.

この下線部では、the extent の後ろに to which という「前置詞＋関係詞」の構造が続いています。ここでも you were surprised by past events「過去の出来事に驚いた」は「完全文」です。先行詞は、extent「程度」であることから、the extent to which SV... は「SV する程度」という意味になり、さらに「どれほどSV するか」と疑問詞節（≒ how far SV...）のように処理すると自然な日本語になります。

「過去の出来事に驚いた程度」→「どれほど過去の出来事に驚いたか」となり、全

体としては「過去の考えを再構築できないことで、必然的に過去の出来事にどれほど驚いたかを過小評価することになるであろう。」とすれば、和訳問題の解答は完成します。

さて今回の前置詞は to ですが、ではなぜ to なのでしょうか？ 後続の動詞で決まるのでしょうか？

この場合も先行詞 extent（程度）を which の位置に「代入」してみれば明らかになります。

... the extent to which you were surprised by past events

⟶ you were surprised by past events to the extent
その程度まで過去の出来事に驚いた

この場合も後続の動詞 surprised とは関係なく、先行詞 extent によって前置詞の to が決定されます。実際 the extent to which... はパターン的な表現として、英文中にしばしば見られます。

《解答例》 過去の考えを再構築できないことで、必然的に過去の出来事にどれほど驚いたかを過小評価することになるであろう。

次は、京大の問題です。この問題のフルバージョンは、第4章 No.6 で取り上げますが、以下の下線部分に今回取り上げるポイントが含まれています。

21年・京大

3 ★★★★☆ 下線部を和訳せよ。

And this explains, what would otherwise be inexplicable, the surprising ease and passion with which men wholly incompetent to appreciate the evidence for or against natural selection have

冒頭の this はとりあえず、「このこと」とした上で explain の目的語に相当する部分は、what would otherwise be inexplicable を挟んで、the surprising ease and... 以下となります。

what 節が挿入のように働くケースは、p.88 でも取り上げたものです。

☒ It was raining hard and, **what is worse**, the wind began to blow.
　雨は本降りで、さらに悪いことに、風も出てきた。

otherwise は「さもなければ」という意味が有名ですが、他にも用法があり、ここでは**「他の方法で」**という意味で用いられています。

..., what would **otherwise** be inexplicable, ～
　他の方法では説明できないことだが　→　他に説明しようのないことだが

（なお、what 節を explain の目的語ととらえ、the surprising ease... 以下と同格的に使われている、つまり「このことで他には説明がつかないであろうことが説明されるであろう、つまり…」ととることも可能と思われます。ここでは what 節の前後にコンマがあることなどを鑑み挿入ととらえますが、意味は大きく異なることはないので、同格で処理したい方はそれでも構いません。）

さて、この the surprising ease and passion の後ろに with which SV... という「前置詞＋関係代名詞」を用いた構造が見られます。ここでの先行詞は ease と passion の二つの名詞で、それぞれ ease「容易さ、安直さ」、passion「情熱、激しさ」という「抽象名詞」に相当します。

一般に、このような「抽象名詞」を先行詞とし、**the 抽象名詞＋ with which SV...** というパターンは頻繁に見られます。

例① We were surprised at **the ease** with which he solved the problem.

  彼が**あっさり**その問題を解いたのには驚いた。

例② A number of factors influence **the accuracy** with which people

  judge distances.

  数々の要因が、人々が距離を**正確**に判断するのに影響を及ぼす。

ではなぜ、抽象名詞が先行詞ならば with なのでしょうか？

  まず、**[with ＋抽象名詞] という結合は、副詞に相当します。**それぞれの抽象名詞を which の位置に「代入」すれば

  with ease　容易さを持って ≒ easily　容易に

  with accuracy　正確性を持って ≒ accurately　正確に

となることが見えてきます。

  今回の下線部でも、先行詞となる抽象名詞は ease と passion の二つで、それぞれ with ease ≒ easily（容易に）, with passion ≒ passionately（熱心に、激しく）に相当します。

  ... the surprising ease and passion (with which men (wholly
incompetent to appreciate the evidence for or against natural selection)
have adopted or "refuted" it).

  ベースとなっている部分を、「with ＋抽象名詞 → 副詞」の形で表現すると以下の通りになります。

→ ... men (wholly incompetent to appreciate the evidence for
  or against natural selection) have adopted or "refuted" it
  surprisingly easily and passionately

  自然選択の裏付けとなる、もしくは否定する証拠を理解する能力など全くない人々が、意外なほどまでに**容易に、また激しく**、自然選択を受け入れるか、もしくは「反駁」してきた（こと・理由）

115

ここでは、explain の目的語になっていることから、訳出にあたっては、最後を「こと」もしくは「理由」とすると、訳文としてはきれいに決まります。全体をまとめると以下のようになります。

《解答例》 そして、他に説明しようのないことであろうが、このことで、自然選択の裏付けとなる、もしくは否定する証拠を理解する能力など全くない人々が、驚くほど容易に、また激しく、自然選択を受け入れるか、もしくは「反駁」してきた理由が説明される。

・───（前置詞+関係詞　　上級編　　　　　　　　　　　　　）

　「前置詞＋関係代名詞」の考え方はおわかりいただけたと思いますが、実は「前置詞」に相当する部分は、on や in などの一語とは限りません。以下の問題は、やはり東大は一筋縄、公式の丸暗記では通用しないことをあらためて認識させてくれる問題です。

10年・東大（抜粋）

4　★★★★☆　次の英文の下線部を和訳せよ。They が何を指すか明らかになるように訳すこと。

　Stars are made for profit. In terms of the market, stars are part of the way films are sold. （中略） In the same way, stars sell newspapers and magazines, and are used to sell food, fashions, cars and almost anything else.

　This market function of stars is only one aspect of their economic importance. <u>They are also property on the strength of whose name money can be raised to make a film</u>; they are an asset to the stars themselves, to the studios and agents who control them; they are a major part of the cost of a film.

郵 便 は が き

162-8790

東京都新宿区
岩戸町12レベッカビル

ベレ出版

　　　読者カード係　行

|||ı·ı||ıㅣ|ıllı·llı···ı·ı·ı·ı·ı·ı·ı·ı·ı·ı·ı·ı·ıㅣ|ıı|

お名前		年齢
ご住所　〒		
電話番号	性別	ご職業
メールアドレス		

個人情報は小社の読者サービス向上のために活用させていただきます。

ご購読ありがとうございました。ご意見、ご感想をお聞かせください。

● ご購入された書籍

● ご意見、ご感想

● 図書目録の送付を　　　　　　　　　希望する　　　　希望しない

ご協力ありがとうございました。
小社の新刊などの情報が届くメールマガジンをご希望される方は、
小社ホームページ（https://www.beret.co.jp/）からご登録くださいませ。

They が何を指すか明らかにせよという指示がありますが、最初から目を通していけば Stars であることは明白です。その上で下線部を見ていきます。

They are also property on the strength of whose name money can be raised to make a film

関係代名詞 whose が登場しています。**whose は単独でとらえるのではなく、名詞（ここでは name）と一体化してとらえることが重要**です。もちろん関係代名詞なので、後続は名詞欠落でなければなりませんが、今回 whose name に続く money can be raised「金銭を募ることができる」の部分は受身ですが**完全文であることから、「前置詞＋関係代名詞（whose の場合には、前置詞＋［whose 名詞］＋ SV... となります）」の可能性を探る必要があります。**

実際 whose の前には前置詞 of が来ています。ただし、その場合先行詞は strength になりますが、ためしに whose の位置に strength を代入した strength's name「力の名前」というのは意味不明です。

実は、ここでの前置詞は of ではなく、on the strength of...「…の力に基づいて → …を基にして」という句を一語の前置詞のように、ひとまとまりにとらえることができるかどうかにかかっていると言えます。

この部分を後ろに回してみると、わかりやすくなると思います。

$\longrightarrow$　money can be raised on the strength of whose name
　　　　その名前に基づいて → その名前で金を募ることができる

その場合、先行詞は property ということになりますが、property は文字通り「財産、資産」で、「財産の名前で金を募る」ではピンときませんが、be 動詞で主語の They と＝イコール関係になることから、property とは結局 They、つまり Stars と置き換えてみれば、すべてがすっきりするはずです。

要するに、こういうスターが出演すると言えばスポンサーなどがつくということを言っているわけです。

このように、前置詞＋関係代名詞の前置詞が、一語だけとは限らないケースは注意

が必要です。わからなくなったら、先行詞を関係詞と置き換えて元の文を考えてみることが重要と言えるでしょう。

《**解答例（下線部）**》スター作りは利益のためである。市場的観点からは、スターは映画の売り込み方法の一部である。（中略）同様に、スターは新聞や雑誌の売り上げに貢献し、食品やファッションや車、その他ほぼ何でも販促に使われる。

　こうしたスターの市場的役目は、スターの経済的重要性の一面でしかない。**スターはまた、その名前で映画の製作費用を募ることのできる財産でもある**。スターはスター自身、さらには彼らを管理するスタジオや代理店にとっての資産であり、映画製作の費用の大きな割合を占めている。

「公式」をあてはめるだけでは通用しない①

「構文」の成り立ちが理解できているか を問う問題

　比較構文といえば、色々な「公式」を覚えさせられた方が多いかと思います。逆に、比較構文はそのような「公式」をただあてはめればよいのでは！？と思われている方も多いのではないでしょうか？

　ところで、東大の数学では（入試数学の世界では有名なのですが）かつて「円周率が3.05よりも大きいことを証明せよ」という問題、および「三角関数の加法定理を証明せよ」という問題が出題されたことがあります。

　東大・京大を目指す受験生でなくとも、数学選択者なら「円周率 = 3.14（15…）、$\sin(\alpha \pm \beta) = \sin\alpha\,\cos\beta \pm \cos\alpha\,\sin\beta,\ \cos(\alpha \pm \beta) = \cos\alpha\,\cos\beta \mp \sin\alpha\,\sin\beta$」は頭に入っていると思われますが、東大はその誰もが覚えている公式の「成り立ち」が理解できているかどうか？を問うてきたのです。

　なぜ、このような数学の話に触れたかというと、数学に限らず、英語の場合にも東大は同じような観点、つまり「公式の暗記」ではなく、その成り立ちの理解の有無を問う問題を出題してきているからです。

　一例を挙げます。ご存じの方も多いと思いますが、比較を用いた有名な構文に the 比較級…, the 比較級〜「…すればするほどますます〜」があります。実際この表現は、東大・京大に限らず、大学入試では頻出の表現です。現に東大・京大でも、この構文を含む問題は昔から頻繁に出題されていますので、早速見ていきましょう。

1　★★☆☆☆　下線部を和訳せよ。

TV is more suitable for family entertainment than the radio, precisely because it makes so few demands, <u>leaving</u> one with plenty of attention to give to the noisy grandchild or <u>talkative</u> aunt. If the programmes required greater concentration, one would <u>resent</u> the distractions which inevitably <u>attend</u> the family circle. <u>The less demanding the programme, therefore, the more outgoing and sociable everyone is, which makes for a better time for all concerned.</u>

この下線部分が、the 比較級…, the 比較級～の構文です。この英文自体を和訳するだけならさほど難しくはないと思われるかもしれませんが、実はこの構文は、解釈はもちろん、英作文でも意外な落とし穴があります。

例えば次のような一見何の変哲もないような和文英訳でも、意外と正しい英文を書けない人を見かけます。

人は年をとればとるほど知的になると言うが、どうやら彼は例外のようだ。

$\rightarrow$　It is said that **the older** you get, **the more** you become intelligent, but this doesn't seem to be true of him.　（×）

この答案は典型的な間違いを含んでいます。前半部分 the older you get には問題はありませんが、後半部分は the more you become intelligent ではなく、**the more intelligent** you become とする必要があります。比較級に -er ではなく、more を用いる形容詞の場合、**「more ＋形容詞で一つの比較級」**ととらえる必要があるのですが、うっかり more だけを前に持っていってしまうミスは、東大・京大志望者に限らず、かなりの日本人学習者に見られます。正しい英文は次のようになります。

→ It is said that the older you get, **the more intelligent** you become, but this doesn't seem to be true of him. （○）

　余談ですが、数々の逸話を持つあの長嶋茂雄氏が現役時代に、当時小学生だった長男の長嶋一茂氏を球場に連れてきたものの、その試合で打てず頭の中が一杯になったのか、一茂氏をスタンドに残したまま帰ってしまったという逸話があり、「一茂置き去り事件」として有名（？）ですが、まさしく more ＋形容詞・副詞の場合も、「形容詞・副詞の置き去り」に注意が必要と言えるでしょう。

《**解答例（下線部）**》テレビは、ラジオに比べて一家団欒に向いているが、それはまさしく、テレビは楽に見ることができ、騒々しい孫やしゃべり好きなおばさんに多くの目を向けることができるからである。もしテレビ番組を見るのにもっと多くの注目が必要とされるならば、家族が集まる際に必然的に気を散らされることで腹を立てることになるだろう。**それゆえ、番組が肩のこらないものであればあるほど、みんなは一層打ちとけ、一層和気あいあいとしてくるのであり、その結果その場に居合わせた人々はみな、一層楽しいひとときを過ごすことができるようになる。**

●──（比較級になった形容詞の前方移動にも注意が必要）

　さらに前半、後半ともに the older と the more intelligent はそれぞれ get と become の C（＝補語）に相当するものですが、前に移動した関係で、動詞の直後に必要な補語が欠落する形になっていることにも留意が必要です。

→ The older you get ● , the more intelligent you become ● ,
　　　C　　　S　　V　　　　　　　C　　　　S　　V

この英文の下線部分でも、今の例文と同じような形になっています。

The less demanding the programme, therefore, the more outgoing and sociable everyone is ● , which makes for a better time for all (concerned).

ちなみに、前半部分では本来ならば be 動詞があってしかるべきなのですが、the 比較級の場合、be 動詞はしばしば省略されます（ここに be 動詞が必要なのでは？ と思われた方は、構造・成り立ちに対して意識が向けられている証拠です。ずぼらな人は be 動詞の存在など気にも留めません）。

その上で、以下の問題はいかがでしょうか？（★は四つです）

2 ★★★★☆ 誤りのある下線部を指摘せよ。

We believe that the more (a)information and ideas we produce, and the more (b)people we make them available, the better our chances of making good decisions.

誤りがあるのは、下線部（b）ですが、おわかりでしょうか？ もちろん用いられているのは、the 比較級…, the 比較級～の構文です。

We believe that the more (a)information and ideas we produce, and the more (b)people we make them available, the better our chances of making good decisions.

おわかりにならない場合、次の文をご覧ください。

The more a person drinks, **the more effect** it will have on any shrinkage in their brain.

　　酒量が増すほど、脳の萎縮により多くの影響を与えることになるであろう。

後半部分（主節）の the 比較級の部分に注意してご覧いただければおわかりかと思いますが、比較級の more（原級はこの場合形容詞の much）が修飾する名詞 effect が more effect として、the に引かれて前に移動しています。ちなみに have effect on... で「…に影響を与える」という意味になるのですが、ここでは

have の目的語である effect が more とともに前に移動することで、have の目的語の位置が空席となり、have と on が連続する形になっています。

このように名詞を修飾する形容詞が比較級になると、名詞も一緒に前方に移動します。名詞だけの「置き去り」はできません。

the more it will have **effect** on ...　　（×）

→　**the more effect** it will have ● on ...　（○）

ちなみに（a）の部分も同じように、more に引かれて information と ideas が前に移動しています。

the more (a)information and ideas **we produce** ● , and ...
　　　　　　　O　　　　　　　　　S　　　V

　我々がより多くの情報や考えを生み出すほど

さて、あらためて以上の視点から（b）をご覧になると、おかしな部分があることに気づけるはずです。

the more (b)people we make them available, the better our chances of making good decisions.

このままですと、（b）を含む二番目の the 比較級の主語は we で、動詞 make は them (information and ideas) = O、available（手に入る、利用できる）= C をとることになるわけですが（我々は情報や考えを利用できるようにする）、そうなると先頭に出た the more people という名詞の文中での位置（主語・目的語・補語・前置詞の目的語）が見当たらなくなり、「浮いて」しまいます。

the more (b)people we make them available　　？？？
　　　　　　名詞 ？？　S　　V　　O　　　C

したがって、「誤りを含む部分を選ぶ」だけなら、この部分であることは明らかですが（もちろん入試で点数はもらえます）、本書の読者の皆さんには、どこを修正すれば正しい文になるかというところまで考えていただきたいところです。

もう一度この該当箇所を見てみましょう。

the more people「より多くの人々」（ここでの more は many の比較級で many people → more people）とそれに続く we make them（= information and ideas）available「我々がそうした情報を利用できるようにする」という部分を合わせ考えてみると、「我々がそうした情報を**より多くの人々に対して**利用できるようにすればするほど」という意味になるのではないかと見当がつきます。

この意味にするための元となる英文は、次のように考えられます。

$\longrightarrow$ we make them available |to| many people

ここから、many people を more people として the 比較級にすると、以下のようになり、これが修正後の正しい英文ということになるはずです。

$\longrightarrow$ the more people we make them available |to| ●,
　　　※ the more people は前置詞 to の目的語。

結局全体では以下のような意味になります。

$\longrightarrow$ We believe that the more (a)information and ideas we produce, and the more (b)people we make them available to, the better our chances of making good decisions.

　　我々がより多くの情報や考えを生み出すほど、また、そのような情報や考えをより多くの人々に対して我々が利用できるようにすればするほど、良い決断を下せる可能性は増す。

なお、三つ目の the 比較級（the better 以降）では、先に触れたように be 動詞が省略される形になっています。

the better our chances of making good decisions ∧ .
　　c　　　　　　s　　　　　　　　　　　　　　　are
　　※ここでの better は形容詞 good の比較級で、本来は省略されている are の補語に相当。

《解答》 b → people we make them available <u>to</u> とする。

　さて、この問題も「異様に細かいことを問うているのでは？」と思われる方もいるかと思いますが、これは the 比較級というこの構文の根本的な成り立ちに対する理解の、まさに基本部分です。これまで再三触れてきたように、「基礎≠易しいこと」の典型と言えるでしょう。

　細かいどころか、先の「加法定理」と同様、「**the 比較級というパターン（訳し方）を覚えていればよし**」**として、実は基本をおろそかにしてしまっている受験生をふるいにかけようとしている問題**とも言えるのです。

「公式」をあてはめるだけでは通用しない②

「比較構文」を正しく理解・運用できているかを問う問題

the 比較級の the の意味とは?

「the 比較級…, the 比較級〜」のうち、二番目（主節）の the の意味を考えたことはありますか？

「この the は定冠詞ではなく、指示副詞である」と答えられた方は、とりあえずは合格ですが、さらにもう一歩、「この the の意味は？」と言われたら、「その分だけ」（= to that extent）に相当することまでわかって初めて、基本がわかっていることになります。

⑩ 年をとればとるほど、（その分だけ）一層物忘れがひどくなる。

The older you get, $\boxed{\text{the}}$ more forgetful you become.

年をとった分だけ → （10才なら10才分）物忘れのひどさが増加する

つまりこの the は、一次関数（$y = ax + b$）でいう傾き a に相当すると考えれば一層わかりやすくなるかもしれません（$x =$ 年齢、$y =$ 物忘れの程度、ということになります）。実際、the 比較級の構文を「比例比較」と呼ぶこともありますが、「比例」を関数に置き換えてみると、一層理解が深まるのではないでしょうか？

ところで、なぜこんな the の意味まで押さえる必要があるのか？と疑問を持たれる方も多いかもしれませんが、これもまた東大や京大の求める上っ面に留まることのない根本的理解の核心と言える部分だからです。

all the 比較級 for / because... の the の意味

p.119 で触れたものに加えてもう一つ、the 比較級を用いる表現として、all the 比較級 for / because... といった「公式」を覚えさせられた方も多いと思われます。

例 I like him **all the better for** his faults.

欠点がある分、一層彼が好きだ。

これも、all the 比較級 + for または because... で機械的に覚えているだけの方が多いかと思いますが、この表現における the は、「the 比較級…, the 比較級〜」の the と同じ用法であることを意識している方は少ないようです。つまりこの the も、冠詞ではなく、「その分だけ」の意味を表す「指示副詞」なのです。では「その分だけ」とは「どの分か」というと、先ほどの例文では for 以下に相当します。

→ 欠点がある分、好きである程度が増す

（よく、この文を「欠点があるから、彼が好きだ」とする人を見かけますが、「欠点があるから好き」なのではなく、「欠点があろうがなかろうが彼のことが好き」なのであって、**「欠点」がある分、さらに好きな程度が増す**という意味ですので、根本的な間違いです。）

ただし注意を要するのは、この構文では for や because に限らず、理由に相当する表現ならば他の語句でも可能であるということです。

例えば、次の文の the 比較級を含む文には、for も because も用いられていませんが、それでは理由に相当する部分はどこでしょうか？

例 The danger seems to make surfing **the more attractive**.

この文はいわゆる無生物主語の構文ですが、一般に無生物主語 + make OC の場合、「（無生物）主語が O を C にする → 無生物主語のせいで / おかげで / 原因で O が C する」というような意味になります。ということは、この文の場合では OC の部分、すなわち surfing が the more attractive（その分だけ一層魅力的になる）

の「その分」は、主語である The danger がその理由に相当することがわかります。つまり for や because に相当するのが無生物主語であることになるわけです。

危険である分、一層サーフィンは魅力的なものとなる。

もちろん、これも「危険だからサーフィンは魅力的である」とするのは間違いです。「**（危険であるかどうかに関係なく）** サーフィンは魅力的である」のに対し、「**危険である分**、魅力を増す」という意味になるわけです。

このように、the の正体も知らないまま「all the 比較級＋ for / because...」というパターンをただ暗記しているだけでは、for や because が登場しない文では手も足も出なくなることは明白です。

次の問題はまさしく、all the 比較級の「正体」が本当にわかっているかどうかを問うているものと言えます。

1 ★★★★☆

※ ここまでの展開 → Sampson とは筆者の通うバイオリン教室の入っているビルの同じ階で Spiritualist を名乗り、the dead（死者）と交信し、死者の声で語ることができるとする霊媒師のような人物。筆者はバイオリン教室に向かうエレベーターの中でその人物と二人きりになっているという状況です。

Sometimes, in the way of idle curiosity (if she could have had such a thing), Miss Sampson would let her eyes for a moment rest on me, and I wondered hotly what she might be seeing beyond a small eleven-year-old. Like most boys of that age I had much to conceal. But she appeared to be looking at me, not through me. She would smile, I would respond, and, clearing my throat to find a voice, I would say in a well-brought-up manner that I hoped might fool her and leave me alone with my secrets, "Good afternoon, Miss Sampson." Her own voice was as unremarkable as an aunt's: "Good afternoon, dear."

It was therefore (7)<u>all the more</u> alarming, as I sat waiting on one of the chairs just outside Miss McIntyre's studio, while Ben Steinberg, her star pupil, played the Max Bruch, to hear the same voice, oddly changed, coming through the half-open door of Miss Sampson's office. Though much above the breathing of all those women, it had stepped down a tone — no, several — and sounded as if it were coming from another continent. It was an Indian, speaking through her.

下線部（7）の表現がここで用いられている理由として，最も適切なものを次のうちから一つ選び、その記号を記せ。

(ア) Because Miss Sampson usually spoke in a mild voice.

(イ) Because Ben Steinberg heard the same voice oddly changed.

(ウ) Because more and more people were afraid of Miss Sampson's voice.

(エ) Because the piano in Miss McIntyre's studio sounded as if it were far away.

(オ) Because Miss Sampson could be heard more easily than all the other women.

設問にある「下線部（7）の表現（all the more）がここで用いられている理由」というのは、言い換えれば the 比較級「その分だけ」とはどの分だけか、つまり、

「for や because にあたる部分がここでは何か」を問うていると理解することができれば、この設問自体は特に難しいものではありません。結論から言えば、下線部（7）の手前にある副詞 therefore が「それゆえ」という「因果関係を表す副詞」であることから、理由に相当する部分とは、当然下線部を含む文の前にあることになります。

→ Her own voice was as unremarkable as an aunt's: "Good afternoon, dear."

> 「こんにちは、お嬢ちゃん」という、彼女の声は叔母さんの声と同じく、平凡（unremarkable）であった。

このことから、正解は（ア）Because Miss Sampson usually spoke in a mild voice.「サンプソンさんはいつもは穏やかな声で話すから。」となります。

ちなみに下線部（7）を含む文の構造はなかなか入り組んでいますが、意味をとらえることができたでしょうか？

先頭の It は to hear 以下を指す仮主語、また hear もいわゆる知覚動詞（ここでは hear ＋目的語＋ Ving で「目的語が V しているのを耳にする」）の用法で、これ自体は普通の構造ですが、as 節と while 節が入り込んでいることに加え、to hear 以下も oddly changed を取り除いてとらえる必要があります。

→ |It| was **therefore** (7)all the more alarming, {as I sat waiting on one of the chairs just outside Miss McIntyre's studio}, {while Ben Steinberg, her star pupil, played the Max Bruch}, to hear the same voice, {oddly changed}, coming through the half-open door of Miss Sampson's office.

> **それゆえに**、私がマッキンタイア先生のスタジオの外の椅子に腰を下ろし、彼女の生徒の中では優等生であるベン・スタインバーグがマックス・ブルッフを演奏する間待っている際に、同じ声が奇妙に変わって、サンプソンさんのオフィスの半開きのドアから漏れてくるのを耳にするのは一層不安を掻き立てた。

「サンプソンさんが死者の声を代弁する際に奇妙な声を発するのはただでさえ不安を掻き立てられる（alarming）のであるが、**普段は普通の声であるから、余計に不安を増す**」という意味関係をつかむことができればよいのですが、この部分の構文とthe の意味 → therefore（それゆえ）から、前文を指すことをつかめないと、選択肢の（イ）Because Ben Steinberg heard the same voice oddly changed.「ベン・スタインバーグが、同じ声が奇妙に変化するのを耳にしたから。」（= heard したのは、スタインバーグではなく筆者であること、そもそもこの部分は thereforeの受ける部分でもなんでもないことから間違い）などを選んでしまいかねません。

《解答》　ア

《訳例》時々、たわいもない好奇心（彼女にそのようなものがあったらの話だが）から、ミス・サンプソンはしばらく私に目を止めることがあり、私は小さな11才の子供の向こうに何を見ているのだろうと激しくいぶかしんだ。その年齢の大部分の男の子と同じく、私には隠し事がたくさんあった。しかし、彼女は私を透視しているのではなく、私を見ているように見えた。彼女は微笑むと、私もそれに応え、なんとか声が出るように咳払いをしてから、私は彼女をごまかし、彼女に秘密がわからないようになればと思った育ちの良さを醸しだす方法でこういった。「こんにちは、サンプソンさん。」彼女自身の声は、叔母の声と同じほど平凡なものであった。「こんにちは。お嬢ちゃん。」

　それ故に、私がマッキンタイア先生のスタジオの外の椅子に腰を下ろし、彼女の生徒の中では優等生であるベン・スタインバーグがマックス・ブルッフを演奏する間待っている際に、同じ声が奇妙に変わって、サンプソンさんのオフィスの半開きのドアから漏れてくるのを耳にするのは一層不安を掻き立てた。すべてのそうした女性全員の息よりは大きな音であったにもかかわらず、それは一音程、いや数音程下がった音で、まるで別の大陸から聞こえてくるかのようであった。　それは彼女を通して話していたインド人の声であった。

歴史は繰り返す

この項目については、5 年後に再び設問として東大は問いかけています。

2　★★★☆☆　下線部を和訳せよ。

After all, evolution isn't about advancement; it's about survival. It's about learning to solve the problems of your environment, something birds have done surprisingly well for a long, long time. <u>This, to my mind, makes it all the more surprising that many of us have found it hard to swallow the idea that birds may be bright in ways we can't imagine.</u>

「進化論」に関する英文は東大・京大に限らず入試問題では好まれるテーマですが、それはさておき、またもこの下線部では all the more surprising という all the 比較級が登場しています。

まず下線部自体の基本構造は以下の通りです。

This, {to my mind}, makes |it| all the more surprising [that many of
S　　　　　　　　　　　V　　O　　　　　　C　　　　　　　S'
us have found it hard to swallow the idea [that birds may be bright in
　　　　V'　O'　　C'
ways (we can't imagine ●)]].

to my mind（私の考えでは）を挟んで、主語は指示語の This であり、動詞 make は make OC「O を C にする」という第五文型で、make の目的語 it は that 以下を指すいわゆる仮目的語（形式目的語）です。

that 以下もまた、今度は動詞 found が to swallow 以下を受ける仮目的語の it をとり、make 同様 OC をとる第五文型として使われています。

（ちなみにここでの swallow は、名詞の「つばめ」ではなく、動詞で「…を飲み込む」という意味で使われています。今回の目的語は the idea 以下ですので、「…という考えを飲み込む → 受け入れる」という accept のような意味で使われていると考えることができます。あえて swallow という語を使ったのは、この文が「鳥」の話であるため、名詞「つばめ」に掛けたのではないかと思われます。）

to swallow 以下は、目的語である the idea に接続詞 that が導く節（いわゆる同格の that 節）が続いています。

... that many of us have found it hard to swallow the idea [that birds may be bright in ways (we can't imagine ●)].

> 鳥は我々の多くが想像もできないような点で賢いのかもしれないという考えを、我々の多くが受け入れがたいと思ってきたということ

このように全体の語句・構造自体は特に複雑難解ではありませんが、やはりポイントは all the more surprising「その分だけ一層意外である」の the がどの分だけかということになるでしょう。p.127 で触れた例文同様、ここでは無生物主語である This の部分が理由に相当します。

ちなみに This の指す部分は直前文です。

→ It (= evolution)'s about learning to solve the problems of your environment, something birds have done surprisingly well for a long, long time.

> 進化の本質とは、自分の環境の問題を解決できるようになることであるが、それを遥か昔から、鳥は意外なほどにまでうまく行ってきたのである。
> ※ A is (all) about B「A の本質は B」に相当。

- -

《解答 (下線部)》所詮、結局のところ進化の本質とは「進歩」ではなく「生き延びる」ことである。進化の本質とは、自分の環境の問題を解決できるようになることであるが、それを遥か昔から、鳥は意外なほどにまでうまく行ってきたのである。**私に言わせれば、このこと（＝鳥が昔から、自分の環境の問題を驚くほどうまく、解決してきたこと）により、鳥は我々の多くが想像もできないような点で賢いのかもしれないという考えを我々の多くが受け入れがたいものと思ってきたということが（ただでさえ意外なのに）一層意外なこととなるのである。**

- -

実際の東大の問題では This の指すものを明確にするようには要求されていません（一般に大学入試の下線部和訳では、This や it などの指示語は、設問に指示がなけ

れば指示部分を明示する必要はありません）が、もちろん内容把握の面では、This
の指す部分は押さえておく必要があります。

9

否定の副詞要素が先頭に出ると、なぜ疑問文の語順になるのか？

「倒置構文」とそのからくりを問う問題

まずは次の問題をやってみてください。いわゆる語句整序の問題です。

06年・東大

1　★★☆☆☆　次の英文が最も自然な英語表現となるように（　）内の語を並べかえ，その二番目と三番目に来るものの記号を記せ。

Only after the mysterious disappearance of the dinosaurs about 65 million years ago（ア able　イ ancestors　ウ come　エ our　オ out　カ to　キ were）into the daylight in any significant numbers.

※ dinosaur　恐竜

さて、以下のような答えを出してしまった方はいらっしゃらないでしょうか？

Only after the mysterious disappearance of the dinosaurs about 65 million years ago（エ our　イ ancestors　キ were　ア able　カ to　ウ come　オ out）into the daylight in any significant numbers.

→ 二番目　イ　　三番目　キ

135

確かに our ancestors（我々の祖先）を主語と考えると、受ける動詞は複数名詞を受けるキ were で問題なく、さらにア、カ、ウと続けて一気に were able to come... とするという発想自体は決して間違いではないのですが、正解は以下のようになります。

→ {Only after the mysterious disappearance of the dinosaurs about 65 million years ago}（キ <u>were</u>　エ our　イ ancestors　ア able　カ to　ウ come　オ out）into the daylight {in any significant numbers}.

6千5百万年ほど前に恐竜が謎の絶滅を遂げた後で初めて、我々の祖先は大勢で、昼間の世界へ繰り出すことができるようになった。

- -
《解答》　二番目　エ　　三番目　イ
- -

この問題のポイントは、「**否定の副詞（句・節）（ここでは Only ＋〈副詞節〉）が先頭に出ると、後続が疑問文の語順＝倒置になる**」という文法ルールがわかっているかどうかというだけです。

「倒置」というと、難解なものというイメージを持つかもしれませんが、このタイプの倒置とは、簡単に言えば**疑問文の語順**と同じです。

実際、Only が副詞（句・節）を伴って文頭に出て、倒置となるパターンは頻出と言えます。

Only ＋副詞（句・節）＋疑問文倒置　　　　　　「…して初めて、やっと」

⊛ **Only when** you become ill **do you realize** the importance of good health.

病気になって初めて、健康のありがたみがわかる。

Only は「…だけ」と考えると、否定語ということに違和感を覚えるかもしれませんが、「…だけ」ということは「…以外は<u>そうではない</u>」という否定が含意されることから、only は否定語に準ずるものとして「準否定」となります。

ちなみに、この構文は、東大のこれ以前の年度の問題でも下線部和訳をはじめ、英作文などでも何度も問われています。

2 ★★☆☆☆ 下線部を和訳せよ。

It always takes time, in my experience, before a journey truly begins. The actual leave-taking, waving goodbye, starting up and so forth is all a confusion, a conflict of different happenings. Only later on, when the journey is really under way, does it actually start. 'Well, off at last' mutters the traveller to himself or any companion close by. The journey has begun.

下線部先頭の文が Only ＋副詞＋倒置のパターンになっています。

→ {Only later on, when the journey is really under way}, does it actually start.

- -

《解答例（下線部）》私の経験上、旅が本当に始まるまでには常に時間がかかる。実際に別れを告げ、さようならと手を振り、出掛けていくことその他諸々はまさにドタバタで、様々な出来事がかち合う。**後になって、実際に進み始めてやっと、旅が本当に始まるのである。「やれやれ、やっと出発だ」と旅行者は独り言をつぶやくか、もしくは近くにいる仲間に向かってつぶやく。**とうとう旅が始まったのである。

- -

3 ★★☆☆☆ 下線部を英語に直せ。

生きているうちは、特別に重んじもせず、大切にもしなかったのであるが、彼女が死んでみてはじめて、やはりいい人だったと気がついた。もう少し親切にしてあげるのだった、と私は心から思った。

「彼女が死んでみてはじめて…」 → Only after を用いて Only after she died とします。「…に気がつく」は realize ですが、倒置にする必要があり、Only after she died に続けて、did I realize that... とします。

- -

《解答例》 Only after she died did I realize that she had been a nice person. I wished from the bottom of my heart that I had been more kind to her.

- -

倒置を引き起こすのは、Only ＋副詞要素だけではない

文頭に置かれることで倒置を引き起こすのは、何も Only ＋副詞要素に限りません。Never や Little、Hardly や Rarely などの一語の否定副詞に加え、In no case や On no account などの「前置詞＋ no ＋名詞」という形の否定の副詞句なども文頭に出すことで、後続が疑問文の語順＝倒置になることは、東大・京大でも昔から繰り返し出題されています。

4 ★★☆☆☆　下線部を和訳せよ。

Think of an orchestra, where each instrument plays a relatively simple series of tones. <u>Only when combined do these tones become the complex sound we call classical music.</u>

<u>{Only when combined}</u> do these <u>tones</u> <u>become</u> the complex sound (we
　　　　　　　　　　　　　　　　S　　　　V
call classical music).

Only when と combined の間は、主語と be 動詞（ここでは they（＝ these tones）are）の省略が行われています。

the complex sound と we call classical music の間は関係代名詞 that の省略で、「我々がクラシックと呼ぶ複合的な音」となります。

《**解答例（下線部）**》オーケストラを考えてみるとよい。そこではそれぞれの楽器が比較的単純な音を奏でている。**こうした音は互いに結びついて初めて、我々がクラシック音楽と呼ぶ複合的な音となる。**

16年・東大

5　★★☆☆☆　下線部を和訳せよ。

Conflict is a notoriously difficult thing to convey accurately. Fighting comes and goes, and modern conflicts move with an unpredictable will of their own. Key battles are fought overnight and absorbed into the landscape. Even a so-called war zone is not necessarily a dangerous place: seldom is a war as comprehensive as the majority of reports suggest.

→　: seldom is │a war│ as comprehensive as the majority of reports suggest

seldom「めったに…ない（否定副詞）」＋疑問文倒置となっています。

なお、comprehensive は「包括的な、全体に及ぶ」という意味で、「理解できる」は comprehensible です。

《**解答例（下線部）**》紛争は、正確に伝えるのが難しいことでよく知られている。戦闘は始まったり終わったりを繰り返し、現代の紛争はまるで展開を読むことができない。主要な戦闘は一夜のうちに行われ、風景の一部となってしまう。**いわゆる戦闘地域でさえ、必ずしも危険地帯というわけではなかった。大多数のメディアで言われるほど戦争が広範囲にわたるものであることはめったにないからである。**

---

6 ★★☆☆☆　下線部を和訳せよ。

At no time under any circumstances were they to leave the building without permission or alone.

文頭 At no time［前置詞＋ no ＋名詞］→［否定の副詞句］＋疑問文倒置

$\rightarrow$　{**At no time** under any circumstances} were they to leave the building without permission or alone.

《**解答例**》いかなる状況においても、いつ何時であれ、彼らは許可なく、また一人で建物の外へ出ることは許されなかった。

---

be to V... は「…することになっている」→「S 以外の第三者」（運命 etc.）によって決められたことを表す表現です。

⑩ You **are to** hand in this assignment by Friday.
　　金曜までにこの課題を提出のこと。

●──（ なぜ、否定の副詞が先頭に出ると倒置が起きるのか？ ）

　ところで、なぜ「否定副詞を文頭に出すと疑問文の語順になる」のでしょうか？　「そんなものは文法ルールだから、あれこれ詮索しても仕方がない、とりあえず覚えてしまえ」と考える方もいるかと思います。確かに「ほとんど」の大学入試の問題は、それで解けてしまうかもしれません。しかしそのような姿勢では東大・京大入試には通用しないことを示す問題があるのですが、それは後ほど取り組んでいただくことにして、まずは次の用例をご覧ください。

① **At no time** has he uttered a racist word.

　　彼が人種差別的な言葉を発したことは一度もない。

② **In no time** he came here.

　　彼はあっという間にここに来た。

　それぞれ文頭は、「前置詞＋ no ＋名詞」となっていますが、①では後続が倒置になっているのに対し、②では倒置になっていません。これはどういうことかというと no の打ち消しがどの部分に及んでいるかということに関係します。

　②の In no time は、言うなれば「ゼロの時間（厳密にはゼロということはあり得ませんが）で彼は…だ」と言っているのに対し、① At no time では「いかなる時においても…ない」→「…したことは一度もない」のように、否定語 no を含む At no time は、time ではなく文全体の動詞を否定していることになります。このような否定を**「文否定」**と呼ぶのに対し、In no time の no は time という語だけを否定しており、文全体の動詞を否定しているわけではありません。つまり**「語否定」**ということになるわけですが、その場合、否定は文全体の動詞に及ぶことはないため、疑問文の語順にはならないのです。

　今のケースは、それぞれ At no time と In no time のように前置詞が異なるものでしたが、全く同じ語句でも、「語否定」と「文否定」の両方になる場合があります。

① **With no job** he could no longer afford the rent.

　　無職となって、彼はもはや家賃を払うことはできなかった。

　　→　（語否定）→ 仕事がない

② **With no job** would he be satisfied.

　　彼はどんな仕事をしても満足できないであろう。

　　→　（文否定）　倒置

③ **In no clothes** he looks attractive.

　　服を着なくても、彼の肉体美はすばらしい。

　　→　no は clothes のみを否定（語否定）→ ゼロの服 → 裸

④ **In no clothes** does he look attractive.

どんな服を着ても彼はかっこよく見えない。→ 何を着ても似合わない。

→（文否定）→ 彼が look attractive となる服はゼロ

なぜわざわざこのようなことに触れたのか？という疑問をお持ちになった方は第 4 章 No.5（p.240）の京大の問題に是非トライしてみてください。理屈抜きの棒暗記では東大・京大には太刀打ちできないことが、あらためておわかりいただけるでしょう。

第 3 章

東大・京大の問題で
英文の読み方・論理構成を学ぶ

英文読解で求められる 「三つの眼（視点）」とは？

　この章は、東大で出題される要旨・要約問題を中心に、説明文や論説文といった英文の内容展開のパターン（約束事）に対する意識を確認するための問題で構成されています。以下の問題を読み、答案を作成した上で解説をご確認いただければと思います。

17年・東大

1　★★☆☆☆　次の英文の要旨を、70 〜 80 字の日本語にまとめよ。句読点も字数に含める。

1　①According to one widely held view, culture and country are more or less interchangeable. ②For example, there is supposed to be a "Japanese way" of doing business (indirect and polite), which is different from the "American way" (direct and aggressive) or the "German way" (no-nonsense and efficient), and to be successful, we have to adapt to the business culture of the country we are doing business with.

2　①A recent study has challenged this approach, however. ②Using data from 558 previous studies over a period of 35 years, this new research analyzed four work-related attitudes: the individual versus the group; the importance of hierarchy and status; avoiding risk and uncertainty; and competition versus group harmony. ③If the traditional view is correct, differences between countries ought to be much greater than differences within countries. ④But, in fact, over 80% of the differences in these four attitudes were found within countries, and less than 20% of the differences correlated with country.

3 ①It's dangerous, therefore, to talk simplistically about Brazilian culture or Russian culture, at least in a business context. ②There are, of course, shared histories and languages, shared foods and fashions, and many other shared country-specific customs and values. ③But thanks to the many effects of globalization — both in human migration and the exchange of technologies and ideas — it's no longer acceptable to generalize from country to business culture. ④A French businessperson in Thailand may well have more in common with his or her Thai counterparts than with people back in France.

4 ①In fact, occupation and socioeconomic status are much better predictors of work values than country of origin. ②A hundred doctors from different countries, for example, are much more likely to share attitudes than a hundred Britons from different walks of life. ③Language aside, a truck driver in Australia is likely to find an Indonesian truck driver more familiar company than an Australian lawyer.

5 ①Successful negotiation depends on being able to predict the actions of the other party. ②In an international context, to the extent that our judgments arise from ideas about national characteristics, we are likely to make the wrong predictions and respond inappropriately. ③Cultural stereotyping by country is just bad business.

よく、私は予備校で担当する「英文読解」の授業でも以下の「三つの視点・観点」が必要であることを最初に受験生に説くのですが、その三つの視点を確認することにします。

◆ "虫"の眼 → 英文一つ一つの文の構造を正確にとらえる

（SV...、修飾語句、節の範囲 etc. → 細かな部分に目を配る）

◆ "鳥"の眼 → 俯瞰的に英文全体の構成をつかむ

（文と文、段落と段落の相互関係・つながり etc.）

◆ "魚"の眼 → 流れ（展開）を予測する

（文章の展開を予測する → Discourse Marker（談話標識）etc. を手がかりに）

このうち、特に《虫の眼》が必要とされるのは、第 1 章でも取り上げた下線部和訳の問題や、東大 4 - A で問われる正誤問題等ですが、解説部分でも触れたように、そうした問題でも文と文のつながりや展開を予測する《鳥の眼》《魚の眼》が求められます。ましてこの章で取り扱う東大の要約問題(1 - A)や、1 - B の脱文挿入問題、京大の本格的論説文では、そのような視点を持って読んでいるかが試される問題がほとんどです。

同時に、こうした視点は何も受験の英文読解に留まるものではなく、現代英語を読んでいく際には当然必要かつ有用なものと言えます。

英文読解で好まれる基本展開とは?

要約問題を初めとして、東大・京大で出題される論説文は、次のような英文の基本的な論理展開を含んでいるものがほとんどです。

1.「抽象」→「具体」

一般原則・主張したい内容を最初に提示 →「具体的説明」を追加していく形式

2. 二項対立　A vs. B

異なる二つのもの（例 動物 vs. 人間、人間 vs. コンピューター、日本 vs. 西洋諸国 etc.）を比較・対照しながら、展開される形式

[二項対立によく見られるパターン]

① 「過去」と「その後または現在」

② 「他説」 vs.「自説」

「他者の意見」を紹介 → その問題点を指摘した上で、「自説」を展開していく形式

※ 魚の眼 「他説」を否定する以上、「自説」には当然根拠が必要となる。したがって、自説（大抵は逆接語（But / However / Nevertheless etc.）の後に述べられることが多い）の後ろには、その自説をサポートする例・説明などが続く展開（つまり、逆接語 → 抽象 → 具体の展開）になることが多い。

今回の問題文がどのような形式の展開になっているのか、先ほどの《鳥の眼》と《魚の眼》を駆使しながら見ていくことにします。

1 パラ

① {According to one widely held view}, culture and country are {more or less} interchangeable.

広く受け入れられているある見解によれば、文化と国は多かれ少なかれ交換可能（同義）である。

まず、one widely held view から、早速「他説」（筆者の考え・主張と異なる内容）が述べられています。すなわち出だしからこの文は、典型的な論説文の展開形式である、〈「他説」→逆接→「自説」→実例によるサポート〉という展開になることが予想できます。

このように、「先の展開を予測する眼・視点」＝「流れを読む」が《魚の眼》です。

つまり、「一般に流布している考え（他説）」＝「文化と国は交換可能」（文化＝国）

vs.

筆者の主張したい内容（自説）　→「文化≠国」

という展開を予想することができるわけです。実際、For example で始まる続く②
文では、「文化＝国」（と思われている）という「他説」の具体例が続いています。

② For example , there is supposed to be a "Japanese way" of doing
   business (indirect and polite), which is different from the "American
   way" (direct and aggressive) or the "German way" (no-nonsense and
   efficient), and {to be successful}, we have to adapt to the business
   culture of the country (we are doing business with).

   > 例えば、「日本式」のビジネスの方法（間接的で礼儀正しい）があるとされるが、それ
   > は「アメリカ式」（直接的で押しの強い）や「ドイツ式」（真面目で効率的）とは異な
   > るものであり、ビジネスで成功するには、取引相手の国のビジネス文化に適応する必
   > 要があるとされている。

2パラ

① A recent study has challenged this approach, **however**.

   > しかしながら最近の研究では、こうした方法に異議が唱えられてきた。
   > ※ challenge「…に異議を唱える」（挑戦する（×））

この逆接 however から、完全に予想通りの展開（他説 vs. 自説）が続いているこ
とは、もはや明白です。
しかも、後続②文では「data を挙げることによる自説の検証（自説に客観性を与
える）」という典型的な論説文に見られる展開となっています。

② {Using data from 558 previous studies over a period of 35 years}, this
   new research analyzed four work-related attitudes: the individual
   versus the group; the importance of hierarchy and status; avoiding
   risk and uncertainty; and competition versus group harmony.

この新たな研究では、35年間にわたる558の過去の研究データを用いて、ビジネスに関連する4つの態度を分析した。つまり、個人対集団、階層と地位の重要性、リスクと不確実性を回避すること、競争をとるか集団の調和をとるか、である。

③ {If the traditional view is correct}, differences (between countries) ought to be much greater than differences (within countries).

従来の見方が正しければ、異国間の違いの方が、国内の違いよりもはるかに大きいはずである。

the traditional view「伝統的見解、従来の見方」とはもちろん「他説」ですから、「文化＝国」派です。となれば当然、この考え方が否定される方向にならなければなりません。直後の④文の逆接 But の登場で、その逆、つまり「国内の違いの方が異国間での違いよりも大きい」という展開になることは予想できると思います。ちなみに But の直後の in fact はここでは、the traditional view「従来の見方」に対し、「（ところが）実は」という **「考え」vs.「実際」** の対比関係を浮き彫りにしています。

④ **But**, **in fact**, **over 80% of the differences** (in these four attitudes) were found {within countries}, and less than 20% of the differences correlated with country.

しかし、実際にはこれら4つの態度の違いの80%以上は、同一国内で見られ、異国間の違いと関連するものは20%に満たない。

「通説」が正しいなら、　　異国間の違い　　＞　国内同士の違い　のはず
実際は、　　　　　　　　　国内同士の違い　＞　異国間の違い

3パラ

① It's dangerous, **therefore**, to talk simplistically about Brazilian culture or Russian culture, {at least in a business context.}

それゆえ、少なくともビジネスの場では、ブラジルの文化やロシアの文化について、単純化して語るのは危険である。

therefore「それゆえ」は、因果関係を示す Discourse Marker です。筆者の自説をサポートする形で、ブラジルとロシアが例に挙げられ、「ビジネスの場では、文化＝国とするのは危険」と述べられています。

② There are, **of course**, shared histories and languages, shared foods and fashions, and many other shared country-specific customs and values.

> もちろん、共通の歴史や言語、食べ物やファッション、その他多くの共有の国特有の習慣や価値観というものは存在する。

③ **But** thanks to the many effects of globalization {— both in human migration and the exchange of technologies and ideas} — it's no longer acceptable to generalize from country to business culture.

> しかし、人間の移動だけでなく、技術やアイデアを交換することにおけるグローバリゼイションが及ぼす多くの影響のおかげで、国からビジネス文化を一般化することは、もはや受け入れられないことである。

続く第②③文では、of course... But 〜「もちろん…だが、しかし〜」という譲歩を構成しています。「譲歩」とは「自分の主張と相反する内容」を一旦認めておいてから、逆接語の後、あらためて「自説」を展開する形式であることはよろしいかと思います。実際ご覧になれば明白ですが、③文の But 以下では、あらためて「グローバリゼイションにより、もはや文化＝国という考えが通用しない」という①文をサポートする内容になっていることは明白です。さらに続く④文では、フランスとタイが例として使われ、「文化≠国」であると同時に、出身国が違う場合でも、ビジネスにおいては同じような立場の外国人同士の方が共通点が多いことが挙げられています。

④ A French businessperson (in Thailand) may well have more in common with his or her Thai counterparts than with people back in France.

> タイのフランス人ビジネスパーソンは、母国フランスの人々よりも、タイのビジネスパーソンの方が自分たちと共通点が多いであろう。

4 パラ

① In fact, <u>occupation and socioeconomic status</u> are much better predictors of work values than <u>country of origin</u>.

> それどころか実際には、職業と社会経済的地位の方が、出身国よりもはるかに仕事の価値観を予測するのに有効である。

　以上の展開を受けてこの第4パラグラフでは、ビジネス文化において「(出身)国」に代わるものが、occupation と socioeconomic status であると述べられており、続く②③文で、二つの具体例が挙げられています（Discourse Marker の for example からも、このパラグラフが抽象 → 具体の展開になっていることがわかります）。

② A hundred doctors (from different countries), [for example] , are much more likely to share attitudes than a hundred Britons (from different <u>walks of life</u>).

> 例えば、母国の異なる100人の医師同士は、異業種の英国人100人よりも同じ考え方を共有する可能性が高い。
>
> ※ walks of life「職業」

③ Language aside, a truck driver in Australia is likely to find an Indonesian truck driver more <u>familiar company</u> than an Australian lawyer.

> 言語を別にすれば、オーストラリアのトラック運転手は、オーストラリア人の弁護士よりも、インドネシア人のトラック運転手の方が気の置けない可能性が高い。
>
> ※ company「仲間、交際相手」

　つまり、異国の人間同士でも、同じ職業や社会的地位の人間同士の方が気が合うということです。自分が医者の場合、同じ日本人でも教師をしている人よりも、アメリカ人の医者の方が話が合ったりするということです。

① Successful negotiation depends on being able to predict the actions of the other party.

> 交渉が成功するかどうかは、相手の行動を予測できるかどうかにかかっている。

　最終段落、いわば締めの部分に入る段落です。もちろんここまでの展開から、ビジネスの場合は、相手の評価を国を基準に行うのは適切ではないという結論が予想できると思います。

② {In an international context}, {to the extent that our judgments arise from ideas about national characteristics}, we are likely to make the wrong predictions and respond inappropriately.

> 国際的な状況では、我々の判断が国民性に関する考えから生じる限り、我々の予測は外れ、対応が不適切なものとなる可能性が高い。
>
> ※ to the extent that SV 〜 「SV 〜する限り」

③ Cultural stereotyping by country is just bad business.

> 国による文化的固定観念は、全く不適切なものである。

　全体を振り返ると、以下のような展開であることは明白です。

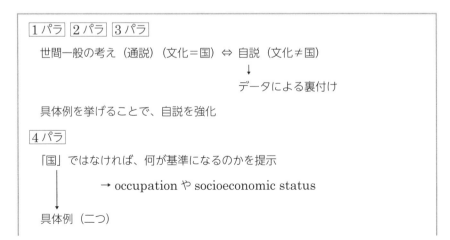

1 パラ 2 パラ 3 パラ

世間一般の考え（通説）（文化＝国）⇔ 自説（文化≠国）
↓
データによる裏付け

具体例を挙げることで、自説を強化

4 パラ

「国」ではなければ、何が基準になるのかを提示
→ occupation や socioeconomic status

具体例（二つ）

> 5パラ
>
> ［結論］相手の「国」を基準にすると、ビジネスはうまくいかない

　ということで、おわかりのように東大が要約として出題したこの英文は、まさしく典型的な**「他説 vs. 自説 → 根拠・説明」**という展開であることをつかめれば、内容は極めて明快で、答案を作ることはさほど困難ではないはずです。

　もっとも限られた字数でそれを日本語として簡潔に表現するには、それなりの訓練が必要ではありますが、いずれにしても、三つの眼を駆使し、論説文の展開のパターンを意識することで、要約問題に限らず、英文読解の取り組み方は格段に効率的かつ正確なものになるはずです。

　なお、本問では「要旨」を述べよとなっていますが、「要約」と「要旨」の違いはよろしいでしょうか？　明確に定義されているわけではありませんが、一般に「要約」は本文全体のダイジェストであるのに対し、「要旨」はその文の最も言いたいこと＝主張となります。問題や字数によっては、要旨と要約がほぼ同じになるものもありますが、本問の場合、要旨、つまり筆者の主張となるものは、明らかに「外国人を相手にビジネスを行う場合には、出身国を基準に考えるのではなく、相手の職種や社会的地位による違いを考慮すべきである」ということになります。解答はこれを骨子として作成すれば、以下のようなものになるでしょう。

- -

《解答例（70～80字）》

① 国により文化も異なるという考えは、グローバル化によりもはや通用しなくなり、ビジネスを成功させるには、相手の出身国よりも職種や社会的地位を考慮すべきである。［77字］

② グローバル化により、価値観は出身国よりも職種や地位に左右されるようになり、交渉を成功させるには、国により文化が異なるという従来の考えは捨てる必要がある。［76字］

- -

下線部周辺の拾い読みでは太刀打ちできない

英文の構成を俯瞰的にとらえる《鳥の眼》が必要とされる問題

1 ★★★★☆　下線部を和訳せよ

①The first camera phones date back to the very beginning of the twenty-first century. ②In early 2001, the BBC reported on the first cell phone with a camera invented in Japan. ③Readers from around the world offered their ideas on what such a peculiar invention might be good for. ④Some said it could have many uses for teenagers (streamlining shopping for outfits, proving you have met a pop idol, setting up your friends on dates) but would be pretty pointless for adults. ⑤Others thought it would be a practical aid for spying, taking sneak pictures of your competitors' produce or quickly reporting traffic accidents and injuries. ⑥Yet others thought it might be nice for travelers to keep in touch with their families or hobbyists to show art or collections to others. ⑦My personal favourites include commenters who wrote they couldn't wait for the device to be available at a reasonable price in their home country, so they can take pictures of the friendly dogs they meet at the park. ⑧Someone suggested the camera needs to be on the front to allow for video calls, which didn't happen in practice until 2003.

From *Selfies : Why Love (and Hate) Them* by Katrin Tiidenberg, Emerald Group Publishing

早速ですが、下線部冒頭の第一文をぱっと見て、以下のように解釈した方はいらっしゃらないでしょうか？

<u>Yet others thought it might be nice for travelers to keep in touch with their families or hobbyists to show art or collections to others</u>.

> しかしながら他の人々は、旅行者が芸術や収集品を見せるのに、家族や趣味仲間と連絡をとるのは素敵なことであるかもしれないと考えた。

一般に文頭の Yet は「しかしながら」という逆接で使われることが多く、さらに it might be nice for travelers to keep in touch with... の部分はいわゆる it... for 〜 to V の形式主語構文ととらえれば、当然上記のような答案になります。しかし、残念ながらこのとらえ方（解釈）は完全に間違いと言わざるを得ません。では、この解釈の何が問題（というより誤読）なのでしょうか？

この下線部和訳を出題した京大の狙いは、下線部に至るまでの部分、および下線部分の関係（つながり）をきちんととらえた上で取り組むことができたかどうかを試すことにあると言えるでしょう。

下線部に至るまでの文を見ていくことにします。

① <u>The first camera phones</u> date back to the very beginning of the twenty-first century.

> 最初のカメラ付き携帯電話の誕生は 21 世紀のまさに初めにさかのぼる。

② {In early 2001}, the BBC reported on the first <u>cell phone with a camera</u> (invented in Japan).

> 2001 年初頭、BBC は日本で発明された最初のカメラ付き携帯電話について報道した。

③ Readers (from around the world) offered their ideas on [what <u>such a peculiar invention</u> might be good for ● .]

> 世界中の読者が、そうした一風変わった発明品の用途について自分たちの考えを寄せた。

such a peculiar invention とは、もちろん②文の the first cell phone with a camera invented in Japan「（日本で発明された最初の）カメラ付き携帯」の言い換えです。

さて、この③文に続く④文の主語の Some が Some readers の省略であることから、以降が③文の Readers が offer した their ideas、つまり「カメラ付き携帯が何の役に立つのかに関する読者の考えの具体例」となっていることを意識して読むことができたかどうかが、すべての分岐点となります。

「抽象 → 具体」の展開という《魚の眼》に加えて、《鳥の眼》で俯瞰的に見ると、④⑤⑥のそれぞれの主語が Some, Others, others となっていることからも、この④⑤⑥の文が、以下のようなつながりを持っていることが見えてきます。

③ <u>Readers from around the world</u>　<u>offered their ideas on...</u>

　　　　　　↓　　　　　　　　　　　　　↓

④ **Some (readers)**　　　　　said　　　～

⑤ **Others (Other readers)**　　thought　　～

⑥ **Yet others (other readers)**　thought　　～

そうなると、下線部冒頭の Yet は逆接ではなく、「さらに、別の」という用法であることが見えてきます。

⑨ Saving drinking water is **yet** another benefit of wind power development.

　　飲料用の水を節約できることもまた、風力発電開発のメリットである。

さて、もう一度 their ideas on what <u>such a peculiar invention</u> might be good for「カメラ付き携帯が何の役に立つのかに関する世界中の読者の考え」の具体例の部分（④～⑥）までを見ていきます。

④ **Some** said **it** could have many uses for teenagers (streamlining shopping for outfits, proving you have met a pop idol, setting up your friends on dates) but would be pretty pointless for adults.

> **カメラ付き携帯**は、例えば服を効率的に買えるようになったり、ポップアイドルに会ったことを証明したり、友達とデートの約束を取り付けたり、若者には使い道が多いかもしれないが、大人にはどうでもよいものであろうと考えるものもいる。

⑤ **Others** thought **it** would be a practical aid for spying, taking sneak pictures of your competitors' produce or quickly reporting traffic accidents and injuries.

> **カメラ付き携帯**は、諜報活動をしたり、競合他社の製品を盗み撮りしたり、交通事故や怪我を迅速に通報したりするのに役立つという実用面を挙げたものもいた。

⑥ Yet **others** thought **it** might be nice for travelers to keep in touch with their families or hobbyists to show art or collections to others.

ここまで来ればもうおわかりかと思いますが、この⑥文の **it は、for** 以下を受ける仮主語の **it** ではなく、④⑤文と同様「**カメラ付き携帯**」を指します（it が直接受ける語句は第③文の such a peculiar invention ですが、これは先ほども触れたように②文の the first cell phone with a camera invented in Japan「（日本で発明された最初の）カメラ付き携帯」の言い換えです）。

確かに for travelers と to keep in touch 以下は「旅行者が絶えず連絡をとる」という SV 関係があり、そのこと自体が nice であるという解釈はここだけ見れば、不自然とは言えないかもしれませんが、この文に至るまでの展開（②〜直前⑤）や、Some, Others, Yet others の列挙からも、カメラ付き携帯の有用性に関するそれぞれの考えが羅列されていることは明らかです。

つまり、下線部分だけを見て、It... for 〜 to V の仮主語と判断したまま気がつけなかった受験生は、④⑤⑥文が例の羅列であるということに気がつけなかったということになるわけです。まさに《虫の眼》だけで《鳥の眼》が使えなかったという典

型的なケースと言えるでしょう。

　では、仮主語でないなら、この for 以下の不定詞部分の働きはどう考えればよいのでしょうか？　直前 nice は形容詞です。to 不定詞には形容詞の意味を修飾（限定）する用法があります。

（例）War is easy to start, and hard to end.
　　　戦争は、始めるのは簡単でも、終えるのは困難である。

　二つの to 不定詞はそれぞれ直前の形容詞 easy と hard の意味を修飾（限定）しています。この用法自体はそれこそ教科書レベルで、皆さんも熟知しているのではないでしょうか？

　今回も同様で、不定詞の意味上の主語として for 以下が加わっただけです。つまり「…が〜するのに nice である」というように形容詞 nice の意味を修飾する、いわゆる副詞用法となります。

　Yet others thought it might be nice **for** travelers **to** keep in touch with their families or hobbyists to show art or collections to others.

　もう一つ、等位接続詞 or が結ぶものにも注意を向けることができたでしょうか？　確かに一つ目の or の直前の their families と直後の hobbyists はそれぞれ名詞ですので「等位接続詞」である or が their families と hobbyists を結ぶことは（文法上は）可能です。

　ただし、その場合は「travelers が連絡をとる相手」が「家族」と「趣味仲間」となりますが、そうとると to show 以下の意味は（芸術や収集品を他人に見せるために家族や趣味仲間に連絡をとる？）となってしまいます。

　実はこの or は、their families と hobbyists ではなく、for に続く travelers to keep in touch with their families と、hobbyists to show art or collections to others という「名詞＋ to 不定詞」と「名詞＋ to 不定詞」を結んでいるととらえる必要があります。

158

Yet others thought $\boxed{\text{it}}$ might be nice

      for **travelers** to keep in touch with their families

             <u>or</u>

      hobbyists to show art or collections to others.

   it（＝カメラ付き携帯）は、

      「**旅行者が**家族と連絡を絶えず取ったり」

      もしくは

      「**趣味仲間同士が**他の趣味仲間に芸術や収集品を見せるのに」

      うってつけ（＝ nice）である。

となるわけです。

   最後に下線部和訳の後半⑦⑧にも触れておきます。

⑦ <u>My personal favourites include commenters (who wrote they couldn't wait for the device to be available at a reasonable price in their home country, so they can take pictures of the friendly dogs (they meet at the park).)</u>

    私がお気に入り登録をしている人の中には、公園で出会う人懐っこい犬の写真を撮れるように、自分の国でも手頃な価格でカメラ付き携帯電話が手に入るのが待ちきれないと書き込んだ人もいる。

   favourites とは、ここでは SNS の「お気に入り」のことであることがわかれば、commenter の comment とは「書き込みをする」ことであることもわかります。語句としては wait for... to V 〜が「…が V 〜するのを待つ」という SVOC（第五文型）のような形をとっていて、... の位置にある the device はまたしても「カメラ付き携帯」の言い換えです。他の語句にも触れておくと、available「手に入る、利用できる」、reasonable は「理にかなっている、合理的な」というのが基本的な意

味ですが、price を修飾する場合、「合理的な価格 → 理にかなった → ぼったくりで
ない適正価格」ということから「手頃な」という意味になることもよろしいかと思い
ます。

　構文上のポイントはコンマ以下、so... can V ～の部分で、これは「…が V ～でき
るように」という目的を表す so that 構文の that が（特に口語では）省略されたも
のであることに気がつけるかどうかです。

... they couldn't wait for the device to be available at a reasonable
price in their home country, **so [that]** they **can** take pictures of the
friendly dogs (they meet at the park).

　　公園で出会う人懐っこい犬の写真**を撮れるように**、自分の国でも手頃な価格でカメラ
　　付き携帯電話が手に入るのが待ちきれない（と書き込んだ人もいる）。

　なお、最終文は以下のようになります。allow for は他動詞ではなく、前置詞 for
を伴う（「許可する」ではありません）場合には「…を見越しておく、考慮に入れる」
という意味もありますが、「…を可能にする」という意味で使われることがあり、目
的語が video calls「ビデオ通話」であることからも、ここではその意味であること
は明らかです。

⑧ Someone suggested the camera needs to be on the front to allow for
　video calls, which didn't happen in practice until 2003.

　　ビデオ通話ができるように、カメラは正面に取り付ける必要があると提言した人もい
　　たが、それは 2003 年になってようやく実現した。

- -
《解答例》 さらには、カメラ付き携帯電話は、旅行者が家族と絶えず連絡をとったり、趣味
を持つ人が芸術作品や収集品を他人に見せたりするのに向いているかもしれないと思った人
もいた。私がお気に入り登録をしている人の中には、公園で出会う人懐っこい犬の写真を撮
れるように、自分の国でも手頃な価格でカメラ付き携帯電話が手に入るのが待ちきれないと
書き込んだ人もいる。ビデオ通話ができるように、カメラは正面に取り付ける必要があると
提言した人もいたが、それは 2003 年になってようやく実現した。
- -

　結局この問題のポイントは、it... for ～ to の仮主語構文のように見えてそうではないことに気づけたかどうかにつきます。もちろんそのからくりに気がつけるかどうかは、**英文の構成を俯瞰的に見る《鳥の眼》の視点があるかどうか**にかかっていたと言えるでしょう。

19年・東大

1 ★★☆☆☆　以下の英文を読み、ヨーロッパで生じたとされる変化の内容を
70 ～ 80 字の日本語で要約せよ。句読点も字数に含める。

1 ①In pre-industrial Europe, child labor was a widespread
phenomenon and a significant part of the economic system.
②Until and during the nineteenth century, children beyond six
years of age were required to contribute to society according
to their abilities. ③From about the age of seven, they began a
slow entry into the world of work, a world inhabited by both
adults and children. ④The concepts of education, schooling, and
protection against hazards were rare or entirely absent. ⑤In
the early nineteenth century, children were also mostly viewed
as the personal property of their parents, with few or no legal
rights. ⑥Parents, mainly fathers, were given unlimited power
and control over them and were allowed to treat them as they
wished; physical punishment was almost universal and socially
accepted.

2 ①This situation began to change as the nineteenth century
progressed. ②Particularly in the half-century from 1870 to 1920,
the rights of children in relation to parents, employers, and

others expanded in the form of legal protection. ③Gradually, children began to be perceived as a separate category and not simply as the property of adults. ④The view that children have no more than economic value began to change and be replaced by the perception that they are a unique group that society has the responsibility to support and protect from the various dangers they face.

3 ①Another change in this period was the protection of children from parental abuse and neglect, which were subjected to intense scrutiny and challenged increasingly by government authorities. ②In 1889, both France and Great Britain passed laws against cruelty to children, including that caused by their parents. ③The nation became the defender of children's rights. ④The child's right to protection then led to the right to provision of various sorts, with the national government responsible for providing services. ⑤Health care, acceptable housing, and playgrounds — together with freedom from work and access to public schooling — emerged as elements of children's rights.

1パラ → 産業革命以前

① {**In pre-industrial Europe**}, child labor was a widespread phenomenon and a significant part of the economic system.

> 産業革命以前には、子供を働かせるのはどこでも見られる現象であり、経済を支える重要な部分であった。

《魚の眼》「過去を示す表現」が出たら? →「その後 or 現在との対比」ではないか?と予想する

冒頭 In pre-industrial Europe「産業革命以前には」のように、過去を示す表現が使われている場合（ちなみに「産業革命」が始まったのは 18 世紀）には、その後で「（それに対し）今では」のように、状況が変わる展開、つまり**「過去」vs.「その後 or 現在」**の二項対立の展開がしばしば見られます。

そもそも設問文に「ヨーロッパで生じたとされる変化の内容を」とあることからも明らかですが、**こうしたことを念頭に置いて英文に触れていくのと、ただ漫然と字面を追っているのとでは、読む速さも理解度も異なってきます。**

② {**Until** and during the nineteenth century}, children (beyond six years of age) were required to contribute to society {according to their abilities}.

> 19 世紀まで、また 19 世紀の間も、6 才を超える子供たちは能力に応じて社会に貢献することが求められた。

until... が「…までずっと〜だった」という継続を表すことはご存じの方も多いと思いますが、その認識だけでは十分とは言えません。「…までずっと〜」ということは、「…の時点までは〜だったが、その後はそうではない」という状況の変化、転換点を暗示します。

魚の眼	⇒ until... 「…までずっと」
	↓
	「転換点」→ …の時点で状況が変わることを「予想」

---

③ {From about the age of seven}, they began a slow entry into the world of work, a world (inhabited by both adults and children).

> 7才にもなれば、段々と子供たちは大人と同じ仕事をするようになっていった。

④ The concepts (of education, schooling, and protection against hazards) were rare or {entirely} absent.

> 子供を教育するとか、学校に行かせるとか、危険から守ってやるといった発想はめったになく、場合によっては全くなかった。

⑤ {**In the early nineteenth century**}, children were also mostly viewed as the personal property of their parents, (with few or no legal rights).

> 19世紀の初頭においても、子供たちには法的権利などないに等しく、たいていの場合、親の所有物だとみなされていた。

⑥ Parents, mainly fathers, were given unlimited power and control over them and were allowed to treat them {as they wished};
physical punishment was almost universal and socially accepted.

> 両親、とりわけ父親の子供を支配する権力は無限であり、子供をどうしようと勝手で、体罰はごく当たり前、社会的にも容認されていた。

結局、この第1パラグラフで述べられている内容は、すべて19世紀前半より以前の子供の扱い方で、まとめると以下のようになります。

《19世紀産業革命以前》の社会における子供の位置づけ

・児童労働（child labor）→ 当然のこと
・子供は親の所有物（personal property）
　→ 煮て食おうが焼いて食おうが親の勝手
　　⇒「法的権利」（legal rights）もなく、教育も保護も必要なし
　　⇒「体罰」（physical punishment）も当然

さて、転換点となる「19世紀以降」の子供への見方の変化という内容については以降の文で必ず登場するはず、という見方を持って次のパラグラフ以降に目をやると、それはすぐに見つかります。

① This situation began to change {**as the nineteenth century progressed**}.

19世紀が進むにつれて、この状況に変化が現れた。

ここでようやく、「19世紀後半から20世紀における子供を取り巻く状況、子供に対する認識の変化が始まった」という展開となります。

② Particularly {**in the half-century from 1870 to 1920**}, the rights of children (in relation to parents, employers, and others) expanded {in the form of legal protection}.

特に1870年から1920年までの半世紀で、親や雇用者側、他の大人たちに関する子供の数々の権利が、法的保護という形で広がっていった。

③ Gradually, children began to be perceived as a separate category and not simply as the property of adults.

次第に子供は（大人とは）別の範疇であり、単なる大人の所有物ではないと認識されるようになった。

④ The view [that children have no more than economic value] began to change and be replaced by the perception [that they are a unique group (that society has the responsibility to support ● and protect ● from the various dangers (they face ●)].

子供には経済的価値しかないという見方が変わり始め、代わりに、子供とは、社会が支え、直面する様々な危険から守ってやる責任を負う独特の集団であるという考え方が主流となっていった。

3パラ

① **Another change (in this period)** was the protection of children (from parental abuse and neglect), which were subjected to intense scrutiny and challenged increasingly by government authorities.

> この時代に起きたもう一つの変化は、子供を親の虐待や育児放棄から守るという発想が生まれたことであり、虐待や育児放棄は国家が調査し取り締まるべきものとなった。

Another change「もう一つの変化」でわかるように、このパラグラフでは**「子供を取り巻く状況・認識の変化 その2」**が述べられる展開になっており、その変化とは、具体的には「虐待・放置の禁止の法制化 → 健康医療や教育などの権利の獲得」となっています。

② {In 1889}, both France and Great Britain passed laws against cruelty to children, including that (caused by their parents).

> 1889年、英仏両国で、親によるものも含めた児童虐待が法的に禁じられた。

③ The nation became the defender of children's rights.

> 国家が子供の権利を守る役割を担うようになったのである。

④ The child's right to protection then led to the right to provision (of various sorts), with the national government responsible for providing services.

> 子供の保護される権利の結果、様々なものを提供される権利へと至り、国家がそれらの提供に責任を負うことになった。

with 以下は、with 名詞＋［　　　　］の、いわゆる「付帯状況」になっています。

⑤ Health care, acceptable housing, and playgrounds — together with freedom from work and access to public schooling — emerged as elements of children's rights.

労働から解放され、学校に通う権利に加え、健康医療、適切な住居、そして遊び場も、子供の権利の一部となった。

　結局全体としては、まず第1パラグラフで、ヨーロッパにおける「産業革命以前」の子供に対する扱い方が述べられ、第2・3パラグラフで「19世紀後半以降」の子供の扱い方がどう変わったかを述べる展開、つまり典型的な「過去」vs.「現在」の展開になっているわけです。

[1パラ]

　19世紀　産業革命以前

児童労働 → 当然のこと

子供は親の所有物 → どうしようと勝手　体罰も当然

権利もなく、教育も保護も必要なし

[2パラ]

vs. 19世紀後半以降

変化その1）子供は親とは別個の存在であるという認識が生まれた

[3パラ]

変化その2）虐待の禁止が法制化 → 健康医療や教育などの権利も認められた

　東大の要約問題としては、かなりわかりやすい部類に属する問題だったかもしれませんが、いわば論理展開の「お約束」に従って英文を読んでいくという意識を高めるには、うってつけの問題と言えるでしょう。

- -
《解答例（70〜80字）》
産業革命以降、子供は単なる労働力ではなく、親の所有物ではない別個の存在であることが認識され、体罰など虐待禁止も法制化され、健康医療や教育の権利なども認められた。[80字]
- -

4

英文の論理構成を知る②

「具体」から「抽象」 ── 「帰納」型の 論説文を要約する

　「演繹法」と「帰納法」で言えば、一般原則から個々の事例に触れる「演繹法」に近いものが「抽象」から「具体」の展開に相当し、英語の論説文ではこの形が多く見られます。ただし、個々の事例から一般原則を導き出す帰納的展開、つまり「具体」から「抽象」という展開の文も少数ながらないわけではありません。今回の文は後者です。

14年・東大

1　★★☆☆☆　次の英文の内容を、80〜100字の日本語に要約せよ。句読点も字数に含める。

1 ①I live in a nice old apartment building in Edinburgh: several floors of individual flats, all connected by an internal staircase made of sandstone. ②The building is at least a century old, and nowadays each of those sandstone steps is looking a little worn.

2 ①This wear is the result of a century of people walking up and down from their flats. ②As they have left for and returned from work, as they have gone out to the shops or for dinner, many times a day the feet of the people living here have fallen upon each stair.

3 ①As every geologist knows, even a small force, repeated over a large enough stretch of time, can add up to some very large

effects indeed. ₂A century of footsteps is quite a lot. ₃If each of thirty-five residents travelled up and down the staircase four times a day on average, then each step has been struck by at least ten million feet since it was laid down.

4 ₁When I climb this staircase to my flat, I enjoy the daily reminder that humans are a geological force. ₂If ten million people were all sent up this staircase one by one, it would take less than eight months for their feet to wear away a centimeter of sandstone.

5 ₁And then, consider that ten million people is but a small fraction of the seven billion people currently in the world. ₂If you could somehow use the feet of all of those people at once, then you could grind meters of rock away in a few moments. ₃A few more repetitions and you'd have an impressive hole. ₄Keep going for a few hours, and you could produce a new valley.

6 ₁This might seem like a rather unrealistic thought experiment, but it does highlight, in a rather literal way, the idea of a carbon footprint, which is a measure of the environmental impact of human actions. ₂When it comes to our carbon footprints, the entire planet is the staircase. ₃Our individual contribution — the energy we consume, the waste we produce — may seem insignificant, hardly something that is going to affect the planet. ₄But when you multiply by seven billion, the small environmental impact of any one person becomes a very weighty footstep indeed. ₅It's not surprising that Earth is as worn down as my old staircase.

　(注) geologist、geological ＜ geology　地質学

1 パラ

① I live in a nice old apartment building in Edinburgh: several floors of individual flats, a̲l̲l̲ connected by an internal staircase (made of sandstone).

> 私は、エジンバラの快適な古い集合住宅で暮らしている。そこは数階建てで、全て砂岩でできた内階段でつながっている。

② The building is at least a century old, and nowadays each of those sandstone steps is looking a little worn.

> 建物自体は少なく見積もっても築百年は経過しており、階段の一段一段は少々すり減っているように見える。

この1パラでは、筆者の暮らすアパートが説明されています。要は古く、階段がすり減っているように見えるということです。

2 パラ

① This wear is the result of a century of people walking up and down from their flats.

> このように階段が摩耗したのは、百年にわたって人々が各部屋に出入りするために階段を昇り降りした結果である。
>
> ※ wear はここでは「摩耗、すり切れ」の意味。

② {As they have left for and returned from work}, {as they have gone out to the shops or for dinner}, many times a day the feet of the people living here have fallen upon each stair.

> 仕事に行き、帰宅したり、買い物や食事に出掛ける際、一日に何回も住民の足が一段一段の階段を踏みしめてきたのである。

① {As every geologist knows}, even a small force, repeated over a large enough stretch of time, can add up to some very large effects indeed.

地質学者なら誰でも知っていることだが、小さな力でも、十分に長期間繰り返されれば、大きな影響力をもたらす可能性がある。

② A century of footsteps is quite a lot.

百年にわたる昇り降りは、かなりのものである。

③ {If each of thirty-five residents travelled up and down the staircase four times a day on average}, then each step has been struck by at least ten million feet {since it was laid down}.

35 人の住民一人一人が毎日平均四回階段の昇り降りをすると、それぞれの階段は設置されてから最低一千万回は踏まれたことになる。

　ここから、アパートの階段の摩耗を地質学的観点から見るという展開になっています。要は一つ一つは小さな力でも、それが長期間、しかも多くの人が及ぼすことで膨大なものになるという、まさに「塵も積もれば」に相当するという内容のことが述べられています。

　ちなみに「塵も積もれば」に相当する英語のことわざには、

Many a little makes a mickle.　「塵も積もれば山となる」
　　※ little と mickle で韻を踏んでいる。

Constant dripping wears away the stone.　「点滴石を穿つ」

などがあります。

① {When I climb this staircase to my flat}, I enjoy the daily reminder [that humans are a geological force].

この階段を昇って自室まで来る際、人間は地質学的な力であることを日々思い出す。

② {If ten million people were all sent up this staircase one by one},
it would take less than eight months for their feet to wear away a
centimeter of sandstone.

一千万人もの人が一人ずつこの階段を昇っていったら、一センチすり減るのに八ヵ月
もかからない。

※ It takes A for... to V〜「…がV〜するのにAを必要とする」

5パラ

① And then, consider [that ten million people is but※ a small fraction
of the seven billion people (currently in the world)].

次に、一千万人という数は、現在世界にいる七十億人のほんの一部であることを考え
てみよう。

※このbutは等位接続詞ではなく、副詞「…にすぎない」≒onlyの用法。

② {If you could somehow use the feet of all of those people at once},
then you could grind meters of rock away in a few moments.

もし七十億人全員に同時に階段を歩かせることができるなら、ほんの一瞬で数メート
ルの階段がすり減ってしまうことになる。

③ A few more repetitions and you'd have an impressive hole.

さらに何回か繰り返せば、立派な穴があくだろう。

※名詞 and SV〜「…すれば、〜だろう」

④ Keep going for a few hours, and you could produce a new valley.

数時間も続ければ、新しく谷ができていることだろう。

※命令文 and SV〜「…すれば、〜だろう」

① This **might** seem like a rather unrealistic thought experiment, **but** it does highlight, {in a rather literal way}, the idea of a carbon footprint, which is a measure of the environmental impact of human actions.

> これは非現実的な思考実験のように思われるかもしれないが、これにより人間が環境に及ぼす影響の尺度となる、「炭素足跡」という概念が文字通り浮き彫りになる。

might... but 〜で「…かもしれないがしかし〜」という譲歩構文を構成しています。carbon footprint「炭素足跡」とは、CO_2排出量（厳密にはCH_4（メタン）など他の温室効果ガスを含めた換算量）を表す環境問題のキーワードですが、足跡＝ footprint が階段を踏むこと＝ footsteps と掛かっていることにもお気づきでしょうか？

② {When it comes to our carbon footprints}, the entire planet is the staircase.

> 炭素足跡に関しては、地球全体は階段に相当する。

the entire planet is the staircase の部分は、A is B「A ＝ B」の形をとっていますが、比喩表現（隠喩）です。日本語でも「君は僕の太陽だ」「彼の人生はまさにジェットコースターだ」のように「A は B だ」という形で、実際には「A は B のようなものだ」という意味で使われることから、おわかりいただけると思います。

③ Our individual contribution — the energy (we consume), the waste (we produce) — **may** seem insignificant, hardly something (that is going to affect the planet).

> 一人一人が消費するエネルギーや出すゴミは、取るに足らないもの、つまりとても地球に影響を及ぼすものには思えないかもしれない。

④ **But** {when you multiply by seven billion}, the small environmental impact of any one person becomes a very weighty footstep indeed.

> だがそれが七十億人分となると、一人一人の小さな影響がとてつもない大きなものになる。

①の might... but ～同様、③文の may と④文の But で譲歩を構成してします。

⑤ It's not surprising that Earth is as worn down as my old staircase.

> 地球が、私のアパートの石段と同じように劣化していくのも不思議ではない。

ここまで、各パラグラフの展開を整理すると以下のようになります。

1 パラ	古アパートの説明
2 パラ	階段の摩耗・劣化の原因 → 人々が毎日踏みつける
3 パラ	地質学的観点からの考察 → 小さな力でも何度も繰り返されると、大きな力となって劣化を引き起こす
4 パラ	地質学的観点からの考察の続き
5 パラ	考察の続き（思考実験）
6 パラ	階段から地球環境へ 「階段」と「地球環境」の共通点
	一人一人の影響は小さくても、七十億人分となると無視できないものとなる
	→ 「例」から「本題」へ

以上をまとめると、次のような解答ができあがります。

《解答例（80～100字）》
長年多くの人が利用することで階段が傷んでいくのと同様に、一人一人のエネルギー消費や廃棄物の量自体はわずかであっても、人類全体では地球環境に大きな悪影響を与えるほどの量となり、地球の劣化につながる。（98字）

第3章 東大・京大の問題で英文の読み方・論理構成を学ぶ

175

「階段」はあくまで地球の劣化の説明をするための例です。つまり、最後の第6パラグラフより前の第1〜5パラグラフは、本題の話「地球環境の劣化」に話を持っていくまでの例示に相当します。したがって、階段が劣化する仕組みを長々書いてしまうと字数が足りなくなってしまいます。とはいえ、例だからといって全く階段に触れないというのはいただけません。あくまで主役である地球を引き立たせる役割として、一言触れる必要があると言えるでしょう。

　時折「要約の場合は例を読まなくてもいい」などという安直な方法論を耳にすることがあります。ところが、東大では2010年に「与えられた例にも触れながら」という文言が付されていたこともあります。**「例は飛ばす」などというのは、完全な俗説なのです。**

5 「推理ドラマ」のような「脱文挿入問題」で英文の論理構造を確認

「捨て問」にするにはもったいない 東大 1-B タイプの問題

　近年の東大入試では、空所部分に単語ではなく、適切な文を選んで埋めさせる問題《脱文挿入問題》が出題されています。これは言うなれば、文と文とのつながり（一般的に言う「文脈」「前後関係」）を問うものですが、解答にあたっては、パラグラフだけではなく、パラグラフを構成する文同士のつながりに目を向けるという英文読解の根本的姿勢ができているかが試される良問中の良問と言えるものです。

　残念なことに、実際の東大入試では試験時間の制約および配点に占める比重などの観点から受験生の間ではこの 1 － B タイプの問題を、いわゆる「捨て問」扱いすることが多いのですが、英語学習の教材という観点からは、あまりにもったいないと言わざるを得ません。

　ちなみに、あくまで入試問題を解くという観点から言えば、こうした東大 1 － B タイプの問題は、以下のような点がポイントになります。

---

① 選択肢および（　　）の前後の文に含まれる「指示語・代名詞」の確認・チェック　※「単数・複数の区別」にも留意

② 選択肢および（　　）の前後の文に含まれる Discourse Marker の確認

③ 選択肢および（　　）の前後の文とのつながり（抽象具体、言い換え、因果関係、対比 etc.)

④ 選択肢および（　　）の前後の文との情報構造的観点（旧情報、新情報）からのつながり

　これらのポイントは、何もこうした《脱文挿入問題》に限らず、すべてが英文その

ものを読む基本姿勢・留意すべき点と言えるものです。つまり、特殊な「解法テクニック」とされるようなものは一切関係なく、英語（特に論説文）を読む際の論理的思考ができているかを、このような形式で試されているに過ぎないのです。

まずは、以下の問題に取り組むことで、「文と文のつながり」を理解して読むという英文読解の基本姿勢が確立できているかを確認していただきたいと思います。

1 ★★★☆☆ 以下の英文を読み、①②の問いに答えよ。なお、文章中の linguistic という単語は「言語の」、linguist は「言語学者」を意味する。

1 ①Music is a universal language. ②Or so musicians like to claim. ③"With music," they'll say, "you can communicate across cultural and linguistic boundaries in ways that you can't with ordinary languages like English or French." ④On one level, this statement is obviously true. ⑤You don't have to speak French to enjoy a piece of music written by the French composer Claude Debussy. ⑥__(1)__ ⑦That depends on what you mean by "universal" and what you mean by "language."

2 ①Every human culture has music, just as each has language. ②So it's true that music is a universal feature of the human experience. ③At the same time, both music and language systems vary widely from culture to culture. ④Nevertheless, no matter how strange a foreign musical system may seem, studies show that people are pretty good at detecting the emotions conveyed in unfamiliar forms of music — that is, at least the two basic emotions of happiness and sadness. ⑤__(2)__ ⑥For example, higher pitch, more variations in pitch and rhythm, and faster

tempo convey happiness, while the opposite conveys sadness.

3 ①Perhaps, then, we are born with a musical sense. ②But language also has melody, which linguists call prosody. ③Exactly these same features — pitch, rhythm, and tempo — are used to convey emotion in speech in a way that appears to be universal across languages. ④Listen in on a conversation in French or Japanese or some other language you don't speak. ⑤You won't understand the content, but you will understand the shifting emotional states of the speakers. ⑥She's upset, and he's getting defensive. ⑦Now she's really angry, and he's backing off. ⑧He pleads with her, but she isn't convinced.... ⑨We understand this exchange in a foreign language because we know what it sounds like in our own language. ⑩Likewise, when we listen to a piece of music, either from our culture or from another, we recognize emotion on the basis of melodic features that mirror universal prosodic features. ⑪　(3)

4 ①But is music a kind of language? ②Again, we have to define our terms. ③　(4)　④Biologists talk about the "language of bees," which is a way to tell fellow bees about the location of a new source of food. ⑤People talk about the "language of flowers," through which they can express their intentions. ⑥Red roses mean... Pink carnations mean... White lilies mean ... ⑦And then there's "body language." ⑧By this we mean the gestures, movements, and facial expressions we use to convey emotions, social status, and so on. ⑨Although we often use body language when we speak, linguists don't consider it a true form of language. ⑩Instead, it's a communication system, just as are the

so-called languages of bees and flowers.

5 ①By definition, language is a communication system consisting of a set of meaningful symbols (words) and a set of rules (syntax) for combining those symbols into larger meaningful units (sentences). ②While many species have communication systems, none of these counts as language because they lack one or the other component. ③The alarm and food calls of many species consist of a set of meaningful symbols, but they don't combine those symbols productively according to rules. ④Likewise, bird song and whale song have rules for combining elements, but these elements aren't meaningful symbols. ⑤Only the song as a whole has (ア).

6 ①Like language, music has syntax — rules for ordering elements, such as notes, chords, and intervals, into complex structures. ② (5) ③Rather, it's the larger structure — the melody — that conveys emotional meaning. ④And it does that by mirroring the prosody of speech.

7 ①Since music and language share features in common, it's not surprising that many of the brain areas that process language also process music. ② (6) ③We tend to think that specific areas of the brain are tied exclusively to specific functions, but any complex behavior, whether language or music or driving a car, will recruit contributions from many different brain areas.

8 ①Music certainly isn't a universal language in the sense that you could use it to express any thought to any person on the planet. ②But music does have the power to evoke basic feelings

at the core of the shared human experience. ③It not only crosses cultures, but it also reaches deep into our evolutionary past. ④And in that sense, music truly is a universal language.

設問

1 空所（ア）に入れるのに最も適切な単語1語を同じページの本文中から抜き出し、その単語を記述解答用紙の1（B）に記入せよ。
（注：同じページとは**第4パラグラフ～第7パラグラフ③文 tied**）

2 空所（1）～（6）に入れるのに最も適切な文を以下のa）～h）より一つずつ選び、マークシートの（1）～（6）にその記号をマークせよ。ただし、同じ記号を複数回用いてはならない。

a) But is music really a universal language?

b) But is the opposite true, that is, is language a universal music?

c) But this doesn't mean that music is language.

d) In this sense, music really is a universal system for communicating emotion.

e) Specific features of music contribute to the expression of these emotions.

f) We, including scientists, often use "language" to mean "communication system."

g) We usually do not define "language," as "communication."

h) Yet none of these elements has significance on its own.

From *Is Music a Universal Language?*, *Psychology Today* by David Ludden

① Music is a universal language.　　音楽は世界共通の言語である。

② **Or so** musicians like to claim.　　（ともかくも）音楽家はそう主張したがる。

　②の Or so の so は「指示語」で、I think so. の so と同じ用法です。ということは、Or musicians like to claim <u>so</u>. となるべきところですが、so が旧情報により文頭に移動したものです。もちろん so = that music is a universal language です。

　続く③文では、①②文の内容をさらに詳しく展開しています。典型的な「抽象 → 具体」の展開となっています。

③ "**With music**," {they'll say}, "you can communicate across cultural
　 and linguistic boundaries (in ways that you can't {**with ordinary**
　 languages like English or French})."

　　　音楽家に言わせれば、「音楽を使えば、文化や言語の垣根を越えて、英語やフランス語のような普通の言語では不可能な方法で、コミュニケーションをとることができる。

　communicate across... 以下の内容は、まさしく a universal language の言い換えに相当します。また、With music と with ordinary languages も「対比」になっています。can't 以下は communicate の省略です。

　with music　⇔　**with ordinary languages**
　　　　対比「音楽は普遍的言語」→「音楽」には「国境はない」

④ On one level, this statement is obviously true.

　　　　ある面では、この発言は明らかに真実である。

　この On one level「あるレベルでは、ある面では」という語句については、《魚の眼》が必要になってきます。

　《魚の眼》「ある面では…正しい」→ 裏を返せば →「別の面ではそうとは限らない」→「100％鵜呑みにするのは好ましくない」という「譲歩」の展開が予測されます。

　this statement とはもちろん「音楽は、（言語と違って）universal」という内

容であることはよろしいかと思います。次の⑤文でその内容が具体化されています。

⑤ You don't have to speak French to enjoy a piece of music (written by the French composer Claude Debussy.)

> フランス語が話せなくても、フランスの作曲家クロード・ドビュッシーの曲を楽しむことは可能である。
>
> ※ don't have to V... to V ～ 「～するのに…する必要はない」
>
> → (左から訳し下ろして) 「…しなくても～できる」

という例を挙げていますが、先ほどの《魚の眼》からも、「音楽は（言語と違って）国境がない（普遍的）と言える」とは100%言えるのだろうか？という展開が予想されます。

　続く⑥文が、最初の空欄（1）に相当します。ここでは、直後の⑦文に「指示語」That が登場していることをまず押さえます。

⑥ 　　(1)

⑦ **That** depends on [what you mean by "universal"] and [what you mean by "language]."

> ⑥ 　　(1)
> ⑦ **それは**「普遍的」とはどういう意味か、および「言語」とはどういう意味であるかによって左右される。

　選択肢を見る前に、先ほどの《魚の眼》、および⑦文の指示語 That の内容（空欄に入れるべき選択肢の内容）を考えてみると、「音楽が普遍的であるという面は「ある面では」（= On one level）正しいと言えるが → それは「普遍的」および「言語」という語句の定義次第」ということから、候補は a) b) の二つに絞ることができます。

a) But is music really a universal language?

> しかし、音楽は本当に世界共通の言語であるか？

b) But is the opposite true, that is , is language a universal music?

> しかしその逆が真、つまり言語とは世界共通の音楽なのであろうか？

さらに、この a) b) がそれぞれ疑問文になっていることに注目します。

会話文ならともかく一般の論説文における疑問文とは、**「問題提起」**、わかりやすく言えば「筆者が取り上げたい内容を、読者に疑問を投げかける形で提示する形式」のものがほとんどです。別に筆者が本当にわからなくて、読者に答えを聞いているわけではありません。

つまり、「a) b) のどちらか？」という判断は、この後の展開を見なければ決まりません。

a) なら、後続は「音楽は本当に普遍的な言語と言えるかどうか」を検証する展開

b) なら、後続は「言語は本当に普遍的な音楽であるのか」を検証する展開

このどちらであるかを確認する必要があるわけです。

このことを念頭に置いて、続く第2パラグラフを見ていきましょう。

2パラ

① Every human culture has music, {just as each has language}.

すべての人間文化には、それぞれに言語があるように音楽がある。

② So it's true that music is a universal feature of the human experience.

それゆえ、音楽が人間の経験の普遍的な特徴であることは確かである。

③ {At the same time}, both music and language systems vary widely from culture to culture.

同時に、音楽体系も言語体系も文化によって大きく異なる。

※ vary from A to A「A によってまちまち」 A ＝無冠詞

④ **Nevertheless**, {no matter how <u>strange</u> a foreign musical system may seem ● }, studies show [that people are pretty good at detecting the emotions (conveyed in unfamiliar forms of music) — that is, at least the two basic emotions of <u>happiness and sadness</u>].

> にもかかわらず、外国の音楽体系がどれほど奇妙に思われようと、人々はなじみのない形式の音楽で伝えられる感情に気づくことができるということが研究により示されている。少なくとも嬉しさや悲しさといった二つの基本的感情に関してはそうである。

　さて、(1) の決定がまだですが、ここで空所 (2) が登場します。ここでは、後続の⑥文の冒頭に For example という Discourse Marker があることに注目します。つまり、(2) に入る文の具体例が⑥に相当します。

④ Nevertheless, {no matter how <u>strange</u> a foreign musical system may seem ● }, studies show [that people are pretty good at detecting the emotions (conveyed in unfamiliar forms of music) — $\boxed{\text{that}}$ is, at least the two basic emotions of <u>happiness and sadness</u>].

⑤　$\boxed{\quad (2) \quad}$ （抽象）
　　↓
⑥ $\boxed{\textbf{For example}}$, higher pitch, more variations in pitch and rhythm, and faster tempo convey <u>happiness</u>, while the opposite conveys <u>sadness</u>. （具体）

> 例えば、ピッチが高いほど、ピッチとリズムの変化が大きいほど、テンポが速いほど嬉しい気持ちは伝わり、一方でその反対の場合は悲しみが伝わる。

　⑥の内容から、(2) は「異なる音楽で異なる感情（この場合は「嬉しさ」と「悲しみ」）を伝えることが可能である」という内容が予測できます。しかも、この⑥文の内容は、(2) の直前の④文の内容をさらに発展させたものであることも見えてくるのではないでしょうか？

　これを念頭に置いて選択肢を見れば、自ずと候補は絞られてくるはずです。

$\longrightarrow$ e) Specific features of music contribute to the expression of these emotions.

> 音楽の明確な特徴がこうした感情を表すのに一役買う。

しかも、この選択肢の these emotions が直前④文の the two basic emotions of happiness and sadness に相当すると考えれば、すべてが整合します。

④ Nevertheless, ~ studies show [that people are pretty good at detecting the emotions (conveyed in unfamiliar forms of music) — that is, at least <u>the two basic emotions of happiness and sadness</u>].

⑤ ___(2)___ → e) <u>Specific features</u> of music contribute to the expression of <u>these emotions</u>.

⑥ |For example|, <u>higher pitch, more variations in pitch and rhythm, and faster tempo</u> convey <u>happiness</u>, while <u>the opposite</u> conveys <u>sadness</u>. → specific features の具体例

さて、(1) に入れるべき選択肢、つまり先ほど絞った「a) b) のどちらか？」の判断もすでに下せるのではないでしょうか？ 空欄 (1) に続くこの①～⑥までの文は、明らかに「言語」ではなく「音楽が本当に普遍的な言語であるかどうか」を検証する展開になっています。よって (1) に入れるべき正解選択肢は、b) ではなく a) But is music really a universal language?「しかし、音楽は本当に普遍的な言語であるか？」となります。

- -
《解答》 [2] (1) → a) But is music really a universal language?
　　　　　 (2) → e) Specific features of music contribute to the expression of these emotions.
- -

3 パラ

続く 3 パラには、パラグラフの最後に空所（3）が含まれています。

① Perhaps, then, we are born with a musical sense.

> そうなると、ひょっとすると我々は生まれながらに音楽的感覚をそなえているのかもしれない。

② **But** language **also** has melody, (which linguists call ● prosody).

> しかし言語にもまた音楽同様にメロディもあり、それを言語学者は韻律と呼んでいる。

③ Exactly these same features — pitch, rhythm, and tempo — are used to convey emotion in speech {in a way that appears to be universal across languages}.

> まさにこれらの同じ特徴、つまりピッチやリズム、テンポは、異言語間でも普遍的であるように思われる方法で、話し言葉においては感情を伝えるために使われる。

さて、この②③の内容「言語にも音楽同様の普遍性がある」ということから、この段落では「言語と音楽の共通点」が述べられるのではないか？という展開を予想（《魚の眼》）することができたでしょうか？

実際、続く④文以降では、フランス語と日本語、その他自分の話せない言語が例として挙げられ、音楽との共通性が述べられる展開になっています。

④ Listen in on a conversation in French or Japanese or some other language (you don't speak.)

> フランス語、日本語、または自分が話せない他の言語での会話に耳を傾けてみるとよい。

⑤ You won't understand the content, but you will understand the shifting emotional states of the speakers.

> 内容は理解できなくとも、話者の感情の起伏は理解できるはずである。

187

⑥ She's upset, and he's getting defensive.

　　女性は気分を害し、相手の男性は必死に弁解している。

⑦ Now she's really angry, and he's backing off.

　　今、女性は本当に怒っており、男性は非を認めている。

⑧ He pleads with her, but she isn't convinced....

　　男性は彼女に懇願するが、彼女は納得していない。

⑨ We understand this exchange in a foreign language because we
　　know [what it sounds like in our own language.]

　　我々がこうしたやり取りを外国語で聞いても理解できるのは、自分の母国語でもそう
　　したやり取りがどのように聞こえるかを知っているからである。

　　さて、続く⑩文冒頭の Likewise「同様に」は Similarly と同じく、「類似内容
の並列・追加」という展開が続くことを示す Discourse Marker です。ここから、
「言語が普遍的である」のと同様に「音楽も普遍的である」という文が続くのでは？
と予想するのが《魚の眼》です。実際⑩文では、まさしくそのような内容が述べられ
ています。

⑩ Likewise , {when we listen to a piece of music, either from our
　　culture or from another}, we recognize emotion on the basis of
　　melodic features (that mirror universal prosodic features.)

　　同様に 、自分の文化であるかどうかに関係なく、ある音楽を聴くとき、我々は普遍的
　　な韻律的な特徴を反映する旋律的な特徴に基づいて感情を認識する。
　　　→ 言語と同様に、異文化の音楽でも感情は伝わる。

　　さて、ここで（3）が登場します。この（3）はこの第3パラグラフの最終文に位置
することから、このパラグラフ全体のまとめのような位置づけになるだけでなく、後
続の第4パラグラフにもつながる内容でなければならないことも留意してください。

⑩ Likewise , {when we listen to a piece of music, either from our culture or from another}, we recognize emotion on the basis of melodic features (that mirror universal prosodic features.)

> 同様に 、自分の文化であるかどうかに関係なく、ある音楽を聴くとき、我々は普遍的な韻律的な特徴を反映する旋律的な特徴に基づいて感情を認識する。

> → 言語と同様に、異文化の音楽でも感情は伝わる。

⑪　　(3)

4 パラ

① **But** is music a kind of language?

> しかし、音楽は本当に言語なのだろうか？ → 問題提起

② Again, we have to define our terms.

> 繰り返しになるが、我々は用語を定義する必要がある。

いかがでしょうか？ まさに挟み撃ちとなっている（3）には、「音楽は普遍的なものである」という、先ほど（1）で入れた問題提起である a）の回答となる内容の選択肢が入ることが見えてくるはずです。

そうなると、自ずと以下の d）が最有力候補となるはずです。

→ d) **In this sense**, music really is a universal system for communicating emotion.

> この意味では、音楽は本当に感情を伝える普遍的体系である。

もう一つこの（d）を正解と判断するには、冒頭の In this sense「この意味では」が指す内容が直前⑩の内容を受けるものでなければなりません。

189

⑩ Likewise , {when we listen to a piece of music, either from our culture or from another}, we recognize emotion on the basis of melodic features (that mirror universal prosodic features.)

> 同様に、自分の文化であるかどうかに関係なく、ある音楽を聴くとき、我々は普遍的な韻律的な特徴を反映する旋律的な特徴に基づいて感情を認識する。

⬇

d) {**In this sense**}, music really is a universal system for communicating emotion.

> この意味（＝普遍的な特徴を反映する特徴に基づいて感情を認識する、という意味）においては、音楽は本当に感情を伝える普遍的体系である。

となり、指示対象の受ける部分として問題なく整合することがわかります。

（3）に入るのは（d）となります。

《解答》 2 (3) → d) In this sense, music really is a universal system for communicating emotion.

----

③ (4)

さて、この（4）は、直前文②に述べられている「用語の定義」、つまり「音楽」もしくは「言語」の定義が述べられている内容が来ることが予想できます。

「言語」の定義を述べている選択肢は f) と g) でこの二つが（4）の候補となります。

f) We, {including scientists}, often use "language" to mean "communication system."

> 科学者を含む我々が「言語」と言う場合は「コミュニケーションシステム」のことであることが多い。

g) We usually do not define "language," as "communication."

> 我々は通例「言語」を「コミュニケーション」とは定義しない。

どちらが正解となるかは、後続④文以降を見なければなりませんが、④文以降では language と communication system の例が挙げられています。

④ Biologists talk about the "language of bees," (which is a way to tell fellow bees about the location of a new source of food.)

生物学者は「ミツバチの言語」について語るが、それは、仲間のミツバチに新たな食料の在処を教える方法である。

⑤ People talk about the "language of flowers," (through which they can express their intentions.)

人々は「花言葉」を語り、それによって、自分たちの意図を表現できる。

⑥ Red roses mean... Pink carnations mean... White lilies mean...

赤いバラの花言葉は…ピンクのカーネーションの花言葉は…白いユリの花言葉は…

⑦ And then there's "body language."

さらにまた、「ボディーランゲージ」がある。

⑧ {By this} we mean the gestures, movements, and facial expressions (we use ● to convey emotions, social status, and so on.)

これは、身振り、動作、および顔の表情を使って様々な感情、社会的地位などを伝えることである。

⑨ {Although we often use body language when we speak}, linguists don't consider it a true form of language.

我々は話をする際ボディーランゲージを使うことが多いが、言語学者はそれを言語の本当の形態とは考えない。

⑩ Instead, it's a communication system, just as are the so-called languages of bees and flowers.

そうではなく、ボディーランゲージはいわゆるミツバチの言語や花言葉と同じように、コミュニケーションシステムである。

おわかりのように、④〜⑩まではすべて、「language とは communication system である」という展開になっています。したがって、(4) に入れるべき選択肢は g) We usually do not define "language," as "communication." 「我々は通例「言語」を「コミュニケーション」とは定義しない。」ではなく、f) We, {including scientists}, often use "language" to mean "communication system." 「科学者を含む我々が「言語」と言う場合は「コミュニケーションシステム」のことであることが多い。」となることがわかります。

- -

《解答》　②　(4) → f) We, including scientists, often use "language" to mean "communication system."

- -

5 パラ

　さて、このパラグラフには、「空所 (ア) に入れるのに最も適切な単語 1 語を同じページの本文中（**第 4 パラグラフ〜第 7 パラグラフ③文 tied**）から抜き出し、その単語を記述解答用紙の 1 (B) に記入せよ。」という設問があることを念頭に置いて読んでいくことにします。

① By definition, language is a communication system (consisting of a set of meaningful symbols (words) and a set of rules (syntax) for combining those symbols into larger meaningful units (sentences).)

　定義上、言語はコミュニケーションシステムであり、それは一連の意味のある記号（単語）と、その記号を組み合わせてより大きな意味のある単位（文）にするための一連のルール（統語法）で構成される。

　かいつまんで言えば、言語とは words および words を syntax に従って combine した sentences から構成されたものという意味です。

② {While many species have communication systems}, none of these counts as language {because they lack one or the other component}.

> 多くの種がコミュニケーションシステムを持っている一方で、これらのうちどれ一つとして言語と見なされないのは、そのどちらか一方が欠けているからである。
>
> ※ count as... 「…と見なされる」

ここで言う one or the other component とは 第①文の a set of meaningful symbols (words)（単語）と a set of rules (syntax)（統語法）です。

つまり、言語と言えるためには、「単語」と「統語法」の両方が必要であり、動物の場合には、そのどちらかが欠けているため、コミュニケーションができても、言語とは言えない、ということになるわけです。実際次の③④文で、そのことが説明されています。

③ The alarm and food calls of many species consist of a set of meaningful symbols, but they don't combine those symbols productively according to rules.

> 多くの種の持つ危険を知らせる合図と食べ物の在処を教える合図は、意味ある記号の組み合わせから成るが、規則に従って、そうした記号を結び付けて意味のあるものを作り出すということはない。

meaningful symbols はあっても、syntax が欠如している例です。

④ Likewise , bird song and whale song have rules for combining elements, but these elements aren't meaningful symbols.

> 同様に、鳥の歌とクジラの歌には要素を組み合わせるための規則があるが、これらの要素一つ一つは意味のある記号ではない。

⑤ Only the song as a whole has（ア）.

> 全体としての歌にのみ（ア）があるのである。

その答えとなる語句は、（第4パラグラフ〜第7パラグラフ③文 tied）に含まれ、また has の目的語であることから、（1語の）名詞となることがわかりますが、や

みくもにその部分から名詞を探すなどというのは感心しません。さて、直前④文では「bird song や whale song には、elements を組み合わせる syntax はあるが、elements 自体は meaningful symbols ではない」ということが述べられており、続くこの⑤文の Only the song as a whole has（ア）「全体としての歌だけが（ア）を持つ」という展開を見てみれば、

④ → （個々の）elements は meaningful symbols ではない
⑤ → 全体としての（as a whole）song にのみ（ア）がある

　自ずと（ア）に入れるべきなのは、「意味」という意味の単語であることが見えてくるのではないでしょうか？「意味」といえば、当然 meaning が考えられます。あとは該当部分（第 4 パラグラフ〜第 7 パラグラフ③文 tied）に meaning があれば解決です。ちなみに、4 パラ冒頭からこの文までには meaning はありませんので、次の 6 パラ以降から meaning（もしくはその類義語）を探すことになります。

6 パラ

① {Like language}, music has syntax — rules for ordering elements, {such as notes, chords, and intervals}, into complex structures.

> 言語と同様に、音楽にも統語法、つまり音符、和音、音程などの要素を複雑な構造に並べる規則がある。

　このパラグラフには、第②文に空所（5）があります。冒頭のこの①文では、音楽と言語の類似点、つまり、音楽にも言語同様 notes や chores などの elements を統合する syntax があるということが述べられています。この設問は、比較的容易に判断できると思いますが、h) Yet none of these elements has significance on its own.「しかし、こうした要素のどれも、それだけで意味を持つわけではない。」が正解となります。指示語 these を含む these elements に相当する部分は、①文の elements であることからも判断できますが、後続③文以降のつながりも確認しておきましょう。

① {Like language}, music has syntax — rules for ordering <u>elements</u>, {such as notes, chords, and intervals}, into complex structures.

↓

② 　(5)　 → h) Yet none of **these elements** has significance on its own.

　しかし、こうした要素のどれも、それだけで意味を持つわけではない。

③ Rather, **it's** the <u>larger</u> structure — the melody — **that** conveys emotional meaning.

　どちらかと言えば、感情的な意味を伝えるのは、（こうした要素ではなく）より大きな構造、つまりメロディである。

④ And it <u>does that</u> {by mirroring the prosody of speech}.

　そしてそれは、話し言葉の韻律を反映することによって行われるのである。

　③文は、It is (It's) ［名詞］ that V... 「V…するのは［名詞］である」という「強調構文」です。ここで言う the larger structure とは melody のことですが、larger が比較級であることから、比較対象が①文の notes, chords, and intervals といった elements から成る complex structures であることは明らかです。

　ということは、「こうした elements だけでは意味はない」という h）の内容は、「意味を伝えるのは（こうした elements が構成される構造よりも）大きな構造である melody である」という③文の内容と整合することがわかります。

　同時にこの時点で、先ほどの空所（ア）に入れるべき語句の候補である meaning が、③文 Rather, it's the <u>larger</u> structure — the melody — that conveys emotional **meaning**. として含まれていることから、（ア）の正解が meaning で確定することになります。

　ちなみに、(5) に入れるべき h）の選択肢 Yet none of these elements has significance on its own. 「しかし、こうした要素のどれも、それだけで意味を持つわけではない。」の significance も「意味」という意味ですが、この選択肢は設問文にある「同じページ（この場合は第４パラグラフ〜第７パラグラフ③文 tied）」の部分にはないので、significance は正解にはできないことになります。

☐7 パラ

さて、残る空所（6）は、このパラグラフの②文に相当します。

① {Since music and language share features in common}, it's not surprising [that many of the brain areas (that process language) also process music].

音楽と言語は共通の機能があるがゆえに、言語を処理する多くの脳領域が音楽も処理することは当然と言える。

この文も music と language の共通点（言語処理を行う脳の領域が音楽も処理する）を述べています。さて、（6）を挟んだ③文は以下のような内容になっています。

③ We tend to think [that specific areas of the brain are tied exclusively to specific functions], but any complex behavior, {whether language or music or driving a car}, will recruit contributions (from many different brain areas).

我々は脳の特定の領域はもっぱら特定の機能に結びついていると考えがちだが、なんであれ複雑な行動は、言語であれ音楽であれ車の運転であれ、多くの異なる脳領域が機能しているのである。

① 言語を処理する脳の部位が音楽も処理するのは当然である。

② ☐　（6）

③ 脳の特定の部位が特定の機能と結びつくと思いがちだが、実はそうではなく、複雑な行動は、言語であれ音楽であれ、異なる脳の部位が関係している。

196

①文で「同じ脳の部位が言語と音楽を処理する」と言った上で、③文では「複雑な行動は異なる脳の部位が処理する」という展開になっていることから、間の②文では、「言語と音楽は、完全に同じというわけではない」という内容が来なければならないことがわかります。残りの選択肢は以下の三つですが、その内容に近いもの、つまり正解は c) ということになります。

b) But is the opposite true, that is, is language a universal music?

　　しかしその逆が真、つまり言語とは世界共通の音楽なのであろうか？

c) But this doesn't mean that music is language.

　　しかし、だからといって音楽は言語であるということにはならない。

g) We usually do not define "language," as "communication."

　　我々は通例「言語」を「コミュニケーション」とは定義しない。

- -

《解答》　2　(6)　→ c) But this doesn't mean that music is language.

- -

8 パラ

　設問自体はすべて解答が出ましたが、残りの最終パラグラフも見ておきます。このパラグラフは、「音楽の普遍性」というこの文の出だしから一貫して述べられている内容のまとめとなっています。①②文では certainly... But 〜「確かに…だが〜」という譲歩の展開になっています。

① Music **certainly** isn't a universal language in the sense that you could use it to express any thought to any person on the planet.

　　確かに音楽は、それを使って地球上のあらゆる人にどんな考えでも表現できるという意味で世界共通の言語ではない。

② **But** music does have the power to <u>evoke</u> basic feelings {at the core of the shared human experience}.

> しかし、音楽には人間の経験の共通の中核をなすものとして基本的な感情を呼び起こす力がある。
>
> ※ evoke「…を喚起する」

③ It **not only** crosses cultures, **but** it also reaches deep into our evolutionary past.

> それ（音楽）はあらゆる文化の垣根を越えるというだけでなく、我々の進化の過去にまで深く及ぶ。

④ And {in that sense}, music truly is a universal language.

> その意味では、音楽は本当に世界共通言語である。

　この問題文では、終始「音楽」と「言語」という二つの比較、共通点と違いに触れる形の展開になっています。もちろん中心テーマは、「音楽の普遍性」ということですが、「言語」という誰もがおなじみのものと対照させることで、一層わかりやすい内容になっていると言えるでしょう。このように二つの項目（AとB）をA vs. Bで対照させて論を進めていく「**二項対立**」という展開は論説文では頻繁に用いられるもので、こうした論説文タイプの英文を読み解く一つのポイントであると言えるのです。

《解答》 [1] (ア) meaning
　　　　[2] (1) a　(2) e　(3) d　(4) f　(5) h　(6) c

　いかがでしょうか？ この東大の脱文挿入タイプの問題は、文と文の論理的つながり・パラグラフ構成を問うという実によくできた東大らしさ全開の良問です。英文の読み方を身につける上で、様々なことが学べる良問であることがおわかりいただけたのではないでしょうか？

　返す返すも配点の比重やら制限時間の問題等から、捨て問扱いにしてはいけない問題だと思います。

第 4 章

東大・京大が英文を通して
現代社会に問いかけること

果たして他人事か

ホームレスの排除をめぐって

今回は東大の第5問形式（総合問題）の問題を取り上げます。内容はまさしく現代社会の問題点に迫るものと言えるものです。設問と合わせ、じっくり取り組んでいただければと思います。

1 ★★☆☆☆　次の文章を読み、(A)〜(D) の問いに答えよ。

1　①Last year, there was great public protest against the use of "anti-homeless" spikes outside a London residential complex, not far from where I live. ②The spikes were sharp pieces of metal stuck in concrete to keep people from sitting or lying on the ground. ③Social media were filled with anger, a petition was signed, a sleep-in protest undertaken, and within a few days the spikes were removed. ④But the phenomenon of "defensive" or "hostile" architecture, as it is known, remains common.

2　①From bus-shelter seats that lean forward, to water sprinklers, hard tube-like rests, and park benches with solid dividers, urban spaces are aggressively (26) soft, human bodies.

3　①We see these measures all the time within our urban environments, whether in London or Tokyo, but we fail to grasp

(A)their true intent. ②I hardly noticed them before I became homeless in 2009. ③An economic crisis, a death in the family, a sudden divorce and an even more sudden mental breakdown were all it took for me to go from a more than decent income to being homeless in the space of a year. ④It was only then, when I started looking around my surroundings with the distinct purpose of (27) shelter, that the city's cruelty became clear.

4　①I learned to love London Underground's Circle Line back then. ②To others it was just a rather inefficient line on the subway network. ③To me — and many homeless people — it was a safe, dry, warm container, continually travelling sometimes above the surface, sometimes below, like a giant needle stitching London's center into place. ④Nobody bothered you or made you move. ⑤You were allowed to take your poverty on tour. ⑥But engineering work put a stop to that.

5　①Next was a bench in a smallish park just off a main road. ②It was an old, wooden bench, made smooth by thousands of sitters, underneath a tree with leaves so thick that only the most persistent rain could penetrate it. ③Sheltered and warm, this was prime property. ④Then, one morning, it was gone. ⑤In its place stood an uncomfortable metal perch, with three solid armrests. ⑥I felt such loss that day. ⑦The message was clear: I was not a member of the public, at least not of the public that is welcome here. ⑧I had to find somewhere else to go.

6　①There is a wider problem, too. ②These measures do not and cannot distinguish the homeless from others considered more

(28). ③When we make it impossible for the poor to rest their weary bodies at a bus shelter, we also make it impossible for the elderly, for the handicapped, for the pregnant woman who needs rest. ④By making the city less (29) of the human body, we make it less welcoming to all humans.

7   ①Hostile architecture is (30) on a number of levels, because it is not the product of accident or thoughtlessness, but a thought process. ②It is a sort of unkindness that is considered, designed, approved, funded and made real with the explicit motive to threaten and exclude.

8   ①Recently, as I walked into my local bakery, a homeless man (whom I had seen a few times before) asked whether I could get him something to eat. ②When I asked Ruth — one of the young women who work behind the counter — to put a couple of meat pies in a separate bag and (B)explained why, her remark was severe: ③"He probably makes more money than you from begging, you know," she said, coldly.

9   ①He probably didn't. ②Half his face was covered with sores. ③A blackened, badly injured toe stuck out of a hole in his ancient shoe. ④His left hand was covered in dry blood from some recent accident or fight. ⑤I pointed this out. ⑥Ruth was unmoved by my protest. ⑦"I don't care," she said. ⑧"They foul the green area. ⑨They're dangerous. Animals."

10   ①It's precisely this viewpoint that hostile architecture upholds: that the homeless are a different species altogether, inferior and responsible for their fall. ②Like pigeons to be chased

away, or urban foxes disturbing our sleep with their screams. ③"You should be ashamed," jumped in Libby, the older lady who works at the bakery. ④"(C)That is someone's son you're talking about."

11　①Poverty exists as a parallel, but separate, reality. ②City planners work very hard to keep it outside our field of vision. ③It is too miserable, too discouraging, too painful to look at someone sleeping in a doorway and think of him as "someone's son." ④It is easier to see him and only ask the question: "(31)How does his homelessness affect me?" ⑤So we cooperate with urban design and work very hard at not seeing, because we do not want to see. ⑥We silently agree to this apartheid.

12　①Defensive architecture keeps poverty unseen. ②It conceals any guilt about leading a comfortable life. ③It brutally reveals our attitude to poverty in general and homelessness in particular. ④It is the concrete, spiked expression of a collective lack of generosity of spirit.

13　①And, of course, it doesn't even achieve its basic goal of making us feel safer. ②(32)There is no way of locking others out that doesn't also lock us in. ③Making our urban environment hostile breeds hardness and isolation. ④It makes life a little uglier for all of us.

(A) 下線部（A）は具体的にどのような内容を表すか、日本語で述べよ。

(B) 下線部（B）で、語り手は具体的に何が何のためであったと説明したか、日本語で述べよ。

(C) 下線部（C）で言われていることを次のように言い換える場合、空所に入る最も適切な一語を前の本文中からそのまま形を変えずに選んで書きなさい。なお、空所（ 26 ）〜（ 30 ）の選択肢を書いてはならない。

The man you're talking about is no less (　　) than you are.

(D) (ア) 空所（ 26 ）〜（ 30 ）には単語が一つずつ入る。それぞれに文脈上最も適切な語を次のうちから一つずつ選べ。同じ記号を複数回用いてはならない。

a) accepting　　b) depriving　　c) deserving　　d) finding

e) forcing　　f) implying　　g) raising　　h) rejecting

i) revealing　　j) satisfying

(イ) 下線部（ 31 ）はどのような考えを表しているか、最も適切なものを一つ選べ。

a) Seeing this homeless person upsets me.

b) His homelessness has an impact on everyone.

c) I wonder how I can offer help to this homeless person.

d) This homeless person has no right to sleep in the doorway.

e) I wonder whether this homeless person has any relevance to my life at all.

(ウ) 下線部（ 32 ）はどのような考えを表しているか、最も適切なものを一つ選べ。

a) Defensive architecture harms us all.

b) Ignoring homelessness won't make it go away.

c) Restrictions on the homeless are for their own good.

d) Homeless people will always be visible whatever we do.

e) For security, we have to keep homeless people out of sight.

1パラ

①Last year, there was great public protest against the use of "anti-homeless" spikes {outside a London residential complex}, not far from [where I live]. ②The spikes were sharp pieces of metal stuck in concrete to keep people from sitting or lying on the ground. ③Social media were filled with anger, a petition was signed, a sleep-in protest undertaken, and within a few days the spikes were removed. ④But the phenomenon of "defensive" or "hostile" architecture, {as it is known}, remains common.

> ①昨年、私の自宅からほど近い住宅地でホームレス排除スパイクを使うことに対し、大きな抗議運動が起きた。②そのスパイクは人が地面に座ったり寝転がったりできないように、鋭利な金属をコンクリートに埋め込んだものであった。③SNS では炎上し、反対の署名運動が起こり、抗議の座り込みも行われた結果、数日以内にスパイクは撤去された。④だが、侵入者が入らないようにする、世に言う敵対的建造物は、昔からいくらでもある。

2パラ

①{**From** bus-shelter seats (that lean forward), **to** water sprinklers, hard tube-like rests, and park benches with solid dividers}, urban spaces are aggressively (26) soft, human bodies.

> ①前方に傾けてあるバス停のベンチに始まり、散水装置、パイプ状の細いベンチ、堅い仕切りのついた公園のベンチに至るまで、都市空間は攻撃的と言ってよいほど人間の柔らかい肉体を (26) している。

《設問》空所 (26)

これは実質語彙問題と言えますが、h) rejecting「…を拒む」が正解です。From... to ～の部分も含め、すべてが「人に優しくない」ものであることがわかります。

3パラ

①We see these measures all the time {within our urban environ-ments}, whether in London or Tokyo, **but** we fail to grasp (A)their true intent.

> ①ロンドンであれ東京であれ、都市部では常にこうした措置は見られるものであるが、我々はその真の意図を把握していない。

《設問》(A)　下線部（A）は具体的にどのような内容を表すか、日本語で述べよ。

まず、their true intent の their が何を指すのか考える必要があります。もちろん、複数名詞は these measures と urban environments の二つですが、後続②文の them からも these measures（こうした措置・対策）、すなわち「ホームレスを公共の場から排除しようとする意図で行われる対策」であることは明白です。

さらに③文では、筆者がホームレスに転落したいきさつが述べられ、空所（27）を含む④文へと続きます。

②I hardly noticed **them** before I became homeless in 2009. ③An economic crisis, a death in the family, a sudden divorce and an even more sudden mental breakdown were **all** (**it took** ● **for** me **to** go from a more than decent income to being homeless in the space of a year).

> ②2009年に自分がホームレスになるまで、そうした措置には目が留まらなかった。
> ③経済危機、家族の死、突然の離婚、さらに突然の精神疾患と、これだけで私はかなりの収入を得る身からたった一年でホームレスへと転落した。
> ※ It takes ～ for... to V「…が V するのに～を必要とする」

この all は「するすべて」→「だけ」に相当します。

⑳ **All** <u>you have to do</u> is to take care of the cat.

　君がしなければならないすべてのことは猫の面倒を見ること。

　→　猫の面倒を見てくれるだけでいい。

　つまり、A be all it takes for... to V で「A は…が V するのに必要なものすべて → A だけで…は V する」という意味になります。

④**It was** only then, {when I started looking around my surroundings with the distinct purpose of (27) shelter}, **that** the city's cruelty became clear.

　④その時、つまり雨露をしのぐ場所を見つけるという明確な目的を持って周囲を眺めるようになって初めて、都市の残酷さがはっきりわかったのである。

　　※ It is only... that SV ～「…して初めて SV ～する」

《設問》空所（27）

　まず（27）ですが、目的語の shelter から「雨露をしのぐ場所」を「見つける・探す」という系統の語句が求められることは明白となり、正解は d) finding となります。同時に、この④文は、②文「ホームレスになって初めてそうした措置に気がついた」の言い換えとなっていることがわかります。「そうした措置」とは、先ほど触れたように「ホームレスの人々を公共の場から締め出そうとする措置」のことです。以上のことから、（A）の their true intent（こうした措置の真の意図）とは、the city's cruelty のことであり、それはとりもなおさず ①「実際ホームレスにならなければ気がつかないこと」、つまり「ホームレス以外の人々にはそうと気づかれないような仕組みになっていること」であることも見えてくるはずです。したがって解答としては、その二点を盛り込み、以下のようになります。

- - - - - - - -

《解答例》（A）公共の場からホームレスの人々を排除すると同時に、そうした目的を一般の人にはわからないようにする意図。／（27）d

- - - - - - - -

①I learned to love London Underground's Circle Line back then. ②{**To others**} it was just a rather inefficient line on the subway network. ③{**To me — and many homeless people —**} it was a safe, dry, warm container, continually travelling {sometimes above the surface, sometimes below, like a giant needle (stitching London's center into place)}. ④Nobody bothered you or made you move. ⑤You were allowed to take your poverty on tour. ⑥But engineering work put a stop to that.

> ①当時、ロンドンの地下鉄環状線がお気に入りだった。②③人によっては地下鉄路線の中ではどちらかと言えば使い勝手が良くない路線だっただろうが、私や多くのホームレスにとっては、この路線は安全で、雨露をしのぐことができ、暖を取ることができる場であり、時に地上、時に地下を縫うように走る、ロンドンの中心部を縫う巨大な針だった。④迷惑をかけるようなものも、こちらをどかそうとするものもいなかった。⑤貧しいままの格好で乗っても文句は言われなかった。⑥しかし、工事のせいでそうした状況には終止符が打たれてしまった。

①Next was a bench in a smallish park just off a main road. ②It was an old, wooden bench, made smooth by thousands of sitters, underneath a tree (with leaves so thick that only the most persistent rain could penetrate it). ③{Sheltered and warm}, this was prime property. ④Then, one morning, it was gone. ⑤{In its place} stood an uncomfortable metal perch, with three solid armrests. ⑥I felt such loss that day. ⑦The message was clear: I was not a member of the public, at least not of the public (that is welcome here). ⑧I had to find somewhere else to go.

> ①今度は、幹線道路から少し離れた小さな公園のベンチだった。②それは古い木製ベンチで、何千人もの人が座ったことですべすべになっており、葉が厚く生い茂る木の下にあるため、よほど酷い雨でもない限り濡れることもなかった。③雨も吹き込まず、寒さもしのげる、ここは特等地だった。④それが、ある朝いきなりなくなっていた。⑤代

わりにあったのは、座り心地の悪い金属製の椅子で、堅い肘掛けが三箇所についていた。⑥その日の喪失感は半端なものではなかった。⑦そこに込められたメッセージはっきりしている。「私はこの社会の一員ではない、少なくともここでは招かれざる客だ。」⑧別の場所を探すしかなかった。

6 パラ

①There is a wider problem, too. ②These measures do not and cannot distinguish the homeless from others considered more (28). ③{When we make it impossible for the poor to rest their weary bodies at a bus shelter}, we also make it impossible for the elderly, for the handicapped, for the pregnant woman who needs rest. ④{By making the city less (29) of the human body}, we make it less welcoming to all humans.

①もっと大きな問題もあった。②こうした措置はホームレスと、（ホームレスよりも）(28) と考えられている他の人を一緒くたにしている。③バス停で、ホームレスが疲れた体を休めることができないようにすれば、高齢者、障がい者、休憩が必要な妊婦も同様である。④都市が人の体を (29) することで、すべての人間を受け入れにくくするのである。

《設問》空所 (28) (29)

空所 (28)「こうした措置はホームレス」と「より (28) と考えられている人々を区別しない」ということから、次文以降を見ていくと、こうした人々が the elderly, the handicapped, the pregnant women（高齢者、障がい者、妊婦）に相当することがわかります。つまり「高齢者」「障がい者」「妊娠している女性」など、（ホームレスよりも）(28) と考えられている人々も、ホームレス同様こうした措置がなされる対象になってしまう、ということから、選択肢を検討すれば、c) deserving（ふさわしい）(→ deserve「…を受ける価値がある」) が正解と判断できます。

続いて (29) は、(26) と同じように less (29) of the human body で「人体

209

に優しくない」という意味系統になります。一瞬、先ほどと同じ rejecting と思われたかもしれませんが、同じ選択肢は複数回選べないという条件があるのに加え、ここでは less に注目します。つまり less（29）≒ rejecting となればよいわけです。また、同じ less を伴う less welcoming も合わせ考えれば、a）の accepting（accept「受け入れる」）が正解という判断は下せるでしょう。

- -

《解答》（28）c　　（29）a

- -

7 パラ

① Hostile architecture is （ 30 ） on a number of levels, because it is not the product of accident or thoughtlessness, but a thought process. ② It is a sort of unkindness (that is considered, designed, approved, funded and made real {with the explicit motive to threaten and exclude}).

① 敵対的建築物が様々な面で（ 30 ）であるのは、それは偶然や配慮にかけたためではなく、考えられた結果のものだからである。② それは、脅して排除しようというあからさまな意図を持って考案され、設計され、承認され、予算が認められ、実現するに至った不親切そのものである。

《設問》空所（30）

ここは他の空所と比べて、やや判断に苦労する部分かもしれませんが because 以下、および後続②文以降を見ると、「数々のレベルで、敵意ある建造物」を見ていると「色々なことが見えてくる、明らかになる」という i) revealing（→ reveal「…を明らかにする、暴露する」）が正解となります。

- -

《解答》（30）i

- -

8 パラ

①Recently, {as I walked into my local bakery}, a homeless man (whom I had seen a few times before) asked [whether I could get him something to eat]. ②{When I asked Ruth — one of the young women (who work behind the counter) — to put a couple of meat pies in a separate bag and (B)explained why}, her remark was severe: ③"He probably makes more money than you from begging, you know," she said, coldly.

①最近、近所のパン屋に行った時、以前何度か見かけたホームレスの男性が何か食べものを恵んでくれないかと言った。②カウンターの向こうにいた若い女性店員のRuth に、ミートパイを二つ、別々の袋に包んでくれるよう頼み、その理由を説明した時の彼女の返事は辛辣なものだった。③「この人、物乞いで下手すりゃあなたよりも実入りがいいわよ。」と彼女は冷たく言い放った。

《設問》(B) 下線部 (B) で、語り手は具体的に何が何のためであったと説明したか、日本語で述べよ。

説明を求められている部分は**「何が」**と**「何のためか」**の二つです。まず「何が」の部分は「ミートパイを別の袋に包むこと」、なぜかは「自分用とこのホームレス用に分けるため」。つまりこのホームレスの男性に恵んでやるためとなります。

- -

《解答例》(B) 二つのミートパイを別々の袋に入れてもらいたいのは、一つをホームレスの男性に恵んであげるためであるということ。

- -

9 パラ

①He probably didn't. ②Half his face was covered with sores. ③A blackened, badly injured toe stuck out of a hole in his ancient shoe. ④His left hand was covered in dry blood from some recent accident or fight. ⑤I pointed this out. ⑥Ruth was unmoved by my protest. ⑦"I don't care," she said. ⑧"They foul the green area. ⑨They're dangerous. Animals."

①そんなはずはないであろう。②③顔の半分は傷だらけで、黒ずみ酷く怪我をしたつま先がぼろぼろの靴の先から覗いている。④左手には恐らく最近の事故か喧嘩でできた傷のかさぶたがあった。⑤⑥そのことを指摘したが、Ruth はまるでお構いなしであった。⑦⑧⑨「知ったことですか。この人たちのせいで、きれいな街が汚れるわ。危険な有害獣と変わらないわよ。」

※① He probably didn't (make more money than I from begging).

10 パラ

①It's precisely this viewpoint that hostile architecture upholds: that the homeless are a different species altogether, inferior and responsible for their fall. ②Like pigeons (to be chased away), or urban foxes (disturbing our sleep with their screams). ③"You should be ashamed," jumped in Libby, the older lady (who works at the bakery). ④"(C)That is someone's son (you're talking about)."

①敵意に満ちた建築物が示すのは、まさにこうした考え方である。ホームレスの連中は、自分たちとは全く別の動物である。自分たちより下等で、そうなったのも自業自得。②追い払われる鳩や、雄叫びで眠りを妨げるキツネのようなものだ。③「あんた、恥を知りなさいよ。」とさすがに口を挟んだのは同じパン屋で働く年配の女性 Libby である。④「あんたが言っている人だって、人の子じゃないか。」

※① It is... that SV ● 強調構文「SV するのは…だ」

《設問》(C) 下線部 (C) で言われていることを次のように言い換える場合、空所に入る最も適切な一語を前の本文中からそのまま形を変えずに選んで書きなさい。なお、空所 (26) ～ (30) の選択肢を書いてはならない。

The man you're talking about is no less (　　) than you are.

言い換え文で使われている no less (　　) than ～は「～同様 (　　) だ」という意味で、「あんたが今話しているのは、あんた同様 (　　) なんだよ。」となります。直前文の different species や pigeons や foxes の例えでもわかるように、この台詞はホームレスを人間扱いしていない Ruth への反論です。(　　) に入る語

は、「あんた同様→（血の通った、生身の）人間)」という意味が要求されることは明白です。あとは本文中からそのまま形を変えずにという条件から探せば、(26)や(29)の後続の human bodies の human が見つかります（なお human は通常「形容詞」で、「人間」という名詞の場合には a human もしくは humans で用いられます。第6パラグラフに humans という複数形の名詞がありますが、ここでは The (man) が主語であることから、humans という複数名詞ではなく、形容詞である human が正解となります)。

　ちなみに下線部分 "That is someone's son (you're talking about)." では関係代名詞の省略が見られますが、先行詞は someone's son ではなく、That (man) です。「君が話しているその人は、誰かの子供だよ。」という意味になります。

⑳ That's a nice tie (you are wearing).

　　君がしているそのネクタイは素敵だ。→ かっこいいネクタイしているね。
　　(That's → That (tie) is)

《解答》　(C)　human

----

11 パラ

①Poverty exists as a parallel, but separate, reality. ②City planners work very hard to keep it outside our field of vision. ③It is too miserable, too discouraging, too painful to look at someone sleeping in a doorway and think of him as "someone's son." ④It is easier to see him and only ask the question: "(31)How does his homelessness affect me?" ⑤So we cooperate with urban design and work very hard at not seeing, because we do not want to see. ⑥We silently agree to this apartheid.

　　①貧困は現実世界と並行して存在しているが、別の世界の現実でもある。②都市計画を立てる場合には、貧困を目に見えないようにすることに全力を傾ける。③誰かが路上で寝ているのを見たり、人の子であるなどと考えるのは、あまりにも惨めだし、気

持ちが萎え、苦痛でもある。④ホームレスを見かけても、ただ「この人は私にどういう影響があるだろうか」と考える方が楽である。⑤だから、我々は都市計画に協力し見て見ぬふりをするのは、見たくないからだ。⑥我々はこの種の差別を黙認している。

※③ It → to look 以下を指す仮主語（too... to ではないことに注意）

《設問》（イ）　下線部（31）はどのような考えを表しているか。最も適切なものを一つ選べ。

  a) Seeing this homeless person upsets me.
  b) His homelessness has an impact on everyone.
  c) I wonder how I can offer help to this homeless person.
  d) This homeless person has no right to sleep in the doorway.
  e) I wonder whether this homeless person has any relevance to my life at all.

この部分は、いわゆる修辞的疑問文（古文でいう反語）です。「ホームレスが自分にどう影響するというのか → 影響などないではないか」ということになり、正解が e) I wonder [whether this homeless person has any relevance to my life at all]. 「こうしたホームレスの人がそもそも私の生活と何かかかわりがあるのだろうか。」であることは、③文以降で述べられている「ホームレスの現状を見ようとしない」ことからも判断できるでしょう。

- -

《解答》（イ）　e

- -

12 パラ

①Defensive architecture keeps poverty unseen. ②It conceals any guilt (about leading a comfortable life). ③It brutally reveals our attitude to poverty in general and homelessness in particular. ④It is the concrete, spiked expression of a collective lack of generosity of spirit.

①そういう建築により、貧困は目に入らないようになっている。②③それは、自分たちだけが不自由のない暮らしをしているという後ろめたさも覆い隠す一方で、貧困全般、

特にホームレスに対する我々の態度を赤裸々にしている。④それは、コンクリートと突き出した金属を用いた、我々全体に寛容な精神が欠落していることを表す象徴である。

13 パラ

①And, of course, it doesn't even achieve its basic goal of making us feel safer. ②(32)There is no way of locking others out that doesn't also lock us in. ③Making our urban environment hostile breeds hardness and isolation. ④It makes life a little uglier for all of us.

①そしてもちろん、こうした建築によって、我々の安心感が高まるという基本的な目標すら達成されることはない。②他者を排除すれば、我々は封じ込められてしまう。③④都市環境を冷酷にすることで、冷酷さと孤立が増し、生きることが我々全員に醜いものとなっていく。

《設問》（ウ）　下線部（32）はどのような考えを表しているか、最も適切なものを一つ選べ。

a) Defensive architecture harms us all.
b) Ignoring homelessness won't make it go away.
c) Restrictions on the homeless are for their own good.
d) Homeless people will always be visible whatever we do.
e) For security, we have to keep homeless people out of sight.

下線部 There is no way of locking others out (**that** doesn't also lock us in). の that は関係代名詞で、先行詞は way です。no と doesn't の not で二重否定になり、「others を排除（lock out）するいかなる方法も、同様にまた我々を lock in（封じ込める）ことになる」という意味で、「結局そうした建築物の影響は、排除を目的としたホームレスだけではなく、（それ以外の）我々にも及ぶ」（他人事ではない）ということになり、正解は a) Defensive architecture harms us all.「そうした建造物の害は我々全員に及ぶ。」となります。

- -

《解答》（ウ）　a

- -

現実問題として、東大受験生の場合、教育に十分なお金をかけられる裕福な家庭の出身である比率は非常に高く、また卒業生の大多数も、就職市場では引く手あまた、将来安泰で、ホームレス生活など別世界のことだと思う方がほとんどかと思われます。しかし今の時代、実は大学院卒などの高学歴でありながら定職に就けない高学歴ワーキングプアと呼ばれる層が一定数存在し、例えば起業に失敗し一気に転落してしまうというようなことが現実に起こり得る話となっています。ホームレス、貧しい人＝努力を怠っていた人、怠け者などという単純な図式は通用せず、本文の all it took... のくだり（p.206）にもあるように、一寸先は闇、明日は我が身でもあるわけです。

　このような事実に目をつぶり、自分たちとは異なる（と勝手に線引き、差別する）人々を排除すればよい、くさいものには蓋という姿勢を根本的に考え直してほしいということを、この英文の出題を通して東大が受験生に訴えかけているのではないでしょうか？　こういった話はまさに入学式や卒業式で送る訓示のような内容かもしれませんが、偉い人がこんな話をしても耳に入ってこなくても、真剣勝負の入試本番なら真剣に読まざるを得ず、効果が高いような気がします。

2
「捨て問」にするにはもったいない文法語法問題
東大がやっと超えた「二割の壁」とは?

　以下の問題は、東大では近年 4 − A として定番化した「下線部から間違いを含む部分を選べ」という形式の問題です。

　問われていることは、東大の他の設問形式同様、あくまで文法の基本事項の正確な理解と内容把握なのですが、現実には基本事項とはいえ、じっくり考えないと正解が出しにくいもの（要するに難問）が多い割に配点が比較的低いであろうということに加え、試験時間全体との兼ね合いから、この問題を本番の最後に回す受験戦略がとられることが多いようです。五問中二、三個できれば御の字と考えている東大受験生も多く、実際それで合格している人も見かけるのですが、受験戦略はともかく、ハイレベルでありながら、きちんと取り組むことで基本事項の理解度を見直しブラッシュアップできて、学べる部分が多いという、いかにも東大らしい問題であるだけに、読者の皆さんには是非じっくり取り組んでいただきたい良問です。間違いの記号だけではなく、どこが間違いで、どう修正すればいいのかを考えて取り組むことをお勧めします。紙面の関係上、今回取り上げるのは一部ですが、かなり難易度の高いものです。

19年・東大

1　★★★★☆　下線部から間違いを含む部分を選べ。

①Agnesi found a special appeal in mathematics. ②Most knowledge (acquired from experience), {she believed}, is prone to error and open to dispute. ③From mathematics, however, (a) come truths that are wholly certain. ④ (b) Published in two volumes in 1748, Agnesi's work was titled the Basic Principles of Analysis. ⑤It was composed not in Latin, (c) <u>as was the custom for</u> great mathematicians such as Newton and Euler, but in Italian, to (d) <u>make it more accessible to</u> students. ⑥Agnesi's textbook was praised in 1749 by the French Academy: "It took much skill and good judgment to (e) <u>reduce almost uniform methods to</u> discoveries scattered among the works of many mathematicians very different from each other."

　おわかりでしょうか？　下線部を漫然と見ているだけではぴんとこないと思われます。ここはかなり難易度の高い部分なのですが、逆におわかりになった方は英語の構造の理解に加え、内容の理解が正確にできていると言えるでしょう。

　(e) に注目してください。動詞 reduce は、reduce A to B で「A を B に還元する、まとめる」という意味になります。下線部は、reduce A to B の形をとっており、一見何の問題もないように見えます。しかし、A と B には本来どのような意味の語句が来るのでしょうか？

　もともと reduce の意味は「…を減じる、減らす」ですが、reduce A to B ということは、A（＝重いもの）、B（＝軽いもの）、もしくは A（＝多いもの）、B（＝少ないもの）、つまり A to B は、大 → 小の関係になるはずです。

　ところがこの部分では、このままですと、A = almost uniform methods「普遍的手法」、B が discoveries 以下「多くの数学者の間に点在する（バラバラになっている）数々の発見」になりますが、それでは両者の関係が逆になってしまうことにお気づきでしょうか？

"It took much skill and good judgment to (e)<u>reduce almost uniform methods to</u> discoveries (scattered among the works of many mathematicians very different from each other)."

A　to　B

「バラバラの発見」を「普遍的手法」に還元する → つまり、「一般化する」という意味にするには、AとBを入れ替える必要があります。ただここでは、なるべく元の英文の構造をいじらずに最小限の移動で修正する形を紹介します。

$\longrightarrow$ "It took much skill and good judgment to (e)**reduce ● {to almost uniform methods}** discoveries (scattered among the works of many mathematicians very different from each other)."

つまり、reduce A to B の A（reduce の目的語）を後ろに回し、→ reduce（to B）A とすれば、語順の変更は最小限で済みます。

実は、この伏線とも言える問題が、東大の「11年／4−B」、同じく不要語指摘で出題されています。

cf. Science sometimes simplifies things by producing theories that **reduce** to the same law phenomena previously considered were unrelated ― thus clarifying our understanding of the apparent complexity of the universe.

> 科学は時に物事を単純化することがあるが、それは、以前は無関係であると考えられていた現象を同じ法則に還元する理論を生み出すことによる。

$\longrightarrow$ Science sometimes simplifies things by producing theories (that reduce ● {to the same law} phenomena (previously considered ~~were~~ unrelated) ―

この問題の不要語は were なのですが、ここでも reduce A to B が reduce（to B）A となっています。「以前は無関係だと考えられていた（数々の）現象」が A、「それを B（＝同じ法則）にまとめる、還元する」という関係です。

このように reduce の目的語である A が to B の後ろに後置されるのは、p.61 で触れた**他動詞 {前置詞＋名詞} 名詞**のパターンになるわけです。

《解答》 e → reduce to almost uniform methods discoveries　とする。

他の下線部分にも触れておきます。

③ From mathematics, however , (a)come truths (that are wholly certain).

　ここは、第2章 p.45 でも取り上げた、情報構造による「前置詞＋名詞」＋ VS の倒置です。From mathematics の mathematics が旧情報であることは明らかです。したがって、come の後ろの truths は主語に相当します。

④ (b){Published in two volumes in 1748}, Agnesi's work was titled the Basic Principles of Analysis.

　下線部は、過去分詞で始まる分詞構文で、主語が Agnesi's work であることから、「出版される」という受身です。in two volumes の in は「二巻で → 二巻という形で」という形状の in と呼ばれるもので、sit in a circle「車座になって座る」、travel in groups「団体旅行をする」というように使われます。

⑤ It was composed not in Latin, {(c)as was the custom for great mathematicians such as Newton and Euler}, but in Italian, to (d) make it more accessible to students.

　(c) の as は直後に was が続いており、as が関係代名詞のように働く用法（疑似関係詞）です。

⑩ She regrets that she married too soon, and was unable to finish high school, **as** was the tradition of the time.
　　彼女はそれが当時の伝統だったとはいえ、結婚が早過ぎて高校を卒業できなかったことを悔やんでいる。

　(d) make it accessible は make OC の第五文型で、it は Agnesi's work を指します。問題はありません。

19年・東大（①の続き）

2　★★★★☆　下線部から間違いを含む部分を選べ。

① (a)A passionate advocate for the education of women and the poor, Agnesi believed that the natural sciences and math should play an important role in an educational curriculum. ②As a person of deep religious faith, however, she also believed that scientific and mathematical studies must be (b)viewed in the larger context of God's plan for creation. ③When her father died in 1752, she was free to answer a religious calling and devote the rest of her life to her other great passion: service to the poor. ④Although few remember Agnesi today, her pioneering role in the history of mathematics serves as (c)an inspiring story of triumph over gender stereotypes. ⑤She helped to clear a path for women in math (d)for generations to follow. ⑥Agnesi excelled at math, but she also loved it, perceiving (e)in its mastery of an opportunity to serve both her fellow human beings and a higher order.

この問題も、実は ①と同じことが問われているのですが、どこを直せばよいかおわかりでしょうか？

下線部（e）の前の perceiving は ing を伴っていますが基本的には他動詞なので、its mastery を目的語と考え、前置詞 in が不要として、（e）を選んだ方がいるのではないでしょうか？ 入試本番でも同じように考えて正解だった受験生もいたのではないかと思われますが、それは「当たった」のであって、できたとは言えません。

あらためて下線部（e）に目をやると、in its mastery の直後に of が使われています。一般的に他動詞の名詞形が of を伴う場合、その名詞はもともとの他動詞の目的語に相当します（このような of を目的関係と呼ぶこともあります）。

例 the discovery of the bone of the dinosaur
その恐竜の骨**を**発見したこと → 骨**が**発見されたこと

ここでの of の前は mastery という他動詞 master「（技能として）…を習得する」の名詞形です。そうなると、of 以下 an opportunity は master の目的語に相当するはずですが、「…する機会を（技能として）習得する」？？？は明らかに違和感があります。つまり、「動詞と目的語の関係」が成立しないことから、この of の必要性に疑問が浮かんだかどうかが分岐点です。

さらに、its mastery の its は何を指すのでしょうか？ 単数形のものを指すことからも、直前の loved it の it、つまり math と考えることができます。実は、代名詞の所有格にも他動詞の目的語の関係を表すケースがあります。

例 He came to **her rescue**.
彼は彼女の救出にやって来た。→ 彼女を救いに来た。（rescue her の関係）

ここでも it が「数学」なら、its mastery で「数学をマスターする、モノにすること」は問題なく成立します。

結局、下線部はこの of を消去した形が正解になります。of を消去することで、an opportunity 以下は perceiving の目的語となります。つまり ①と同様に他動詞＋{前置詞＋名詞}＋名詞（＝ O）のパターンになるわけです。

→ Agnesi excelled at math, |but| she |also| loved it, perceiving (e) {in its mastery} ~~of~~ an opportunity to serve both her fellow human beings and a higher order.

アグネーシは数学が得意であったが、同時に数学好きであり、数学を習得することの中に、仲間の人間および、より高次元の世界に奉仕する機会を認識していた → 数学を習得することこそ、仲間の人間および、より高次元の世界に奉仕する機会であると認識していたのである。

※ perceive { in A } B =「A の中に B を認識する」→「A を B と認識する」

(類例) They found a true friend in him.
彼らは、彼の中に真の友を見い出した。→ 彼を真の友だと思った。

《解答》 e → in its mastery an opportunity　とする。

他の下線部分にも触れておきましょう。

① (a) は分詞構文の Being 省略に相当します。

(Being) (a)a passionate advocate for the education of women and the poor, Agnesi believed...

② ... be (b) viewed in the larger context of God's plan for creation.

「神の天地創造計画というもっと大きな状況の元で見られる」という受身形で、問題はありません。

④ (c) an inspiring story of triumph over gender stereotypes.

ジェンダーの固定観念に対する勝利という、感動的な物語

triumph over... で「…に対する勝利」となります。

⑤ (d) <u>for generations (to follow).</u>

その後何世代もの

to follow は generations を修飾する用法です。「これから続く数世代の間 → 今後数世代の間」

《**訳例**》①女性と貧しい人々の教育を熱心に支持していたアグネーシは、自然科学と数学が教育課程において重要な役割を果たすべきだと信じていた。②しかしながら、彼女は深い宗教的信仰を持つ者として、科学的および数学的研究は神の創造計画という、さらに大きな状況で見られなければならないとも信じていた。③父親を1752年に失った時、彼女は自由に宗教的使命に応え、残りの生涯を彼女の別の大きな情熱である貧しい人々への奉仕に捧げることができた。④今日ではアグネーシのことを記憶している人はほとんどいないが、数学史における彼女の先駆的な役割は、ジェンダーの固定観念に対する勝利という、感動的な物語の役目を果たしている。⑤彼女はその後数世代にわたり、数学における女性の道を切り開くのに貢献した。⑥アグネーシは数学が得意であっただけでなく、数学が大好きで、数学を習得することこそが人類および高次元の世界の両方に奉仕する機会であると認識していた。

東大がなかなか超えられなかった「二割の壁とは」？

2014年、数学のノーベル賞とも言われるフィールズ賞で、女性初の受賞者が登場したことが話題になりましたが、この英文は今から300年近く前のイタリア（フィールズ賞は1936年制定なので、当時はまだありません）で、特に数学教育に貢献した女性の話です。現在と比べれば女性の社会進出に対する理解がほとんどなかったと言える時代であり、しかも当時は女性には不向きとされていた理系分野、数学の世界で才能を発揮した、言わば「リケジョ」の先駆者とも言える女性の話です。

ところで、東大は近年女子学生の入学者を増やそうと力を入れています。とはいえ入試で女子枠を設けるというような優遇措置を取るわけではないので、あくまで実力で東大入試を突破する必要があるわけですが、女子学生の家賃補助をしたりしています（これには賛否両論あるようですが）。「20年までに女子学生の比率三割」を目標

として掲げたようですが、現実には二割を下回る状況が続き、20年代になってようやく二割の壁を超えたことがニュースになりました。

　なぜ東大はこれほどまでに女子学生の比率を高めようとするのでしょうか。

　いわゆる世界大学ランキング上位とされる大学、ハーバード大、ケンブリッジ大、北京大、シンガポール国立大、ソウル大などの男女比はほぼ半々、5：5であるのに対し、東大をはじめ日本の大学がかなり遅れをとっている状況であることは否めません。また東大ではありませんが、一部の私立大学の医学部で、長年女子受験生を意図的に合格しにくくするような操作が行われていたことが発覚したのは、記憶に新しいところです。しかも大多数を占める男子学生においても、東京を中心とした首都圏および特定の進学校出身者が年々増加し、女子学生のみならず地方出身者が減少しています。

　こうした現状は、この多様性が重視される時代に価値観の単一化につながるばかりか、物事を多角的に見ることを阻害することとなり、新たな創造性を育む方向性と逆行するのではないかと懸念されます。グローバル化が推進される中、東大が世界の大学に遅れをとらないために、まず手をつけるべきところから、というような背景があるのではないでしょうか。

科学の探究に必要な姿勢を訴える
東大・京大の問題

いささか (定番とも言える) ベタなテーマですが、東大でも京大でも似たようなテーマを出していることに注目です。

1　★★☆☆☆　下線部を和訳せよ。

①Everyone has become increasingly aware of the power of applied science to affect our lives. ②Sad to say, two great wars played a major part in this enlightenment, and perhaps in consequence, some people fear the destructive powers of science more than they appreciate its beneficent gifts. ③But most will recognize that our own choice decides what use we make of our control over nature, and <u>what any one of us thinks the balance will be depends chiefly upon whether he expects good or evil to prevail in the world generally.</u> ④In the last resort I believe the majority of people expect, on the whole, good to flow from the use of knowledge.

①Everyone has become increasingly aware of the power (of applied science) to affect our lives. ②{Sad to say}, two great wars played a major part in this enlightenment, and perhaps {in consequence}, some people fear the destructive powers of science more than they appreciate its beneficent gifts.

> ①誰もが応用科学の持つ、我々の生活への影響力をますます認識するようになった。②残念なことに、二度の大戦がこのことを知らしめるのに大きな役割を果たし、ひょっとするとその結果、一部の人々は科学の恩恵に感謝するよりも、科学の破壊的な力を恐れている。

①文の applied science「応用化学」とは、basic science「基礎科学」または pure science「純粋科学」に対するものです。②文の this enlightenment は①文の「応用科学の持つ、我々の生活への影響力を人々が認識するようになった」ことを指します。科学の破壊的な力とは、問題文には明記されてはいなくとも、核兵器などをはじめとする、使い方を一歩間違えれば人類に災いをもたらすような科学の負の面であることは明らかです。

③**But** most will recognize that our own choice decides [what use we make ● of our control over nature], and...

> しかし、ほとんどの人は、自分たちの選択によって、自然に対する我々の支配をどのように活用するかが決定されるということを、あらためて認識するだろう。

まず decide の目的語となっている what 節の処理がポイントになります。what の直後に use という名詞が来ていますが、what が直後に（無冠詞の）名詞を伴う場合、what は形容詞として働きます。その場合、関係詞なら **「関係形容詞」「…するすべての名詞」**、疑問詞なら **「疑問形容詞」「どんな名詞が / を…するか」** と呼ばれる用法になります。

例1 **What** money he earns is spent on drink.

> 彼がかせぐ僅かなお金は全て飲み代に消える。→ 関係形容詞

例2 You can't imagine **what** difficulties we went through.

> 我々がどんな苦労を味わってきたか想像もつかないだろう。→ 疑問形容詞

what が疑問詞か関係詞かの判別は、代名詞の場合同様、形からは判断できません。しかし一般に、**思考・認知・判断系の動詞（know / see / learn / wonder / decide etc.）の目的語に wh- 系が続く場合は、疑問詞**ととるのが普通です。ここでも decide の目的語であることから、what 節は「どんな名詞…か」という疑問形容詞と判断できます。

　問題はここからです。名詞 use は単独で見ると「利用、効用、使用」などという訳語が思い浮かぶかもしれませんが、ここでのポイントは **use が、続く we make of... の make の目的語**であること、つまり **what にひかれて名詞 use が前に移動した形**であることに気づけたかどうかということになります。

　つまり、use を元の位置（make の目的語）に戻してみると、**make use of...**「**…を利用する**」という成句が見えてきます。

what |use| we |make ● of| our control → |we make use of| our control

　make use of...「…を利用する」がベースになっており、その use が what によって移動した形になっていることに気がつけたかどうかがポイントということなのです。

→　　what |use| we |make ● of| ...
　　　　…をどのように利用、活用するか

　実際 make use of は use の前に、good / bad / practical など形容詞が置かれる場合があり、その場合はそれぞれ「…を**うまく**使う・**悪用**する・**実用的に**利用する」という意味になります。

　... and [what any one of us thinks the balance will be ●] depends chiefly upon [whether he expects good or evil to prevail in the world generally.]

《解答例（下線部）》**そして我々の誰であれ、その釣り合いがどうなると考えるかは、主として、世界一般に善と悪のどちらが主流となることを期待するかにかかっている。**

主語となる what 節は will be まで、受ける動詞は depends upon... で upon の目的語が whether 節となっているだけの構造ですが、the balance「その釣り合い」とは何と何の釣り合いかと言えば、whether 以下の good と evil からもわかるように、②文で述べられている「科学の恩恵」と「破壊力」の釣り合いです。

④ {In the last resort} I believe the majority of people expect, {on the whole}, good to flow from the use of knowledge.

> 結局のところ、大多数の人は概して、知識を活用することから良い結果が生じることを期待していると私は思う。

03年・京大（抜粋）

2 ★★☆☆☆　下線部を和訳せよ。

①The achievements of our science are astounding, the future scarcely imaginable. ②(1)In a world of specialization there is a risk, though, that we may lose sight of our place in nature, that we may begin to view ourselves as above it all — as supernatural. ③We have developed an undeniable capacity to transform the earth, to alter, for example, the composition of the atmosphere on a global scale with uncertain but surely inauspicious implications for the climate. ④(2)We have the power to extinguish in an astronomical instant species that took billions of years to evolve. ⑤The critical question is whether we have the wisdom and ethical maturity to employ our scientific and technological skills with discretion. ⑥We have embarked on an unplanned global experiment and our ability to predict the consequences is deficient. ⑦(3)We need to step back and see where we stand if we are to avoid serious mistakes. ⑧We need a moral compass: there are ethical as well as technical issues to be addressed to chart a responsible course to the future.

Michael B. McElroy, 'Perspectives on Environmental Change: A Basis for Action', Daedalus, 130:4, pp. 32. © 2001 by the American Academy of Arts and Sciences.

①The achievements of our science are astounding, the future scarcely imaginable. ②(1){In a world of specialization} there is a risk, {though}, [that we may lose sight of our place in nature], [that we may begin to view ourselves as above it all — as supernatural].

- -

《解答例（下線部）》 ①我々の科学の業績は驚異的なもので、未来がどうなるかはまず想像できない。 ②(1)**しかしながら、専門化された世界では、我々人間が自然界に占める自らの立場を見失ってしまう危険性、すなわち、人間が自分たちを自然界すべてを超越するもの、つまり超自然的なものと見なし始めてしまう危険性が存在する。**

- -

逆接の副詞である though を挟んで、a risk の後ろに同格 that 節がコンマを挟んで続く形となっています。二つの that 節は、コンマで並んでいることからも、並列ではなく、言い換えとなっています。

③We have developed an undeniable capacity (to transform the earth), (to alter, {**for example**}, the composition of the atmosphere {on a global scale} {with uncertain **but** surely inauspicious implications for the climate}).

③我々は地球を変貌させてしまう、例えば気候に対し、不確かであるが間違いなく不吉な影響をもたらすことで、地球規模で大気の組成を変えてしまうといった否定しようのない能力を身につけた。

等位接続詞 but は二つの形容詞 uncertain と inauspicious を結び、それぞれが implications（影響）に掛かっています。

④(2)<u>We have the power (to extinguish {in an astronomical instant} species (that took billions of years to evolve).</u>

- -

《解答例》④(2) 我々は、何億年もかけてようやく進化してきた種を、天文学的に見ればあっという間に、消滅させる力を有している。

- -

to extinguish 以下は、in... instant を挟んで、species 以下が目的語という、第1章 No.6（p.61）でも扱った、**他動詞＋{前置詞＋名詞}＋名詞**という形をとっています。

⑤The critical question is [whether we have the wisdom and ethical maturity (to employ our scientific and technological skills {with discretion})]. ⑥We have embarked on an unplanned global experiment and our ability (to predict the consequences) is deficient. ⑦(3)<u>We need to step back and see [where we stand] (if we are to avoid serious mistakes).</u> ⑧<u>We need a moral compass: there are (ethical as well as technical) issues (to be addressed) to chart a responsible course to the future.</u>

- -

《解答例（下線部）》⑤重大な問題は、我々が思慮分別を持って自らの科学的および技術的技能を発揮できるだけの知恵と倫理面での成熟を有しているかどうかである。⑥我々は計画性の全くない地球規模の実験を始めてしまい、しかも我々にはその結果を予測する能力も欠落している。⑦(3) **我々は重大な過ちを避けようとするなら、一歩退いて、自らの立場を考えてみる必要がある（→我々は一歩退いて、自らの立場を考えてみなければ、重大な過ちを避けることができない）。**⑧我々には倫理基準が必要である。未来に至るまでの確実な進路を決定するのに、取り組まなければならない技術的のみならず倫理的問題が存在するのである。

- -

⑦文の if S be to V 〜は「(これから) S が V 〜しようとする / したいなら」で、その場合、主節には、must / have to / need to V... など義務的表現を伴うのが普通です。

つまり、「(これから) S が V 〜したいのなら、V... しなければならない・必要がある」→「V... しなければ SV 〜することはできない」という意味になります。

⑧文では as well as が等位接続詞的に ethical と technical という二つの形容詞を結び、それぞれが issues に掛かっています。address は「…に取り組む」という意味です。

1 2 ともに述べられている内容は、人間が自分たちの得た科学力・技術力をどう使うかで、地球の未来が決まるということです。2 の最終文にあるように、いくら優秀でも倫理観の欠落した人間が下手に高度な技術を持ってしまうことのないように、倫理・道徳面の教育・養成が重要であるということになるわけです。言葉は悪いですが、「専門バカ」は本学には要りませんよ、というのが、東大・京大の共通のメッセージと言えるでしょう。

1 ★★☆☆☆　次の文の下線をほどこした部分（1）〜（3）を和訳せよ。

1 ①Science rests ultimately on a set of assumptions, usually called axioms. ②These are statements, such as that the universe is infinite in all directions; or that science studied on the planet Earth will yield exactly the same results in the same circumstances in any other part of the universe. ③(1)The truth of axioms like these is impossible to prove, but one of the objectives of science is, or should be, to keep them under continuous review. ④The concept of time, for example, was implicitly thought until this century to be the same for any observer, anywhere, but Einstein showed that time was strictly a local matter. ⑤The axiom of constant time was shattered as soon as Einstein's theory had been accepted. ⑥Thus one scientist's axiom might be another's challenge, and axioms are only accepted as long as they survive.

2 ①The axioms provide the foundations of a science and convenient points of reference, but they are not tablets of stone, and every scientist has the right to challenge them. ②(2)Scientists also have a duty to prove to their colleagues

that their observations are correct within the limitations of measurement, or that their hypotheses give a better account of a set of observations than all previous hypotheses, or that otherwise their view of the world is justified. ③The more general concept of truth, however, does not fit comfortably within scientific methodology. ④The concept of truth as used in everyday speech refers not only to accuracy, but also to such abstractions as loyalty and sincerity, and is intimately connected with the quality of human relationships. ⑤(3)Furthermore, if one accepts the axiom that the world's complexity is infinite, the scientific understanding we have at present will inevitably be incomplete, and merely the best we can manage for the time being, whatever our intentions; it will probably be only a matter of time, therefore, before that understanding gives way to a more general view. ⑥Scientists who do not accept that or any other axiom have a duty to show why they do not.

1パラ

① Science rests ultimately on a set of assumptions, usually called axioms.

科学の拠り所は、究極的には一連の前提であり、それは一般に「公理」と呼ばれるものである。

② These are statements, such as [that the universe is infinite in all directions]; or [that science (studied on the planet Earth) will yield exactly the same results in the same circumstances in any other part of the universe].

こうした前提は、宇宙が全方向に無限に広がっているとか、地球上で研究された科学

は宇宙のどこであれ同じ環境下では同じ結果を生じる、といった文言である。

③ (1)The truth of axioms like these is impossible to prove, but one of the objectives of science is, or should be, to keep them under continuous review.

《解答例》(1) こうした公理が真実かどうかを証明することは不可能であるが、科学の目的の一つはこうした公理を絶えず検証することであり、またそうあるべきである。

　構造上は but 以下で、等位接続詞 or が結ぶものが is と should be という V と V、それぞれの補語、つまり C が to keep 以下という（V + V）C という共通構文を形成しています。

... but one of the objectives of science is, or should be, to keep them
　　　　 S 　　　　　　　　　　　　　　　　　（ V + V ）　　　　 C
under continuous review.

④ The concept of time, {for example}, was implicitly thought {until this century} to be the same for any observer, anywhere, but Einstein showed [that time was strictly a local matter].

《解答例》例えば、今世紀まで時間の概念は、場所や観察者を問わず同じである、というのは暗黙の了解事項であったが、厳密には、時間は場所によって一定ではないことがアインシュタインによって示された。

　ここで言う今世紀とは、20 世紀のことを指します。

　アインシュタインといえば相対性理論ですが、アインシュタインの相対性理論が発表されたのは、1905 年、20 世紀初頭です。local matter「局所的問題」というのは、万国共通、普遍的なものではないということで、相対性理論によれば、光速に近づくほど時間の経過は遅くなります。つまり時間は普遍的なものではないことになるわけです。次の⑤文で、その結果それ以前の時間の観念が絶対的なものではなくなったこと、さら

に⑥文で、「公理」に対し異議が唱えられる可能性があるというまとめになっています。

⑤ The axiom of constant time was shattered {as soon as Einstein's theory had been accepted}.

> アインシュタインの理論が受け入れられるや、時間は一定であるという公理は、木っ端みじんに打ち砕かれた。

⑥ **Thus** one scientist's axiom might be another's challenge, and axioms are only accepted {as long as they survive}.

> かくして、ある科学者の公理は他の科学者が異議を唱えるものとなるかもしれないし、公理が受け入れられるのは、公理として存続している間だけである。

---

2 パラ

① The axioms provide the foundations of a science and convenient points of reference, but they are not tablets of stone, and every scientist has the right to challenge them.

> 公理は科学の基礎と便利な参考基準を提供してくれるが、石碑のように確定的なものではなく、どんな科学者もそれに異議を唱える権利がある。

tables of stone は「石碑」、つまり石に「文字が刻まれているもの」 → 「修正不能なもの、絶対のもの」。

この文は実質的に、第1パラグラフの内容をまとめたもの（繰り返しと言ってもよいかもしれません）となっていることはおわかりいただけると思います。
それを受けてのこの段落では、続く②文以降で科学者の取るべき姿勢が述べられる展開になっています。

② (2)Scientists also have a duty to prove {to their colleagues} [that their observations are correct within the limitations of measurement], or [that their hypotheses give a better account of a set of observations than all previous hypotheses], or [that otherwise their view of the world is justified].

- -

《解答例》(2) 科学者はまた、他の科学者に対して、自身の観察が測定の範囲内で正確であること、あるいは自身の仮説がそれまでのあらゆる仮説よりもうまく一連の観察結果に対する説明を提供すること、あるいは他の点では、自身の世界観が正当化されていることを証明する義務がある。

- -

　also「もまた」は類似内容の追加・添加を表します。ここでは、科学者には、第①文の right「権利」だけではなく、duty「義務」もあるという意味です。

　構造上は、to prove は名詞 duty を修飾し、to their colleagues を挟んで、三つの that 節が prove の目的語になっている、という京大の下線部にしては平易なもので、それぞれの that 節の内容も特に難解な部分はありません。しかし三つ目の that 節に含まれている otherwise は、ここでは「さもなければ」ではなく、**「他の点で」**という意味で解釈する必要があります。

　otherwise は other + wise ≒ ways（wise「賢い」とは「やり方・方法（ways）を知っている」という意味）です。つまり、otherwise とは in other ways に相当し、ここから「異なる状況ならば → さもなければ」（→ ①）、「他の方法で」（→ ②）、「他の点で」（→ ③）という各用法が生まれてきます。

③ The more general concept of truth, **however**, does not fit comfortably {within scientific methodology}.

　　しかし、より一般的な真実の概念は、科学的な方法論と適合しない。

④ The concept of truth (as used in everyday speech) refers not only to accuracy, but also to such abstractions as loyalty and sincerity, and is intimately connected with the quality of human relationships.

日常会話で用いられる真実という概念は、正確さのみを指しているのではなく、忠実さや誠実さといったものをも指しており、人間関係の特性と密接に関係しているからである。

⑤ (3)**Furthermore**, {if one accepts the axiom [that the world's complexity is infinite]}, the scientific understanding (we have ● at present) will inevitably be incomplete, and merely the best (we can manage for the time being), whatever our intentions; it will probably be only a matter of time, {therefore}, before that understanding gives way to a more general view.

《解答例（下線部）》(3) さらに言えば、もし世界は無限に複雑であるという公理を受け入れるなら、我々が現在手にしている科学的な理解は必然的に不完全なもので、我々の意図がどうあれ、当面の間どうにか扱っていく理解の限界に過ぎないということになるだろう。したがって、その理解がより一般的な見解に取って代わられるのは、おそらく時間の問題に過ぎないということになるだろう。

※ for the time being「当面の間」

ここに出てくる best の用法は、the best S can V... で「S が V…できる最高のもの」→「S が V…できることはせいぜい」という**限界を表す用法**です。

⑳ **The best** I could do was to leave a message.

せいぜいメッセージを残しておくぐらいしかできなかった。

ここでは、the best (understanding) we can manage for the time being ということから、「当面の間、理解できる上限 → 理解の限界」としておきました。

; セミコロン以下の it will be only a matter of time before... は日本語でも使われる「…するのは時間の問題」（というより、この日本語自体がこの英語表現の訳語から入ったふしはありますが）→「ほどなく…するであろう」という表現です。

⑥ Scientists (who do not accept that or any other axiom) have a duty to show [why they do not].

> その公理や、その他いかなるものであれ、公理を受け入れない科学者は、なぜ受け入れないかを明らかにする義務がある。

why以下はwhy they do not (accept that or any other axiom)の省略です。

おわかりのようにこの英文は、科学（正確に言えば科学の基となる公理）とは未来永劫不変なものではなく、異議が唱えられることはこれからもあり得るということを言っています。いわゆる科学の歴史、科学史を紐解けば、こうしたことの繰り返しであることがわかります。つまり、今日正しいと思われていることが未来永劫正しいとは限らないということです。

実際にガリレオやコペルニクス以前には天動説が公理だったわけです。本文中にも登場したアインシュタインの相対性理論は、光速度一定、光速を超える物体はないという公理が前提になっていますが、もしかするとこの公理に異議が唱えられるかもしれません。「そんなことはあり得ない」と端から否定し、検証もしないのは、科学的姿勢ではないということです。

5

京大が入試問題を通して問いかける環境問題

「人新世」
Anthropocene とは?

文頭に Only + 副詞なのに倒置になっていない??

　以下は近年の京大の問題です。設問は三題です。下線部和訳に加え、「下線部（a）the Anthropocene について説明せよ」という記述問題が含まれています。

　ところで最近、「人新世」という言葉を耳にした方はいらっしゃらないでしょうか。下線部（a）の the Anthropocene がまさにその「人新世」に相当する単語です。「〜世」とは、地学を学ばれた方ならご存じの「沖積世」や「更新世」「完新世」と同様の用語で、「人新世」は入試問題においても、ちらほら見かけるようになっている単語です。設問1はその「人新世＝ the Anthropocene」の説明を求めている問題です。もっとも、この単語の知識自体の有無を京大は入試問題として求めているわけではなく、あくまでこの下線部を含むパラグラフの内容理解を下線部の説明として問いかけているにすぎないとは言えますが、それでも、この問題を通して、「人新世」という用語のみならず、それがどういうものなのかを知るきっかけにしていただければと思います。

　この問題で是非考えていただきたい部分は、最終段落の下線部分にあります。これは第2章 No.9（p.135）で取り上げた項目に関連している部分ですが、いかにも京大らしい問題点を含んでいます。設問部分以外も、まさに京大入試の真骨頂と言えるような手応えのある英文ばかりです。是非じっくり取り組んでみてください。

1 ★★★★☆ 次の文章を読み，下の設問 (1)〜(3) に答えなさい。

1 ①That man should have dominion "over all the earth, and over every creeping thing that creepeth upon the earth," is a prophecy that has hardened into fact. ②Choose just about any metric you want and it tells the same story. ③People have, by now, directly transformed more than half the ice-free land on earth — some twenty-seven million square miles — and indirectly half of what remains. ④We have dammed or diverted most of the world's major rivers. ⑤Our fertilizer plants and legume crops fix more nitrogen than all terrestrial ecosystems combined, and our planes, cars, and power stations emit about a hundred times more carbon dioxide than volcanoes do. ⑥In terms of sheer biomass, the numbers are stark-staring: today people outweigh wild mammals by a ratio of more than eight to one. ⑦Add in the weight of our domesticated animals — mostly cows and pigs — and that ratio climbs to twenty-two to one. ⑧"In fact," as a recent paper in the *Proceedings of the National Academy of Sciences* observed, "humans and livestock outweigh all vertebrates combined, with the exception of fish." ⑨We have become the major driver of extinction and also, probably, of creation of species. ⑩So pervasive is man's impact, it is said that we live in a new geological epoch — (a)the Anthropocene. ⑪In the age of man, there is nowhere to go, and this includes the deepest trenches of the oceans and the middle of the Antarctic ice sheet, that does not already bear our Friday-like* footprints.

2 ₁An obvious lesson to draw from this turn of events is: be careful what you wish for. ₂Atmospheric warming, ocean warming, ocean acidification, sea-level rise, deglaciation, desertification, eutrophication — these are just some of the by-products of our species's success. ₃(b)Such is the pace of what is blandly labeled "global change" that there are only a handful of comparable examples in earth's history; the most recent being the asteroid impact that ended the reign of the dinosaurs, sixty-six million years ago.

3 ₁Humans are producing no-analog climates, no-analog ecosystems, a whole no-analog future. ₂At this point it might be prudent to scale back our commitments and reduce our impacts. ₃But there are so many of us — as of this writing nearly eight billion — and we are stepped in so far, return seems impracticable.

4 ₁And so we face a no-analog predicament. ₂(c)If there is to be an answer to the problem of control, it's going to be more control. ₃Only now what's got to be managed is not a nature that exists — or is imagined to exist — apart from the human. ₄Instead, the new effort begins with a planet remade and spirals back on itself — not so much the control of nature as the control of the control of nature.

※ Friday-like : Friday is the name of a character in Daniel Defoe's novel *Robinson Crusoe* (1719).

(1) 下線部 (a) the Anthropocene について、本文に即して日本語で説明しなさい。ただし、本文中に列挙された具体的な特徴から 4 つを選んで解答に含めること。

(2) 下線部 (b) を和訳しなさい。

(3) 下線部 (c) を和訳しなさい。

1 パラ

① [That man should have dominion "over all the earth, and over every creeping thing (that creepeth upon the earth)]," is a prophecy (that has hardened into fact).

> 「人間がすべての大地と、大地を這うすべての生き物を支配するはずだ」という予言は、いまや確たる事実となった。

冒頭の That は接続詞で名詞節を導き、That 節全体が主語、動詞は is、a prophecy（予言）以下が補語という構造です。

続く第②文以降は「人間が地球全体を支配したこと」の具体例、説明となっています。**典型的な論説文特有の「抽象 → 具体」の展開です。ここは《鳥の眼》で、②〜⑨** までは、①「人間が地球を支配してきた」ことの具体例・説明となっていることを俯瞰的に一気にとらえる必要があります。

② Choose just about any metric (you want) and it tells the same story.

> どの指標（観点）から見ても、同じである。

③ People have, {by now}, **directly transformed** more than half the ice-free land on earth — some twenty-seven million square miles — and indirectly half of [what remains].

> 現在までに、人類は地球上の氷結していない土地の半分超（約 2,700 万平方マイル）を直接自らの手で、残りの半分も間接的に変えてきた。

④ We **have dammed or diverted** most of the world's major rivers.

> 我々は、世界の主要河川のほとんどを堰き止め、もしくは流れを変えてきた。

⑤ Our fertilizer plants and legume crops **fix more nitrogen than all terrestrial ecosystems (combined)**, and our planes, cars, and power stations **emit about a hundred times more carbon dioxide the volcanoes do**.

> 我々の肥料工場とマメ科作物は、すべての陸上生態系を合わせても及ばないほど多くの窒素を固定し、飛行機、自動車、発電所の二酸化炭素排出量は火山の排出量の約百倍に相当する。

⑥ {In terms of sheer biomass}, the numbers are stark-staring: today people outweigh wild mammals by a ratio of more than eight to one.

> 純粋なバイオマスという点では、その数は目を見張るものがある。今日、人間の総重量は、野生の哺乳動物を 8 対 1 以上の比率で上回る。
>
> ※ outweigh...「…を重量で上回る」

⑦ Add in the weight of our domesticated animals — mostly cows and pigs — and that ratio climbs to twenty-two to one.

> さらに家畜（主に牛と豚）の体重を加えると、その比率は 22 対 1 になる。

⑧ "In fact," as a recent paper in the *Proceedings of the National Academy of Sciences* observed, "humans and livestock outweigh all vertebrates combined, with the exception of fish."

> 全米科学アカデミー議事録に掲載された最近の論文によると、「それどころか実は、人間と家畜の総重量は、魚を別にすれば、すべての脊椎動物を合わせてもかなわないほどである。」

⑨ We have become the major driver of extinction and also, probably, of creation of species.

> 我々は種を絶滅させ、そして同様にまた、種を創り出すことを主に推進するようになったのである。

　おわかりのように、②〜⑨までで述べられているのは、簡単に言えば、**「人間はこれまで地球を変え、生物の頂点に立ったばかりか、ついには、様々な生物の生殺与奪を握るようになった」**ということであり、まさに①文の予言の内容「人間が地球を支配するようになる」ことの具体的説明です。ちなみに extinction「絶滅」は、環境破壊などによる野生動植物の絶滅に相当し、creation「創造」とは「品種改良」や「遺伝子操作」などが考えられます。extinction と creation は相反する行為ですが、そのいずれも人間が関係しているということです。

　いよいよここで、設問（1）の記述説明 ─ the Anthropocene とは？を考えます。

　「(1) 下線部 (a) the Anthropocene について、本文に即して日本語で説明しなさい。ただし、本文中に列挙された具体的な特徴から４つを選んで解答に含めること。」…ということですが、次の第⑩文が、下線部 the Anthropocene を含む部分です。まず、この文は、いわゆる「結果・程度」を表す so...that 〜構文が用いられていますが、so...that 〜構文の構文上の注意点として、

① **「So 形容詞・副詞」を先頭に出すと、後続は倒置（疑問文の語順）となる**
② **so... that の that（接続詞）はしばしば省略される**

が挙げられます。この文は①②の二つのポイントを両方含んでいます。

⑩ **So pervasive** is man's impact, ∧ it is said that we live in a new geological epoch ── (a)the Anthropocene.

　　人間の影響はあまりに広範囲に及ぶため、我々が生きている時代は、地質学の新時代、つまり人新世であると言われている。

　このまま全体を下線部和訳として出題しても良いような文構造ですが、京大は、下線部和訳として問うよりも、the Anthropocene の内容を問う形にしたようです。

　さて、冒頭で触れた「人新世」が the Anthropocene に相当するのですが、京大はこの語句そのものの知識や、人新世なるものがどういうことかを知っているかどう

かを直接試したわけではありません。

　直前の a new geological epoch（新たな地質学的時代）から、the Anthropocene が新たな地質学時代の名称であること（下線部の前の一（ダッシュ）は、前の言い換えや説明を表す記号です）がつかめれば（読解という観点からは）問題はありません。

　また、so...that 〜構文は、意味的観点としては（あまりに…なので〜）という「**因果関係**」を表します。「人間の（地球全体に対する）影響はあまりにも pervasive（広く普及した）結果 → that 以下の内容（我々の暮らす時代は、新たな地質学的時代となる）」ということになります。とどのつまり、この時代とは、この文に至るまでに述べられていた「**人類が地球全体を支配する時代**」であることが見えてくるはずです。

　さらに、この文に続く⑪文の冒頭に In the age of man（age「時代」＝ epoch の言い換え）があることにも目を配る必要があります。「**人類の時代**」とはまさしく「人類の影響が地球全体に及ぶ時代」＝「人新世」の言い換えに相当します。

⑪ {In the age of man}, there is nowhere to go, and this includes the deepest trenches of the oceans and the middle of the Antarctic ice sheet, that does not already bear our Friday-like* footprints.

　　(注) ＊ Friday is the name of a character in Daniel Defoe's novel *Robinson Crusoe* (1719).

　　この人間の時代には、もはや、ロビンソンクルーソーに登場するフライデーのような冒険家による人跡未踏の地は残っておらず、深海や南極の氷床の真ん中も例外ではない。

　ちなみにコンマ以下の that は関係代名詞です。「関係代名詞の that にはコンマ付きの非制限用法は不可なのでは？」と思われた方がいらっしゃるかもしれませんが、このコンマは、and から ice sheet までが挿入されたためのもので、非制限用法ではありません。ちなみに that の先行詞は nowhere（ここでは名詞扱い）です。

　この文も、「**人間の支配・影響が及んでいない場所は、深海や南極も含めて、地球上のどこにもない**」ということで、下線部の前までの内容を補足する形になっています。

結局、この設問は実質的に「a new geological epoch とはどういう時代なのか」を説明した上で、「その特徴となる具体的な例4つ」とは、この文に至るまでの②〜⑨文で述べられている内容、「人間が地球に及ぼした数々の影響」に相当します。したがってその部分をベースに解答を作成すれば良いことになります。

《解答例》（1）人間が自らの手で地球上の陸地の大部分を大きく変え、河川を堰き止め、その流れを変えたり、航空機・自動車・発電所が自然界よりもはるかに大量の二酸化炭素を排出したり、人間と家畜の総重量が野生動物を上回ったり、人間が地球上のあらゆる生物の生殺与奪を握っていたりというような、人間による支配・影響が地形および生態系を含め地球上のあらゆるところに及んでいる（「人新世」と呼ばれる）時代。

2パラ

① An obvious lesson (to draw from this turn of events) is: be careful [what you wish for].

こうした一連の出来事から得られる明らかな教訓とは、自分が望むものには注意が必要であるということである。

② Atmospheric warming, ocean warming, ocean acidification, sea-level rise, deglaciation, desertification, eutrophication — these are just some of the by-products of our species's success.

大気や海洋の温暖化、海洋の酸性化、海面上昇、氷河の後退、砂漠化、富栄養化などは人類繁栄の裏にある副産物のほんの一部にすぎない。

第1パラグラフおよび設問（1）の内容からある程度見当はついたかもしれませんが、温暖化も含めた環境破壊は、人間が支配した結果であるということを述べています。

続く、第③文が、設問（2）下線部和訳です。

ここでは、設問（1）で登場した so...that 〜構文の兄弟とも言うべき、「結果・程度」を表す Such... that が、1パラ⑩文の So... that と同じく、ここでは Such を文頭に出す倒置構文となっています（ちなみに接続詞 that は今度は省略されていません）。

例 **Such** was his anxiety **that** he lost his health.

    不安のあまり、彼は体を壊した。

    → His anxiety was **such that** he lost his health.

さらに、コンマ以下 the most recent being... の部分は分詞構文で、分詞の主語である the most recent（ここでは the most recent（example）の省略）が分詞の前に置かれる形となっています。

そのまま、「その最も直近の例は…である」とつなげて処理して構いません。

③ (b)<u>**Such** is the pace of [what is blandly labeled "global change]" **that**</u>
      V   S
<u>there are only a handful of comparable examples (in earth's history),</u>
<u>the most recent</u> <u>being the asteroid impact (that ended the reign of</u>
<u>the dinosaurs, sixty-six million years ago.)</u>

    ※ asteroid 「小惑星」   ※ reign 「支配、君臨」

副詞 blandly はあまりなじみのない語かもしれませんが、「地球の歴史においてそれに匹敵する例は一握りしかないほどの大変化」を global change（地球規模の変化）とだけ呼んでいることから、「控えめに」程度の訳語が妥当であると判断できれば問題はないでしょう。

comparable は compare ＋ -able「比較できる」ということから、「匹敵する、似たような」という意味です。

ちなみに約 6,600 万年前の隕石衝突による恐竜絶滅の話は多くの方がご存じかと思われますが、人類が今及ぼしているような地球全体の変化に匹敵するものは、一番近いものでも恐竜絶滅の頃まで遡るくらい、地球の歴史において頻繁に起きるものではない（それだけ大きなものである）ということを述べているわけです。

- -
《解答例》(2)「地球規模の変化」と名前は控えめではあるものの、そのペースはあまりに急速なものであるため、地球の歴史においてそれに匹敵する例はほんの一握りしかなく、直近のものでも、恐竜の天下に終止符を打つことになった 6,600 万年前の小惑星の衝突である。
- -

3パラ

① Humans are producing no-analog climates, no-analog ecosystems, a whole no-analog future.

　　人類が生み出しつつあるのは、従来とは異なる気候、生態系、未来である。

② {At this point} it might be prudent to scale back our commitments and reduce our impacts.

　　現時点では、人類のかかわりを縮小し、人間の影響を減らすことが賢明かもしれない。

　no-analog という表現が三回使われていますが、「アナログ」ではないということはすなわち「従来のもの ＝ 自然によるものではない」、つまり「これまで類を見ない、人為的なもの」であるという意味であることが推測できます。

③ **But** there are **so** many of us — {as of this writing} nearly eight billion — and we are stepped in **so** far, ∧ return seems impracticable.
　　　　　　　　　　　　　　　　　　　　　　　　　　(that)
　しかし、人類の数は非常に多く、この記事の執筆時点でも約 80 億人に上り、しかもここまで来た以上、今更後戻りは無理だと思われる。

　この文でも so...that ～構文の that が省略されています。

4パラ

　さて、最終パラグラフです。設問（3）の下線部が②文以降に登場します。

① And so we face a no-analog predicament.

　　その結果、我々は未曽有の苦境に直面している。

② {If there is to be an answer to the problem of control}, it's going to be more control.

　　支配の問題に対する答えがあるとすれば、それは支配を増すことであろう。

下線部和訳の最初の文は問題ないと思います。問題は以降の文です。

③ Only now [what's got to be managed] is not a nature (that exists —
   or is imagined to exist — apart from the human).

④ Instead, the new effort begins with a planet (remade) and spirals
   back on itself — **not so much** the control of nature **as** the control of
   the control of nature.

下線部の二つ目の文（第③文）冒頭にある Only now... というつながりを見て、第2章 No.9 でも触れた「Only ＋副詞（句・節）＋疑問文倒置」の形を予想した方も多いのではないでしょうか？

ところが、Only now に続く部分は、残念ながら倒置になっていません。

倒置になっていない以上、「今になってようやく、初めて…」という意味ではないのでは？と考えるべきなのですが、それでも強引にというか力任せに**「今になって初めて、我々が御さなければならないのは、自然ではない」？？？**などとしてしまう人がいるようです（manage は control の言い換えです）。

実際自分でも何を言っているのかよくわからないと思いますが、書いた本人がわからない答案を他人（採点者）が見てもわからないのは当然で、残念ながらこれでは、1点も点数はつかないでしょう（つまり0点です）。

ここでは、**Only ＋副詞が先頭に来ているにもかかわらず、倒置が起きていない原因を考えることができたかを京大は試していることがうかがえます。**

ところで、p.141 で触れたように、Only ＋副詞が先頭に来ても倒置が起きないケースがあります。Only が否定語として文全体の動詞に掛かるのではなく、直後の副詞のみに掛かるケースです。

⑩ **Only** recently / he received the e-mail.

つい今しがた、彼はそのメールを受け取ったところだ。

※ only は recently のみを修飾［語否定］（受け取ったのはつい最近）

では、同じように Only now を「つい今になって」という意味でとってみたらどうなるでしょうか？

つい今になって、我々がコントロールしなければならないのは、自然ではない　???

これもよくわからない意味になってしまいます。実際に、解答速報を作成した予備校の中には当初このような訳語の解答を発表し、後でしれっと修正したところもあったようです。

●──（一旦 Only を「無視」して考えたら?）

ただし、ここで詰んでしまっては何も出てきません。

視点を変え、一旦 Only を無視（ないものと考えます）してみましょう。この now は「現在」、つまり「これまで（過去）」との対比を示すものではないか？ととることはできないでしょうか？

実際これまで、**人間が manage ≒ control する対象が nature であったこと**はこれまでの展開からも明らかです。

あえて、日本語で考えてみましょう。　　　　　　の部分に入れるべきつなぎの日本語としては、どのようなものが考えられるでしょうか？

従来の自然に対する control の問題の解決策は、more control（自然に対する control を増すこと）　　　　　今や control すべきは、これまでの nature ではなく、the control of nature である。

いかがでしょうか？ この　　　　　　には、「**しかし**」のような逆接、または「**ただし**」のような注意書きのような意味合いの語句が必要になるのではないでしょうか？

つまり、

昔は自然をコントロール（支配）していた。

251

ただし → 今（これから）は自然に対する支配をコントロールしなければならない。

「今」のつなぎの言葉に相当する語句が、実は Only の正体です。

つまり、ここでの Only は、直後の副詞要素と結びついて倒置を引き起こす用法ではなく、**接続詞的に「ただし…だが」のような意味で用いられているのです。**

実際、ジーニアス英和辞典には only の用法として以下のような例が記載されています。

⑳ You can go out tonight. **Only** come back by 10 o'clock.

今晩は遊びに行ってもいいよ。**ただし**、10 時までには帰ること。

京大ではありませんが、他の入試問題の英文にも、この only は登場しています。

⑳ You may upset an artist by saying that what he has just done may be quite good in its own way, **only** it is not 'Art.' ［早大・教、山口大］

画家に向かって、「あなたの描いた絵はそれなりにうまく描けてはいるかもしれない、ただし本物の芸術ではないけどね」などと言ったら卒倒するかもしれない。

ここまでの部分を解答にまとめると以下のようになります。

- -
《解答例（③まで）》 支配の問題に対する答えがあるとすれば、それはより支配を増すことになるだろう。ただし、今や支配すべきは人間とは別に存在する、いや存在すると思われている自然ではない。
- -

ところで、京大はこうした only の使い方の知識の有無を直接受験生に要求したのかといえば、それはちょっと考えにくいところです。むしろ only now の後ろが倒置になっていないこと（基本文法の知識）＋「now とこれまでの対比」（真の文脈把握力）の二つを考え合わせれば、上のような意味用法しか考えられないことを導き出せる力を求めていると思われます。

　もちろんこのような考えに至るには、それなりの時間を要します。だからこそ**京大は東大に比べ、瞬時の判断力よりも、「時間は十分与えるから、その代わり目の前の課題について、考えられる様々な可能性を様々な角度から検証しなさいよ」という問題を好んで出題してきています。**

　では、続く最後の部分を処理して、この問題の締めとしたいと思います。

④ Instead, the new effort begins with a planet (remade) and spirals back on itself — **not so much** the control of nature **as** the control of the control of nature.

- -

《解答例 (④)》そうではなく、新たな取り組みはまず地球を作り直すことから始まり、回り回って原点に戻る。つまり自然を制御するというよりは、自然を制御することを制御することである。

- -

　文頭の Instead は、「代わりに」という訳語で覚えている方が多いと思われますが、感心しません。**Instead は「そうではなく」という対比を表す語句**です。本来ならば A instead of B「B ではなく A」という形で使われますが、A が新情報である場合、A を後続に回し (Instead of B, [A])、その場合、A が新情報なら当然 B は旧情報であるため、of B を省略し、Instead (of B), [A] という形で登場することも多くなります。

　ここでは、of B の B に相当するのは、直前文の nature と考えることができます。同時に A に該当するのは、a planet remade「人間が作り替えた地球」となるわけです。

　また、not so much A as B「A よりむしろ B」（A ≦ B の関係）はよろしいかと思います。A = the control of nature, B = the control of the control of nature、つまり、

「自然をコントロールする」のが従来の方法

そうではなく（≒自然をコントロールするのではなく）、

これからは「自然のコントロールをコントロールする」

　→「無目的・無計画な破壊はしない → リサイクル・リユースなどの活用」

　つまり、今や日本語にもなっている「サステイナビリティ＝持続可能性（sustainability、SDGs（sustainable development goals）のS）」のことを言っているわけです。

　結局、人新世とは、（1）で作成した解答「人間による支配・影響が地形および生態系を含め地球上のあらゆるところに及んでいる時代のこと」ですが、一例を挙げれば、今や日常生活で欠かせないスマホで使用されるリチウムといったレアアースの採掘など、つまり人間による活動の結果、アフリカでは野生動物が多く暮らす森林が伐採され、住処を失った動物たちが減少する大きな原因となるような、地球規模に影響が及ぶことなど、まさに枚挙に暇がありません。完新世、更新世などの地質区分に、人間による活動の結果が無視できなくなる時代が加えられるということです。とはいえ今更スマホなしの生活は考えられませんが、このまま環境破壊を続けるのではなく、少しでも再利用などを促進することで破壊をコントロールすることが叫ばれています。そのような意識を持つことを、この英文は訴えているわけです。

6 一元論と二元論

解答（考え方）の割れた問題
── 省略部分をめぐって

　最後の英文は、まさに京大ならではのガチガチの論説文です。テーマ自体はダーウィン進化論（これはこれで大学入試問題には頻出のテーマで、実際、京大でも何度か出題されたことがあります。一般にもなじみのある題材と言えるものですが、この問題は下線部の解釈を巡り、受験産業の解答だけでなく、様々な個人のサイト等でも色々な物議を醸しているようです。どこが、なぜそのように問題となっているのか、是非読者の皆さんにも考えていただきたく、あえて取り上げました。

　問題となっているのは、下線部（b）の Why not? の部分です。これはもちろん省略表現です。しかも否定語 not を含んでいることから、まさに第1章 No.3 で触れた**「否定文と省略」**というポイントを含んでいます。一見何ということはなさそうですが、いざやってみると、頭を悩ませることになる問題です。

　設問としては、下線部和訳二箇所以外に、（1）の説明問題があり、これには「第2パラグラフから」という指示がついています。

1　★★★★★　次の文章を読み、下の設問（1）〜（3）に答えなさい。

設問

(1) 文章全体から判断して、『種の起源』が大きな影響力を持った要因として Lewes が最重要視しているものを、第2パラグラフ（*The Origin of Species* から What is that question? まで）から選び、日本語で書きなさい。

(2) 下線部（a）を和訳しなさい。

(3) 下線部（b）を和訳しなさい。

1 ①One of the early significant responses to Charles Darwin's thinking came from a highly-talented journalist, George Henry Lewes. ②Having read a piece by Lewes, Darwin wrote to a friend, saying that the author of that article is "someone who writes capitally, and who knows the subject." ③Indeed, as a modern scholar states, "apart from Thomas Huxley, no other scientific writer dealt with Darwin's theory with such fairness and knowledge as Lewes" at that time. ④Here is what Lewes wrote (with modification) about the background of Darwin's most famous book:

2 ①*The Origin of Species* made an epoch. ②It proposed a hypothesis surpassing all its predecessors in its agreement with facts, and in its wide reach. ③Because it was the product of long-continued research, and thereby gave articulate expression to the thought which had been inarticulate in many minds, its influence rapidly became European; because it was both old in purpose and novel in conception, it agitated the schools with a revolutionary excitement. ④No work of our time has been so general in its influence. ⑤This extent of influence is less due to the fact of its being a masterly work, enriching science with a great discovery, than to the fact of its being a work which clashed against one and chimed with the other of the two great conceptions of the world that have long ruled, and still rule, the minds of Europe. ⑥One side recognized a powerful enemy, the other a mighty champion. ⑦It was immediately evident that the question of the "origin of species" derived its significance from the deeper question which loomed behind it. ⑧What is that question?

3 ①(a)If we trace the history of opinion from the dawn of science in Greece through all succeeding epochs, we shall observe many constantly-reappearing indications of what may be called an intuitive feeling rather than a distinct vision of the truth that all the varied manifestations of life are but the flowers from a common root — that all the complex forms have been evolved from pre-existing simpler forms. ②This idea about evolution survived opposition, ridicule, refutation; and the reason of this persistence is that the idea harmonizes with one general conception of the world which has been called the monistic because it reduces all phenomena to community, and all knowledge to unity. ③This conception is irreconcilable with the rival, or dualistic, conception, which separates and opposes force and matter, life and body. ④The history of thought is filled with the struggle between these two general conceptions. ⑤I think it may be said that every man is somewhat by his training, and still more by his constitution, predisposed towards the monistic or the dualistic conception. ⑥There can be little doubt that the acceptance or the rejection of Darwinism has, in the vast majority of cases, been wholly determined by the monistic or dualistic attitude of mind.

4 ①(b)And this explains, what would otherwise be inexplicable, the surprising ease and passion with which men wholly incompetent to appreciate the evidence for or against natural selection have adopted or "refuted" it. ②Elementary ignorance of biology has not prevented them from pronouncing very confidently on this question; and biologists with scorn have asked whether

men would attack an astronomical hypothesis with no better equipment. ③ Why not? ④ They feel themselves competent to decide the question from higher grounds. ⑤ Profoundly convinced of the truth of their general conception of the world, they conclude every hypothesis to be true or false, according as it chimes with, or clashes against, that conception.

5 ① So it has been, so it will long continue. ② The development hypothesis is an inevitable deduction from the monistic conception of the world; and will continue to be the battle-ground of contending schools until the opposition between monism and dualism ceases. ③ For myself, believing in the ultimate triumph of the former, I look on the development hypothesis as one of the great influences which will by its acceptance, in conjunction with the spread of scientific culture, hasten that triumph.

6 ① Darwin seems to have liked Lewes's observations on his work, for when he read this and other related pieces, he wrote to the journalist and encouraged him to publish them in a book form. ② Although from the point of view of today's science what he says may be dated, Lewes remains a highly interesting writer.

From *Mr. Darwin's Hypotheses* by George Henry Lewes

1 パラ

①One of the early significant responses to Charles Darwin's thinking came from a highly-talented journalist, George Henry Lewes. ②{Having read a piece by Lewes}, Darwin wrote to a friend, saying that the author of that article is "someone (who writes capitally), and (who knows the subject.)" ③Indeed, as a modern scholar states, "apart from Thomas Huxley, no other scientific writer dealt with Darwin's theory with such fairness and knowledge as Lewes" at that time. ④Here is [what Lewes wrote (with modification) about the background of Darwin's most famous book]:

> ①チャールズ・ダーウィンの考えに対する初期の重要な反応の一つに、才能あふれるジャーナリスト、ジョージ・ヘンリー・ルイスによるものがあった。②ルイスの記事に目を通した後、ダーウィンは友人に手紙を書き、その著者は「大胆な書き方をするが、テーマがわかっている人物」であると述べた。③それどころか、ある現代の学者の言葉を借りるなら、当時は「トーマス・ハクスリーを別にすれば、ルイスはダーウィンの理論を公平に、また知識を持って扱える科学作家の第一人者」であった。④ダーウィンの最も有名な著作の背景についてルイスは以下のように記している。

この段落は、導入部分になっています。第③文は **no other... such ～ as X「X ほど～な…は他にいない」** → いわゆる「否定＋原級」で最上級に相当する構文です。George Henry Lewes という journalist が Darwin 説を「誰よりも公平に記していた」ということを述べており、続く 2 パラでその内容が具体的に述べられる展開になっています。

同時にこの第 2 パラグラフが設問（1）「文章全体から判断して、『種の起源』が大きな影響力を持った要因として Lewes が最重要視しているものを日本語で」という説明問題の該当箇所です。「大きな影響力を持った要因」ということから、「因果関係」を示す表現がカギになるのでは、と想定して見ていく必要があります。

①*The Origin of Species* made an epoch. ②It proposed a hypothesis (surpassing all its predecessors in its agreement with facts, and in its wide reach). ③{Because it was the product of long-continued research, and thereby gave articulate expression to the thought (which had been inarticulate in many minds)}, its influence rapidly became European; {because it was both old in purpose and novel in conception}, it agitated the schools with a revolutionary excitement. ④No work of our time has been so general in its influence.

> ①『種の起源』は一時代を築いた。②同書で挙げる仮説は、事実との整合性、そしてその広範囲に及ぶ影響という点で、それまでのものをすべて凌駕している。③同書は長年の研究の成果であり、それによって多くの人々が漠然と考えていたものを明確に表現したがゆえに、その影響は急速にヨーロッパ全体に及ぶものとなった。その目的は昔からのものであると同時に、概念そのものは斬新だったので、様々な学派を革命的とも言える興奮の渦に巻き込んだ。④我々の時代の書物で、その影響がこれほど一般的だったものはない。
> ※ school「学派」

④ No... so は as 以下（比較対象）の省略です。省略されている比較対象はもちろん it（= *The Origin of Species*『種の起源』）です。

続く⑤文は、それ自体和訳の対象となってもおかしくない構造になっています。

⑤This extent of influence is less due to the fact (of its being a masterly work, enriching science with a great discovery), than to the fact (of its being a work (which clashed against one and chimed with the other of the two great conceptions of the world (that have long ruled, and still rule, the minds of Europe.)))

> ⑤これほどの範囲に影響が及んだのは、それが卓越した書物で、偉大な発見により科学を発展させたという事実によるものよりも、長年ヨーロッパの人々の考えを支配し、今でもしている、二つの偉大な世界観の一方に相反し、もう一方と合致する書物であるという事実によるものである。

be due to... 「…が原因である」という語句に less 〜 than... が絡んでいます。than to the fact の to は be due to... の to です。

二箇所で登場する the fact 以下はともに、前置詞 of による同格関係になっています。通常なら fact の後ろは that 節による同格が圧倒的に多いのですが、of 以下が「名詞＋ Ving」の動名詞による句（名詞が V... する）となっています。わかりやすくするために同格 that 節で書き換えてみますと、以下の通りになります。

・the fact (of its being a masterly work, enriching science with a great discovery),

・the fact (of its being a work (which clashed against one and chimed with the other of the two great conceptions of the world (that have long ruled, and still rule, the minds of Europe.)))

→ This extent of influence is less due to the fact [**that it is a masterly work, enriching science with a great discovery**], than to the fact [**that it is a work (which clashed against one and chimed with the other of the two great conceptions of the world (that have long ruled, and still rule, the minds of Europe.))**]

さて、この文が設問（1）「『種の起源』が大きな影響力を持った要因として Lewes が最重要視しているもの」という説明問題の該当箇所です。主語が This extent of influence であることに加え、因果関係を表す be due to... さらに less A than B（A＜B）ということから、than 以下「**長年ヨーロッパの人々の考えを支配し、今でもしている、二つの大きな世界観の一方に相反し、もう一方と合致する書物であるという事実**」がその要因に相当することが見えてくるのではないでしょうか？

ただし、この段階ではまだ解答を作成することはできません。**than 以下の二つの概念（the two great conceptions）**の内容がまだこの時点では明らかではないからです。

逆に言えば、その二つの概念のうち、work が衝突する、相反する（clash against）もの（one）と合致する（chime with）もの（the other）のそれぞれがわかれば、この設問の解答を作成することができることになるわけですが、それは後続で説明される展開になるのでは？という《魚の眼》を発揮したいところです。実際⑥文でそれぞれに関する言及があります。

⑥**One side** recognized <u>a powerful enemy</u>, **the other** <u>a mighty champion</u>.

$\longrightarrow$ the other (side recognizes) a mighty champion.

> ⑥一方は強敵、もう一方は強力な味方を認めていた。

a powerful enemy「強力な敵」が先の clash against するもの、a mighty champion「強い味方」が chime with するものに対応することがわかります。

⑦It was immediately evident [that the question of the "origin of species" derived its significance from the deeper question (which loomed behind it). ⑧What is that question?

> ⑦まもなく明らかになったことは、「種の起源」に関する疑問が、その背後に迫るより深い問題からその意味を導き出したことである。⑧その疑問とは何であるか？

続く3パラの冒頭が設問（2）の下線部和訳です。

3パラ

①(a){If we trace the history of opinion (from the dawn of science in Greece through all succeeding epochs)}, we shall observe many constantly-reappearing indications of [what may be called an intuitive feeling] **rather than** a distinct vision of the truth [that all the varied manifestations of life are **but** the flowers from a common root] — [that all the complex forms have been evolved from pre-existing simpler forms].

《解答例》(2) ギリシアにおける科学の黎明期から、続く全ての時代に至るまで、思想の歴史をたどれば、全ての様々な生き物の出現は全て共通の根から誕生した花にすぎない、すなわち、複雑な形態の生物は全て、既存の、より単純なものから進化してきたという真実に対する明確な考えではなく、直観的感情と呼んでも構わないものを示す多くのものが、絶えず繰り返し登場するのが見受けられるであろう。

　気をつけたいのは、are の直後の but です。「しかし」なら、but は等位接続詞で、A but B で文法上対等のものを結ぶはずですが、ここではそのような A と B は確認できません。

　例えば、He is **but** a child. は「しかし、彼は子供である。」には絶対なりません。それならば **But** he is a child.（A に相当するのは前文です）となります。

　この but は副詞で、only に相当します。基本語は本当は難しいのです。したがって、He is but a child. は「彼は子供にすぎない。」という意味になります。

₂This idea (about evolution) survived opposition, ridicule, refutation; and the reason of this persistence is [that the idea harmonizes with one general conception of the world (which has been called the monistic) because it reduces all phenomena to community, and all knowledge to unity]. ₃This conception is irreconcilable with the rival, or dualistic, conception, which separates and opposes force and matter, life and body.

> ₂進化に関するこうした考えは、反対、嘲笑、反論に屈することはなかった。そして、この考えが生き残った理由は、その考えにより、全ての現象が一体化し、全ての知識が統一されたものとなるがゆえに、「一元論」と呼ばれてきた、外界に対する一般概念の一つと調和するからである。₃この概念は、力と物質、生命と肉体を切り離して考える、対立的、すなわち二元論的概念とは相容れない。

　②文の harmonize with... 「…と調和する」が先ほどの chime with、続く③文の be irreconcilable with... 「…と相容れない」（→ ir- 否定 reconcile「…を調和させる」＋ able）が clash against... 「…と衝突する」の言い換えになっています。

同時に、先ほど2パラで登場した「二つの偉大な世界観」(the two great conceptions of the world) もここで明らかになります。②文の the monistic「一元論」(mono-1) および、③文の dialistic「二元論→ (di-2)」です。

もちろん、それぞれの内容は、本文中で述べられていますが、一元論は、①②にもあったように、「一つの共通の源から誕生したもの」に対し、二元論は③文にもあるように、「生命と肉体など、二つのものに切り離して考える見方」ということです。

₄The history of thought is filled with the struggle between **these two general conceptions**. ₅I think it may be said [that every man is somewhat {by his training, and still more by his constitution,} predisposed towards **the monistic or the dualistic conception**]. ₆There can be little doubt that the acceptance or the rejection of Darwinism has, {in the vast majority of cases}, been wholly determined by **the monistic or dualistic attitude of mind**.

> ₄思想の歴史とは、こうした二つの一般的な概念同士の対立の歴史とも言える。₅全ての人間は、ある程度は訓練によって、さらにはその性質により、一元論的または二元論的な概念を好むようになる、と言えるかもしれない。₆ほぼ間違いないのは、ダーウィン説を受け入れるか拒否するかは、大多数の場合、一元論を信じるか二元論を信じるかによって完全に決定されていることである。

⑥文で、「一元論」を信じるか「二元論」を信じるかで、「ダーウィン説」を取るかどうかが決まるということを述べています。

では、「ダーウィン説」はそもそも、一元論と二元論のどちらと親和性があると言えるのでしょうか？ 明らかに「ダーウィン説」、つまり「進化論」は、生物はバラバラに誕生した（キリスト教的考えでは神がそれぞれの生物を創造した）のではなく、それぞれの環境に適応しようとした結果、様々な性質、特徴を持つようになった、ということから、「一元論」に近いものと言えます。逆に進化論を受け入れない人々は、二元論提唱者ではないかという方向性が見えてくると思います。したがって、ここで、設問(1)、つまり『種の起源』が大きな影響力を持った要因を説明する解答が作成できます。

《解答例》（1）『種の起源』が、長きにわたってヨーロッパの考え方を支配してきた二つの大きな世界観のうちの一方の二元論と相反し、他方である一元論と一致している著作であるということ。

　続く4パラは第2章No. 6で取り上げましたので、構造面等については、詳しくはp.113をご覧いただきたいのですが、あらためて内容面のつながりをチェックします。

4パラ

① (b)And **this** explains, {what would otherwise be inexplicable}, the surprising ease and passion with which men (wholly incompetent to appreciate the evidence for or against natural selection) have adopted or "refuted" it.

《解答例》（3）①そして、他に説明しようのないことであろうが、このことで、自然選択の裏付けとなる、もしくは否定する証拠を理解する能力など全くない人々が、驚くほど容易に、また激しく、自然選択を受け入れるか、もしくは「反駁」してきた理由が説明される。

----

　this ＝「このこと」が受ける内容は、直前3パラの特に最終文 There can be little doubt that the acceptance or the rejection of Darwinism has, {in the vast majority of cases}, been wholly determined by the monistic or dualistic attitude of mind.「一元論を信じるか二元論を信じるかで、ダーウィン説を取るかどうかが決まる」と考えられます。

　つまり、もともと一元論または二元論のどちらの考えを信じるかというだけで、人々はこれまで自然選択、つまり「ダーウィン説を、その証拠を理解できもしないのに、いとも簡単かつ熱心に受け入れたり、拒絶してきた理由が説明できるし、またそれ以外の説明方法もない」ということを述べているわけです。

　さて、いよいよ問題の箇所です。

②文では、；（セミコロン）を挟んで、二つの文がつながっています。便宜上、セミコロンの前を［Aパート］、後半を「Bパート」とします。

Aパート（セミコロンの前）

②Elementary ignorance of biology has not prevented them from pronouncing very confidently on this question

> ②生物学に対する初歩的な知識の欠如は、人々がこの問題について自信たっぷりに考えを述べるのを妨げてこなかった。 → 生物学の初歩的な知識が欠けていても、人々はお構いなしに、この問題について自信たっぷりに考えを述べてきた。
> ※ prevent 〜 from Ving「〜がV...するのを妨げる」

Bパート（セミコロン以後）

; and biologists (with scorn) have asked [whether men would attack an astronomical hypothesis {with no better equipment}].

> そして、生物学者は軽蔑を込めて、人々は、天文学の仮説を、生物学の場合と同様たいした知識もないのに、攻撃するのだろうか？と問いかけてきた。

with no better equipment の部分は、than 以下が省かれていますが、もちろんそれは、「（生物学の場合と比べて）天文学の場合もたいして変わらない（no better）equipment で仮説を攻撃するのだろうか」ということです。equipment は文字通りには「装備、備品」ですが、A パートでもあったように elementary ignorance ということから、ここでも「基本知識」と考えるのが妥当です。

さて、問題は（3）の Why not? をどうとるかです。皆さんはどう考えたでしょうか？

物議を醸した箇所とは？

冒頭で述べたように、この Why not? の解釈をめぐっては、二つの説があり、一部で侃々諤々の論争が起きているようです。その二つの説を取り上げる前に、まず

Why not? が省略文であり、not はもちろん第１章 No. 3 でも取り上げた否定文を代表する not です。つまり、この文の省略を復元した場合は、否定文となることはよろしいかと思います。

問題は、Why not? の省略を復元する場合、ベースとなる部分がどこかということです。それは通例、直前部分にあるとするのが普通ですが、先ほど触れたように、直前②文は、セミコロンを挟んでＡパートとＢパートの２つの文から構成されており、そのどちらを Why not? のベースとなる文ととるべきかという問題です（ちなみに、一部の予備校の解答速報などでは、この部分をぼやかしているものが散見されました）。

まず、［Ａパート］と考えた人の根拠は、何といっても否定語 not が含まれているということです。

Elementary ignorance of biology has **not** prevented them from pronouncing very confidently on this question

その場合、Why not? の省略を復元すると、以下のようになります。

$\longrightarrow$ **Why** (has elementary ignorance of biology) **not** (prevented them from pronouncing very confidently on this question)?

「なぜ、生物学に関する基本知識の欠如が、人々がこの問題に関して自信たっぷりに語るのを妨げてこなかったのか？」 → 「なぜ、人々は生物学に関する基本知識もないのに、この問題に関して自信たっぷりに語るのか？」という疑問文となります。

ちなみに、**この場合この文を反語（なぜ…しないのか？ → する）と解釈することはできません**。「基本知識の欠如が、なぜ妨げてこなかったのか → いや、妨げてきた」ではないことは明らかです。

一見問題なさそうに見えます。しかし、よく考えてみると、この文は疑問文で問題提起となりますが、その答えはこのパラグラフの冒頭ですでに述べられている通り、「一元論か二元論のどちらを信じるか？」ということであり、再度このパラグラフで同じことを疑問文という形で問題提起する意味がありません。

もう一つ、こうとると B パート、つまり「天文学の話」が何のために述べられたのか、よくわからなくなります。

ただし、「B パートの部分には否定語がないから、Why not? の省略の元となる文にはならないのではないか？」とし、やはり A パートを復元したものが正解だとする人もいるようです。

確かに B パートには、A パートと違って、not は用いられていません。しかし、もう一度 B パートを見てみましょう。

; and biologists (with scorn) have asked [whether men would attack an astronomical hypothesis {with no better equipment}].

> そして、生物学者は軽蔑を込めて、「人々は、天文学の仮説を、生物学の場合と同様たいした知識もないのに、攻撃するのだろうか？」と問いかけてきた。

この biologists の問いかけ部分である whether 以下は、そもそも疑問文に相当する部分ですが、その部分を疑問文にして取り出すと以下のようになります。

$\longrightarrow$ "Would men attack an astronomical hypothesis {with no better equipment?}" → 生物学者の抱く疑問

> 人々は、天文学の仮説を、生物学の場合と同様たいした知識もないのに、攻撃するのだろうか？

さて、これは純粋に答えがわからない疑問かというと、with scorn「軽蔑を込めて」でわかるように、「そんなことはないだろう（→ **人々は天文学の仮説を、生物学の場合と同様たいした知識もないのに攻撃するなどということはないだろう**)」つまり、「天文学の場合にはしないのに、なぜ生物学の場合にはろくな知識もないのに攻撃するのだろう」という生物学者がそのような人々に対して、軽蔑を込めて考えていることになります。生物学者の問いかけは**実質以下のような否定文に相当**します。

$\longrightarrow$ men would **not** attack an astronomical hypothesis {with no better equipment}.

ということは、このBパートは Why not? の省略のベースとなる資格があることになります。その場合、復元した形は以下のようになります。

→ **Why** (would men) **not** (attack an astronomical hypothesis with no better equipment)?

> なぜ、人々は生物学の場合と同様に、たいした知識もないのに天文学の仮説を攻撃しないのだろうか？ → いや攻撃するだろう。

ここまでを一旦整理すると以下のようになります。

① 「Aパート」を元の文と考えた場合の Why not? の意味

「なぜ、妨げてこなかったのか？」という疑問（問題提起）

　　→ 反語「いや妨げてきた」ととることは不可（実際は妨げてきていない）　×

② 「Bパート」を元の文と考えた場合の Why not? の意味

「なぜ、攻撃しないことがあろうか？」

　　→「いや、天文学の場合でも、攻撃するであろう」という反語

もうおわかりだと思いますが、この Why not? の部分は、直前Bパートの省略ととるべきところです。

　Aパート説で決定的に無理があるのは、「なぜ…妨げないのか？」という疑問文（問題提起）の答えはこのパラグラフの冒頭で述べられているように、「人々は一元論派ならダーウィン説を支持し、二元論派なら否定する（それ以外の証拠があるなしに関係なく）」ということになってしまうことです。同じパラグラフの先頭ですでに問題提起がなされ、その解答が出ているにもかかわらず、再度同じパラグラフの最終文で、同じ問題提起をするのは極めて不自然（というより、必要がありません）です。

　もちろん先ほども触れたように、この文を**反語と考えると、さらに論理が破綻します。**反語ということは、「なぜ妨げなかったのか → いや妨げてきた」となりますが、「生

物学の基本知識の欠如が、人々が自信たっぷりに語るのを妨げてきた」は明らかに誤りです（妨げてはいません）。

　それでもAパート説にこだわる往生際の悪い（？）人の中には、「この文の中心テーマはあくまで進化論であり、天文学の部分はあくまで例である。Bパートを受けると考えた場合、「天動説」の場合には確かに今回と同じように、素人が根拠もなく決めつけるというケースはあるが、そうとると論点がダーウィン説に絞られず、広がってしまう」というような（大分苦しいと思いますが）主張をする人もいるようです。

　「ダーウィン説」が今回の中心テーマであることには異論はありませんが、このように、人間が根拠もなしに（科学的裏付けを伴うことなく）自分たちの世界観で物事を決めてしまうことは、なにも進化論の問題だけではない、というような補足をする展開は論説文ではよく見られることで、天文学の話に言及したのも、「なにも生物の世界に限ったことではない」という補足に過ぎません（天動説を信じこんでいた人々が、当初は地動説を攻撃した場合などからも明らかです）。だからといって話が進化論から脱線しているわけでもなく、単に同じようなケースが進化論以外にもあるという人間の特徴を述べていると考えれば特に問題はありません。直後の④⑤文でそれが一層はっきりするはずです。

　④They feel themselves competent to decide the question (from higher grounds). ⑤{Profoundly convinced of the truth of their general conception of the world}, they conclude **every hypothesis** to be true or false, {according as it chimes with, or clashes against, that conception}.

　　④彼らは、より高い次元から、自分たちは問題を決定できる能力があると思っているのである。⑤自分たちの全般的な世界観が真実であると深く確信しているため、彼らはすべての仮説は、その概念と一致するか、矛盾するかに応じて、真か偽であると結論付けるのである。

　このevery hypothesis「あらゆる仮説」が、「生物学」に関する仮説のみと考えるのは無理があります。実際、天文学や他の学問であれ、人々はたいした知識がなくても、自分たちの世界観と一致するかしないかで真偽を決めてしまうケースは枚挙に

暇がありません。

　あらためて、下線部（3）の②文以降の和訳は以下のようになります。

《解答例》（3） ②生物学の知識が全くないのに、人々はこの問題に関して自分の見解を述べるのをやめることはなかった。これに対して、生物学者は軽蔑を込めて、生物学と同様に知識が全くない素人たちが、天文学の仮説に反論することがあるだろうかという疑問を投げかけている。もちろん、そうする（天文学の素人も天文学の仮説に反論する）であろう。

----

5 パラ

①So it has been, so it will long continue. ②The development hypothesis is an inevitable deduction (from the monistic conception of the world); and will continue to be the battle-ground of contending schools {until the opposition between monism and dualism ceases}. ③For myself, believing in the ultimate triumph of the former, I look on the development hypothesis as one of the great influences (which will {by its acceptance}, {in conjunction with the spread of scientific culture}, hasten that triumph).

①これまでもそうであったし、これからもずっとそうであろう。②発達仮説は、一元的概念からの必然的な演繹であり、そして、一元論と二元論の間の対立がなくなるまで、対立学派同士が今後も論争を繰り広げる場であろう。③私自身は、前者、つまり一元論が最終的に勝利を収めると信じているが、発達仮説を、それを受け入れることで、科学文化の普及と相まって、その勝利を促進する大きな影響力の一つとして見なしている。

①Darwin seems to have liked Lewes's observations on his work, for {when he read this and other related pieces}, he wrote to the journalist and encouraged him to publish them in a book form. ②{Although {from the point of view of today's science} [what he says] may be dated}, Lewes remains a highly interesting writer.

> ①ダーウィンは、自分の研究に関するルイスの考察を気に入ったように思われる、というのも、これおよび他の関連記事を読んだ後、彼はルイスに手紙を書き、本にして出版するように勧めたからである。②今日の科学の観点からすれば、ルイスの述べていることは時代遅れかもしれないが、彼が非常に興味深い作家であることには変わりはない。

最後に、「これを言ってはお終いよ」となってしまうかもしれませんが、当の京都大学（近年大学入試では、模範解答、もしくは解答の方針などを公表するようになっています）が、この下線部の出題ポイントとして、**Why not? の「反語」をとらえられているか？**という文言を記載しています（ただし、京大の公式サイトではすでに掲載を終了しています）。**つまり、当の京大が反語であるという認識で出題しているのです。**ただ、京大はＡパート、Ｂパートのどちらが反語なのかは発表してはいません。しかし解説に掲載したとおり、Ａパートを反語ととることは明らかに無理があるため、必然的にＢパートが反語であるということにならざるを得ません。

　もちろん、大学入試の場合でも、出題校の解釈が正確かどうかという問題はないわけではありません。それこそ「天下の京大がそうとっているのだから、問答無用」では、権威主義になってしまいます。

　しかしながら、京大がどう解釈しているかに関係なく、このパラグラフの先頭で述べた答えを再度、疑問文＝問題提起として取り上げる展開は不自然であること、実際続く部分で、その問題提起の答えに触れられていないことも合わせ考えてみれば、Ａパート説にはやはり無理があることは明らかと言えるでしょう。

第 5 章

東大・京大が求める英作文力
（和文英訳・自由作文）

英作文（和文英訳）を通して東大が求めるもの

「基本文法の定着度」を試す問題

　最後のこの章では、東大・京大の英作文問題を取り上げます。一口に英作文と言っても色々な形式の問題があり、また京大の英作文は難度で言えば最上級に属するものですが、まずはご自分で解答を作成してみることをお勧めします。

　なお解答例は、問題によっては複数掲載しているものもありますが、すべて大学発表のものではありません。

`92年・東大`

1 ★★☆☆☆　次の日本語を英語に直せ。

(1) 予想していた人数の4倍の人が来てくれた。

(2) 君に言われたとおり、もっと勉強しておくんだった。

(1)

(2)

（1）予想していた人数の 4 倍の人が来てくれた。

（1）で問われているのは、「4 倍」という倍数表現です。これは英文法の「比較」で学ぶ表現です。

◆「～の X 倍の数の…」

- X times as many... as ～（○）
- 〃　　more than ～（○）
- 〃　　the number of...（○）

これらを用いれば、「予想していた人数の 4 倍の人」は以下のようになります。

four times as many people **as** I / we (had) expected

four times the number of people I / we (had) expected

◆「来てくれた」

- appeared（○）　　・came（○）　　・showed up（○）
- turned up（△）ひょっこり現れる　　・had... coming（○）

以上のことから、解答例は以下のようになります。

- -

《解答例》（1）

① Four times as many people as I / we had expected appeared.

② I had four times as many people as I / we had expected coming.

- -

倍数表現は、これ以外にも度々出題されています。次のページの [2] をご覧ください。

（2）君に言われたとおり、もっと勉強しておくんだった。

◆「…しておくんだった」

- should have Vp.p.（○）主観的（後悔の気持ちがこもる）

・ought to have Vp.p. (△) 客観的

◆ 「君に言われたとおり」

・as you told me to (do) （○）

・as (I was) told to (do) by you （○）

・as I was said by you （×）

「（…するように）言われたとおり」の部分は、「勉強するように言われた」ということから、say ではなく、tell ● to V と考えます。

《**解答例**》(2)

① I should have studied much harder, as you told me to (do).

② I should have studied much harder, as (I was) told to (do) by you.

2　★★★☆☆　下線部を英語に直せ。

　今の学生は漢字に弱いといわれる。学生がもし英和辞典を引く度数のせめて半分でもよいから国語辞典を引けば、漢字の学力低下がうんぬんされるようなことはなくなるであろう。

ここでは、先ほどの倍数表現に加え、「もし…なら、～だろう」という現実に反する内容（古文でいう反実仮想に相当する）、仮定法の運用が求められています。仮定法は、p.298 以降で取り上げる自由作文においても、必須の文法事項です。

◆「漢字」

　・"Kanji"（△）　　　　・Chinese characters（○）

　・Chinese letters（×）→ character「表意文字」、letter「表音文字」

◆「辞典を引く」

　・consult a dictionary（○）

　・use a dictionary（○）何かの目的のために利用する

　・refer to a dictionary（△）参照する

　・look up a dictionary（×）　　cf. look up a word in a dictionary

　　　※ look up の目的語は「辞書」そのものではなく、記載されている「情報」。

◆ 引く「度数」とありますが、もちろんこれは「頻度」のことでしょうから、often を用いればよいことになります。「～する半分の頻度」は half as often as となります。

　　「せめて」→「少なくとも」at least

　　→ at least half as often as...

◆「漢字の学力低下」

「学力低下」そのものは decline in academic ability という定訳があります。ただしここでは「漢字の学力低下」ということから、「漢字の読み書きができなくなっていること」「漢字の知識・能力が乏しくなっていること」のように置き換えてみる必要があります。

　・being less able to read and write Chinese characters（○）

　・lose the ability to read and write Chinese characters（×）

　　　※「山」や「川」なども書けなくなる感じ。

・poorer knowledge of Chinese characters（○）

・being Chinese character-illiterate（○）

illiterate は「読み書き能力が十分でない」ことを表す語ですが、● -illiterate で「●に弱い」という意味で使われます。

㋕ computer-illiterate　コンピューターに弱い

また、「増減・変化・上昇・下落など」を表す場合、increase や decrease などよりも**比較級を使うと、簡単かつ英語らしい表現になる**ことがあります。

㋕ …する人が増えている / 減っている

・The number of people... is increasing / decreasing.（△）

　→ **More and more** people / **Fewer and fewer** people are...（○）

㋕ 賃上げ

・rise in wages（△）→ **higher** wages（○）

㋕ 労働条件の改善

・improvement in working conditions（△）

　→ **better** working conditions（○）

ここでも、「学力低下」に対して、そのまま名詞で decline in academic ability よりも、「漢字の読み書きが（以前よりも）できなくなる」と考え、比較の less を用いて、being **less able to read and write** Chinese characters とすれば、simple かつ確実な表現になります。

このように、**具体的なものではない**「抽象概念」は、日本語の名詞をそのまま英語の名詞で書こうとするよりも、「動詞中心の表現」や「節」に直した方が自然な英語（むしろ直訳すると不自然かつ間違った英語）になることが多々あります。これは、和文英訳のポイントとなる部分です。

例 彼は日本文学に関する<u>豊富な知識の持ち主</u>だ。

・He is <u>the owner of rich knowledge of</u> Japanese literature.（×）

・He <u>knows a lot about</u> Japanese literature.（○）

※豊富な知識の持ち主 → …について多くのことを知っている

例 合格は、君の<u>勉強量</u>次第だ。

・Your success depends on <u>the amount of your study</u>.（×）

・Your success depends on <u>how much / hard you study</u>.（○）

※勉強量 → どれほど勉強するか

◆ 「うんぬんされる」

・… be criticized for ～（○）　　cf.「…を～で非難する」→ criticize… for ～

・… be complained about（○）

《解答例》

① If they consult a Japanese dictionary at least half as often as（they do）an English-Japanese dictionary, they wouldn't be criticized for being less able to read and write correct Chinese characters.

② If they look up at least half as many words in a Japanese dictionary as they do in an English-Japanese one, their poorer knowledge of Chinese characters would not be criticized.

「日本語をどう〈料理する〉か?」が ポイントとなる問題

　No.1 で取り上げた問題は、東大の英作文の中でもある程度基本構文のパターンを覚えておくことで対処できるものでしたが、京大ほどではないとはいえ、やはり東大の問題である以上、機械的な暗記で太刀打ちできるものはほとんどありません。ただし、一見どう英訳したらよいかわからない難解な日本語、もしくは日本語の機械的な直訳が明らかに英語としては不自然になってしまう場合、求められるのは、難解な英語表現・語句ではなく、できるだけ simple かつ正確な英語で書けるかどうかです。

　以上のことを考慮して、次の問題に取り組んでみてください。

20年・東大

1　★★☆☆☆　以下の下線部を英訳せよ。

　生きてゆくためにはまず若干の自信を持たなくてはならぬ。しかし自信ばかりで押し切っては、やがていつかは他人を害する立場に立つ。自分たちは、いつも自分たちの信念がある程度までまゆつばものだということを悟り、かくて初めて寛容の態度を養うことができる。自信と疑問、独断主義と懐疑主義との二刀流によって、われわれは世界と渡り合うことにしたい。

鶴見俊輔『アメリカ哲学』

_____

_____

_____

_____

_____

しかし自信ばかりで押し切っては、やがていつかは他人を害する立場に立つ。

　　まず「自信ばかりで押し切っては」の部分ですが、「押し切る」をどうするか悩む
かもしれません。直訳して push forward with only (self-)confidence でも構い
ませんが、辞書を引かなければなかなか出てこない表現のような気がします。要す
るに、「自信だけで押し切る」とはどういうことでしょうか？ 結局は「過度の自信」
または「自信過剰」と考えることができます。それならば too much confidence /
being overconfident あたりで表現することが可能です。

◆「やがていつかは他人を傷つける立場に立つ」

　「やがていつか」には、以下のような表現が使えます。

・soon（○）　　・before long（○）ほどなくして　　・someday（○）いつか

　「…を傷つける」の部分には、以下のような動詞を使うことが可能です。

・hurt（○）　　・harm（○）　　・be harmful to...（○）
・offend（○）不快にする

　逆に好ましくないのは、以下のような表現です。

・damage（△）（物理的に）損害・損傷を与える
・do... harm（×）（通例）健康を害する

281

「…する立場に立つ」は、文字通りには be in a position to V... という表現があ
りますが、どちらかと言えば「…することができる立場にある」≒ be able to... に
近い表現です。この場合は、「結局、最終的に…することになる」と考え、以下のよ
うな語句・表現が候補に挙がります。

- eventually（○）最終的に
- in the end（○）しまいには
- after all（○）（予想に反して）結局は
- in the long run（△）長期的には
- end up...（○）…する羽目になる
- find oneself Ving（○）気がついてみると…している

よって、一文目は以下のようになります。

① <u>Too much confidence</u> will soon be harmful to others in the end.
② <u>Being overconfident</u>, you will end up hurting others someday.

自分たちは、いつも自分たちの信念がある程度までまゆつばものだということを悟り、かくて初めて寛容の態度を養うことができる。

◆「信念」

- your belief（○）
- what you believe（○）
- what you are sure is true（○）　真実であると確信すること

　※抽象概念 → なるべく節（→ p.278）

◆「まゆつばものだ」

- be... questionable（○）怪しい、疑わしい、胡散臭い
- be not always true（○）常に正しいとは限らない

- take... with a grain / pinch of salt　…を胡散臭いものと考える

　　※一つまみの塩をもって受け入れる → 全面的に信用しない

　　⇔ take / accept... at face value　「…を額面通りに受け取る」

最後の表現はあまりなじみのある表現ではないかもしれませんが、80 年代に共通一次試験でも出題されています。

◆「…して初めて〜」

- It is not until... that 〜（○）
- It is only when... that SV 〜（○）（→ p.207）
- Only... ＋倒置（○）（→ p.136）

なお、「初めて」から for the first time は使えないのか？と思われる方がいらっしゃるかもしれませんが、for the first time は「第一回目」という意味ですから、ここでは不適です。

◆「寛容の態度を養う」

- learn to be tolerant of...　…に寛容になる
- develop / cultivate an attitude of tolerance toward...（○）
- be generous（×）

attitude「態度」という語をどうしても使うなら、「養う」の部分は develop もしくは cultivate が使えます。develop は大抵の受験単語集では「開発する」もしくは「発展させる」というような訳語は載っていますが、「もともと何もないところから作り出していく → 無から有へ」というのが基本的な意味です（宅地開発業者をディベロッパーと言うのはご存じかと思われます）。例えば develop a taste for... で「…に対する好みを身につける」→「…を好きになる」という意味になります。

また単語集などでは generous に「寛大な」という訳語が載っていますが、generous は「気前がいい → 太っ腹」という意味での「寛大」ですから、このような場合は避けた方がよい単語です。

《解答例》

① However, too much confidence will be harmful to others in the end. It is only when you realize that what you believe may be questionable to some extent that you can learn to be tolerant.

② However, if you are overconfident, you'll soon find yourself hurting others. Only when you realize what you believe is true may not always be so can you develop / cultivate an attitude of tolerance.

③ However, being overconfident, you'll soon end up hurting others someday. It is only by taking your belief with a pinch / grain of salt that you can be tolerant of others.

---

3 和文英訳—東大篇②

日本語の料理法 ―「…とは縁のない人」 をどう英訳するか?

今回も、東大の和文英訳タイプの英作文問題を見ていくことにします。

1　★★☆☆☆　以下の下線部を英訳せよ。

　「現在の行動にばかりかまけていては、生きるという意味が逃げてしまう」と小林秀雄は語った。それは恐らく、自分が日常生活においてすべきだと思い込んでいることをやってそれでよしとしているようでは、人生などいつのまにか終わってしまうという意味であろう。

昭和の頃に受験を経験された世代の方なら、「小林秀雄」と聞くと、現代文の頻出作家、しかも難解な文が多いとされ苦戦した思い出を抱く方もいるかと思います。

◆ 「それは恐らく…という意味であろう」

　・That will probably mean that...（○）

　・What he meant will probably be that...（○）
　　彼（＝小林秀雄）の言わんとすることは、恐らく…

◆ 「自分が日常生活においてすべきだと思い込んでいること」

　・what you believe you should do in your daily / everyday life（○）

　・what you assume you should do in your daily / everyday life（○）
　　※ assume 「…を当然と思い込む」

◆ 「…をやってそれでよしとする」

　・just do... and think that's enough（○）　…をやって、それで十分と考える

　・be content with just doing...（○）
　　ほどほどの満足、ほどほどにやってお茶を濁す、甘んじる

　・be satisfied with just doing...（△）　大満足（第一志望に合格した場合など）

◆ 「いつのまにか」

　・before you know / realize it（○）　知らないうちに / 気づかないうちに

　・before you are aware of it（△）

　・all too soon（○）　あまりにも早く、あっけなく

◆ 「人生が終わる」

　・your life will be over（○）　　　・you'll be at the end of life（○）

　・you'll end your life（○）　　　・you'll be dead（○）

　・you'll die（○）

　以上から、解答を作成します。

《解答例》

① Probably, what he meant will be that if you are content with just doing what you believe you should do in your daily life, your life will be over all too soon before you know it.

② He probably meant that if you are just doing what you assume you should do in your daily life   and think that's enough, you'll be at the end of life before you realize it.

　もう一問ご紹介します。「…とは縁のない人」の部分をどう料理するかがポイントとなる問題です。

79年・東大

2　★★★☆☆　次の日本語を英語に直せ。

　本は借りて読むものときめてかかっている人は、ほんとうの読書のよろこびとは縁のない人といってよい。そういう人は、読書をただの暇つぶしとしか考えていないのである。

◆「本は借りて読むものだ」

- Books are something to borrow, not to buy.（○）
- 〃　　something to borrow **rather than** (to) buy.（○）
- It is all right to borrow books, **instead of** buying them.（○）

「…するもの」は一般に something to V... で表すことができます。そうすると、something to borrow and read となりそうですが、この場合、read は不要です。例えば、「このコーヒーは熱くて飲めない。」の場合、直訳すると This coffee is too hot to drink. となりますが、coffee を drink するのは言うまでもありませんから、This coffee is too hot. で十分です。

「本は読む」に決まっていますから read は不要で、むしろここでは、「借りて読むもの」という部分には、「買って読むもの」ではなく、という「対比」の意味が含まれています。

◆「ほんとうの読書のよろこび」

- what real pleasure reading gives（○）
  読書がどんなよろこびを与えてくれるか

- how really pleasant / interesting reading is（○）
  読書がどれほど楽しいものか

- what reading be all about（○）　読書の本質
  ※ what A be (all) about「A とはどういうものか、A の本質」

◆「縁のない」の部分は、「知らない」「堪能しない」「わからない」(don't know / enjoy / realize) と、または受験英語では定番の the last... to V 〜「最後に〜する」→「一番可能性の低い（縁のない）」を用いてもよいかもしれません。

もう一つ、appreciate という動詞も覚えておくと表現力が増します。受験単語集では①「鑑賞する」②「理解する」③「感謝する」などの訳語が羅列されているだけのものが多いようですが、appreciate の正体は「**（価値・本質を）理**

解する・ありがたみがわかる」。「猫に小判」「馬の耳に念仏」「豚に真珠」(Cast not pearls before swine) ということわざは、すべて、「それぞれの価値を appreciate できない」という意味であることがわかれば、先ほどの①「鑑賞する」→「本質を理解する」、②「理解する」→「本質を」、③「感謝する」→「ありがたみがわかる」ですべて一網打尽で押さえることができます。

「楽しい」を「興味深い」と考え、interesting とすることも可能です。ただし、fun は「楽しみ」でも「愉快」という感じの語句ですので、(Have fun!(楽しんでね))ここでは不適となります。

以上のような表現でも問題ないのですが、「ほんとうの読書のよろこび」を「読書の本質」と考え、③に示した what A be (all) about「A とはどういうものか、A の本質」という表現を用いることも可能です。

この表現は、受験単語集などではお馴染みではないかもしれませんが、東大では92年、京大ではそれ以前(83年)に和訳問題で問われています。

[例題] 和訳問題　　　　　　　　　　　　　　　　[83年・京大 (抜粋)]

Tennis is often compared to chess because of the almost limitless strategic alternatives and the enormous mental pressure that can increase as you play through your *strategy. Keeping all this under control is **what** a good mental attitude **is all about**.

> テニスがよくチェスに例えられるのは、戦略的選択肢がほぼ無限にあること、および戦略を実行するにつれて増大する多大な精神的重圧のためである。優れた心構えとは、これらすべてを制御することなのである。

◆ 「ただの暇つぶし (の手段・方法)」

・ just a way to kill time (○)

・ nothing more than a means to pass the time (○)

注意を要するのは、「AをBと考える」という場合、AとB は＝イコール関係（be 動詞で結ぶことができるもの）でなければなりません。「読書をただの暇つぶしとしか考えていない」は、この日本語のままですと「読書」と「ただの暇つぶし」がイコール関係になりません。そこで「ただの暇つぶしの手段・方法」のように、way や means を補う必要があります。ここは「英文法」というより「英語の発想・論理」の理解・応用が試される部分と言えるでしょう。

《**解答例**》

① Those who take it for granted that books must be borrowed and not be bought are the last person to enjoy the real pleasure of reading. Such people think of reading as just a way to kill time.

② Those who assume that books are something to borrow rather than buy cannot appreciate what reading is all about. They think that reading is nothing more than a way to pass the time.

和文英訳—京大篇

抽象概念はなるべく「節」や「動詞中心」に表現する

　今回は京大の「和文英訳問題」を取り上げます。「日本一難しい」とされる京大の英作文の問題ですが、なぜ難しいと言われるのか、またその部分にどう切り込んでいったらよいのかを知るために、皆さんの英語力をフル動員して、まずは以下の問題にトライしてみてください。

1　★★★★☆

　人間、損得勘定で動くとろくなことがない。あとで見返りがあるだろうと便宜を図っても、恩恵を受けた方はコロッと忘れているものだ。その一方で、善意で助けた相手がずっと感謝していて、こちらが本当に困ったときに恩に報いてくれることもある。「情けは人のためならず」というが、まさに人の世の真理を突いた言葉である。

人間、損得勘定で動くとろくなことがない。

◆ 「損得」は文字通りには、gain / profit and loss ですが、「損得勘定」を the account of gain and loss（×）などと直訳したところで、文字通り「ろくなことはない」でしょう。見たことがないような表現を「発明する」のではなく「**確実に知っている simple な英語で表現する**」という原則は、京大の英作文の場合も同様です。

要は「損得勘定」というのは、「自分に役立つ・利益になるかどうかを考える」という意味と考えられます。ここでも、「**抽象概念 → なるべく「節」や「動詞中心」に表現する**」ことで、不自然な怪しい表現を避けることができます。

- think what will benefit you and what will not（○）
  何が自分の利益になり、何がならないかを考える

- consider whether something will be useful to you or not（○）
  あるものが自分の役に立つかどうかを考慮する

- in terms of gain / profit and loss（○）　損得勘定の観点から

- on the basis of self-interest（○）　自己利益に基づいて

◆ 「ろくなことはない」の部分は、「…しても何も良いことはない」「…するのは何の役にも立たない」と考えることが可能です。

- There is nothing good in Ving ...（○）　…することに良いことはない

- It is no use / good / sense Ving ...（○）　…しても無駄である

- You won't gain anything by Ving...（○）　…で得るものはない

- Ving... does not help you at all（○）　…するのは無益である
  NG　Ving... does not do you good（×）
  　※ do... good 「健康面で益を与える」

- Nothing good comes out of Ving...（○）　…から何も良いことは生じない

292

あとで見返りがあるだろうと便宜を図っても、恩恵を受けた方はコロッと忘れているものだ。

◆「見返りがあるだろう」は「お返しに何かを期待して」と考え、

- expect something in return （○）

- in hope of a reward （○）　お返しを望んで

またここでも、「節」や「動詞中心」に表現するなら、

- in the hope that someone will return the favor （○）
  相手が恩返しをしてくれることを期待して

- in the hope that you will get something in return （○）
  お返しに何かを得ることを期待して

とすることも可能です。

◆「便宜を図る」は「手を貸す」「施しをする」と考え、

- help someone （○）

- give someone a hand （○）

- do someone a favor （○）

または「親切にする」と考え、be kind to someone （○）でも構わないところです。

◆「恩恵を受けた方」

someone who received the favor （△）もしくは the recipient of the favor （△）などとしたくなるかもしれませんが、直前の「便宜を図る」で用いた someone を代名詞で受けた he or she もしくは they で十分です。

◆「コロッと忘れているものだ」

「コロッと」は completely「すっかり、完全に」や readily「即座に」のような副詞が使えるでしょう。

・completely forget about that（○）

・readily forget your kindness（○）

> その一方で、善意で助けた相手がずっと感謝していて、こちらが本当に困った
> ときに恩に報いてくれることもある。

◆ 「その一方で」は、ここでは〈対比〉を表す on the other hand が最適です。近
年 on the contrary という句をこの意味で用いている英文を目にすることが多々
ありますが、これはもともとは、「それどころか」（前言の強調。通例前文が否定、
後ろが肯定）で用いる語句です。「一方」の意味で使うのは、英作文では避けた方
が無難です。

㋕ I don't like Tom. **On the contrary**, I hate him.
　　トムは好きじゃない。それどころか、大嫌いだ。

㋕ Mary is doing her homework. **Meanwhile**, Tom is playing a game
　on his smartphone.
　　メアリーは宿題をしている。その一方で、トムはスマホでゲームをしている。
　　※ meanwhile（×）「その間」→ 同時進行で異なる事態が起きている場合

◆ 「善意で」

前置詞に注意です。「…で」を with と思われた方がいるかもしれませんが、with
の原義は「持って、抱えて」ということから、目的語には「道具・手段（を使って）」
が来ます。

㋕ cut **with** a knife　ナイフで → ナイフを使って切る

このような場合の「…で」は「善意・親切心から」ということですので、with で
はなく out of「出所」を用いるケースです。

・out of kindness（○）

・out of goodwill（○）

・without expecting anything in return（○）

◆ 「ずっと感謝していて」

- **have been** thankful / grateful to you（○）

  現在完了のいわゆる「継続」

- remain thankful / grateful to you（○）

  remain + C「依然として C」

- remember your kindness（○）

- not forget that you were kind to...（○）

◆ 「こちらが本当に困ったときに恩に報いてくれることもある」

「本当に困っている」

- be **badly** in need of help（○）

  badly → need, want の強調

- have some troubles（○）　問題を抱えている

- really in trouble（△）

  かなり深刻な状況（→ 借金が払えず夜逃げしなければならないような）

- be troubled（△）　悩みを抱えている

「恩に報いる」

- return the favor（○）

- help you in return（○）

「情けは人のためならず」というが、まさに人の世の真理を突いた言葉である。

　このことわざの意味を「情けをかけることは相手のためにならない → 同情は禁物」のように勘違いしている人が一定数いるようですが、もちろんこのことわざは「他人に情けをかける（＝親切にする）のは、巡り巡って結局は自分のためになる（報われる）」という意味であることはよろしいかと思います。もちろん、Showing compassion is not for people.（×）などとするのは、完全に NG となります。

これに相当する英語のことわざには、One good turn deserves another.（この turn は「行い」の意味。直訳は「一つの善い行いは、別の善い行いを受ける価値がある」）があり、ご存じの方はもちろんこの表現を用いて構いませんが、知らなければ「できるだけ確実かつ simple な表現」を用いて、

- If you are kind to others, you'll surely be rewarded later.（○）
- Being kind to others will be repaid later.（○）
- Your kindness will be rewarded in the end.（○）
  ※ in the end「結局は、最終的には」

とすれば問題はありません。

◆ 「…というが」のくだりは、As the saying / proverb goes（○）「ことわざにある通り」という決まり文句を用いるか、They say...（○）、もしくは It is said that...（○）とすることもできます。

◆ 最後の「人の世の真理を突いた」も、「真理を突く」とはどういうことか考えてみれば、「人間社会（＝人の世）において、まさしく真実である（あてはまる）」と解釈することができます。

- This (proverb / phrase) **is (exactly / really) true** in human society / relationships.（○）

以上を踏まえて、解答例を作成すると以下のようになります。

- -

《解答例》

① There is nothing good in acting considering what will benefit you and what will not. Even if you do someone a favor, expecting something in return, they will completely forget about that. On the other hand, someone you have helped out of kindness might never forget your kindness and return the favor when you are really in need of help. As the saying goes, "One good turn deserves another," which is really true in human society.

② Acting in terms of self-interest won't help you at all. You may be kind to someone in the hope that you'll be rewarded later, but they often forget about all your kindness. However, although you have helped someone out of kindness, they might have been grateful to you for the favor that we have done them, and help you in return when you have some problems. They say that if you are kind to others, you'll surely be rewarded later. This is really true in human relationships.

③ Nothing good comes out of considering whether something will be useful to you or not. It is no use expecting something in return, since most of them will soon forget all about that. But someone will remain thankful to you for your kindness and will help you when you are in need. It is said that your kindness will be rewarded in the end. This is really true in human relationships.

　いかがでしょうか？　確かに「簡単な問題」とは言えませんが、最低限の基本的な語句・文法知識が身についた上で、問題文の日本語を「料理」できれば、京大の英作文も、何とかなるのではないでしょうか。

実は不自由な自由作文

東大では 90 年代以降、従来の和文英訳ではなく、語数指定の自由作文が多くなりました。一口に「自由作文」と言っても、出題形式には以下のようなものがあります。

---

① 「テーマ提示」→ 意見陳述タイプ

　（賛成・反対、真か偽か）＋その理由

　　　例 死刑は廃止すべきである。

② 「将来の展望・予想」タイプ

　　　例 50 年後の交通手段はどのようなものになっているか。

③ 「写真・イラストから読み取れる自分の考え」を説明させるタイプ

④ 「会話の一部に入るべき内容」を考え、英訳させるタイプ

　　前後の内容との論理的整合性が問われている。

いずれにしても、自由作文とは言いながら何を書いても良いわけではなく、実際にはある程度書くべき内容は限定されてくるという意味で、むしろ**「不自由作文」**と言っても良いかもしれません。

次の東大の問題は、③「写真・イラストから読み取れる自分の考え」を述べさせるタイプに相当するものですが、注意が必要なのは、「絵に描かれた状況を自由に解釈し」という文言です。つまり、この絵の状況（UFO の本を読んでいる少年に女子学生（姉？）が窓の外に本物の UFO が飛んでいることを教えている）をただ英訳するだけでは、合格答案とは言えません。「自由に解釈」と言いながら、実は勝手に思いつくことを何でも書けば良いというものではないところが、東大なのです。

1 ★★★☆☆ 次の絵に描かれた状況を自由に解釈し、40〜50語の英語で説明せよ。

「状況を自由に解釈し」とは、結局「この絵をどう解釈するか」、つまり「この絵を見て思うところを書け」ということになります。

この問題で言えば、「本物の UFO が飛んでいながら、目の前の UFO の本に夢中になっている少年」つまり、「実物には目もくれず、本から得られる情報（これは07年の問題ですが、今なら本ではなくスマホでしょう）にしか目を向けようとしない」光景を描いていると解釈することができます。

ここから読み取るべき「教訓」を考えた場合、「本物の UFO を自分の目で見るという「直接体験」（firsthand experience）よりも、本やネットなどで得られる「間接体験」（secondhand experience）で満足してしまう」という現代社会の「頭でっかち」（「情報」だけで満足 → 自分の目で確かめることを忘れた現代人への皮肉（irony））が描かれている、と読み取ることができるかどうかがこの問題のポイントと言えます。

参考までに、東大でも京大でもありませんが、早稲田大学・法学部の英作文問題でも、「目の前の公園の遊具には目もくれず、スマホに夢中になっている子供たち」（20年）、「眼前に広がる実際の風景に目もくれず、その風景を画像で見て満足しているカップル」（19年）という、「目の前の実物ではなく間接体験で満足してしまう、リアルではなくバーチャルの方に満足を見出す現代人」という、この東大の問題とほぼ同じコンセプトの問題が近年たて続けに出題されています。

ちなみに以前、この問題を東大志望の受験生に課したところ、

The book the boy is reading says how to call a UFO, and he did as it said, and a UFO appears in the sky. The girl student is surprised to see a real UFO, telling him about it, but he is not, saying it was him who called it. ［50語］

この男子学生が読んでいる本には UFO を呼び出す方法が書いてあり、男子学生はそれを実践したところ、本当に UFO がやってきて、女子学生は驚いているが、男子学生は「そりゃ当然さ、僕が呼んだんだもの」と平然としている。

という答案がありました。これはこれで非常にユニークな発想で面白いと思いますし、自由な解釈としては十分成立します。実際にこの内容で書いても（文法やスペリングミスなどがなければ）満点がもらえると思います。ただし、**先に触れた早稲田大学の問題からも明白なように、この手の問題は独創性が問われているわけではなく、問題文から読み取れる、ある意味誰でも思いつく無難な内容が求められている点で、東大や京大も同様と言えるでしょう。**

　もちろん、英語表現自体は 100 人いれば 100 通りになるでしょうが、書くべき内容は 100 通りどころかある程度限定されるという、ある意味**「本当は不自由な自由作文」**なのです。

《解答例》

① A boy is too absorbed in reading a book about UFOs to listen to his sister, who is trying to tell him that a UFO is floating outside the window. Ironically, like him, more and more people are satisfied with just having some information through the Internet, books and other media, instead of seeing things with their own eyes.　[59 語]

　ある少年は UFO についての本を読むことに夢中で、窓の外に UFO が浮かんでいることを教えようとしている姉の言うことが耳に入らない。皮肉なことに、彼と同じく、自分の目で物事を見るのではなく、インターネットや本や他のメディアを通じて情報を得るだけで満足してしまう人が増えている。

◆「…に夢中になる」

- be absorbed in... （○）　夢中になっている
- be lost in...　　　（△）　寝食を忘れるほど

◆「…に〜を教える」

- tell... about 〜 （○）　情報を伝える
- teach...　　　　 （×）　指導する

◆ 「飛んでいる」

- be flying （○） 飛行している
- be floating （○） 浮かんでいる
- be hovering （○） 空中にとどまる、旋回している

◆ 「窓の外に」

- outside the window（○）
- out of the window（×） 窓から飛び出していく？？

◆ 「無視する」

- pay no attention to...（○） 目・耳を向けない
- not... pay any attention to...（○）
- not listen to（○） 耳を傾けない
- ignore（△） 相手にしない（いじめ、パワハラみたい）
- neglect（△） （規則や忠告や説教などを）左から右に聞き流す、軽視する
- cut... dead（×） 知らんふりをする、無視する

- -

《解答例》

② A girl student has found a UFO flying outside the window, and she is telling a boy student about that, and still, he is too absorbed in reading about UFOs to pay attention to her. It is ironic because, like this boy, more and more people have learned to put secondhand experiences before firsthand experiences.

[55 語]

> ある女子生徒が窓の外に UFO が飛んでいるのを見つけ、そのことを男子生徒に教えているが、それでもその男子生徒は UFO に関する本を読むのに夢中で、彼女の言うことには上の空である。これが皮肉なのは、この少年のように、直接体験よりも間接体験の方を優先するようになってしまった人が増えているためである。

- -

◆ 「A を B よりも優先・重視する」

- put A before B （○）

- put A above B （○）

- think that A is more important than B （○）

- value A over B （○）

- put more emphasis on A than on B （△） 重きを置く

「もしもの世界」を書かせる問題

昔から、特に東大の自由作文問題では、「もし…の場合、どうするか・どうなるか」という仮定の世界、「もしもの世界」を書かせる問題が度々出題されています。英文法の「仮定法」がきちんと使いこなせるかを見たいという狙いがあると思われますが、まずは以下の問題をやってみてください。

1　★★☆☆☆

　現在、全世界で約 3,000 から 8,000 の言語が話されていると言われている。もしそうではなく、全世界の人々がみな同じ一つの言語を使用しているとしたら、我々の社会や生活はどのようになっていたと思うか。空所を 50 ～ 60 語の英語で埋める形で答えよ。答えが複数の文になってもかまわない。

If there were only one language in the world,

　与えられた書き出し文（If there were...）でもおわかりかと思いますが、解答部分には、英文法の「仮定法」を用いることが要求されます。仮定法とは古文でいう反実仮想（現実とは異なる状況、一種のパラレルワールド）に相当するものですが、実はこのタイプの自由作文問題（もし…なら、どうするか・どうなるかタイプ）においては、必須の文法と言えます。

　注意を要するのは、今回の問題文が「全世界の人々がみな同じ一つの言語を使用しているとしたら、我々の社会や生活はどのようになっていたと思うか。」となっていることです。つまり、「これからどうなるか」ではなく、「（すでに）どうなっていたか」ということですから、その場合、「現在・これから」ではなく「これまでの事実に反すること」ということで、「仮定法過去完了」（S would have Vp.p.）の形にする必要があります。ただし、与えられた出だしでは If there were only one language in the world, と「仮定法過去」になっているため、これにそろえて解答部分も「仮定法過去」と思いがち（実際、市販の過去問集などでは、解答例が仮定法過去で書かれたものがほとんどです）ですが、If 節が「仮定法過去」、帰結節が「仮定法過去完了」というのは、実際にはあり得る形です。

㋛ If he **were** a sincere person, he **would not have cheated** on his wife.

　彼が誠実な人間なら、奥さんがいるのに不貞行為などしなかっただろう。

　今回の問題でも、「一つの言語しかない場合」考えられることとして、

◎プラス面

「言葉の壁がないため、世界中の交流が（実際よりも）もっと進んでいたであろう。」

◎マイナス面

「文化が（現実と違って）均一化して、面白味に欠けていただろう。」

のような内容に「限定」されてきます。

《解答例》

(If there were only one language in the world,) there would have been no language barriers, which would have led to fewer misunderstandings between countries, and there would have been fewer conflicts throughout the world. On the other hand, since language is a part of each culture, there would have been less cultural diversity across nations and fewer regional differences. It would have been less interesting then to visit other countries.　[62語]

> （もし世界に一つの言語しかなかったら）言葉の壁はなく、国家間の誤解も減り、世界中で紛争も少なくなっていただろう。一方で、言語はそれぞれの文化の一部であるため、国家間の文化的多様性や地域格差が少なくなっていたであろう。そうなると外国を訪れても面白味に欠けることになったであろう。
>
> ※ language barriers「言語障壁」　　※ diversity「多様性」

　もう一題、同じく「もしもの世界」を問う東大の問題をご紹介します。先ほどの「言語」の問題よりもテーマは身近なものかもしれません。

23年・東大

2　★★☆☆☆

　今から30年後、移動（例えば、通勤や通学、旅行）の手段はどうなっていると考えるか。理由を添えて、60 ～ 80語の英語で述べよ。

　このような将来の状況を予測・想像する自由作文の場合こそ、「仮定法」（If..., S would V〜）を用いることが必須となります。この問題でも、「今から30年後の世界という現実とは異なる世界を予想」するわけですから、仮定法を用いることが求められていることは明らかです。

　このように**東大は、自由作文を通して、明らかに仮定法という文法をマスターしているかどうかを試していると言えるでしょう。**

　内容面でも書くべき内容はある程度限定されてきます。いくつか候補は考えられるでしょうが、実際ほぼ以下の内容に絞られてくるのではないでしょうか。

① 「自動運転車（self-driving cars / driverless vehicles etc.）」が普及（more widely used）

→ ［その理由］

　・バスやタクシー運転手不足（shortage of drivers）に対処する（deal with）ため

　・交通事故の減少（fewer traffic accidents）が期待できる

　・社会の高齢化が進み（society is aging）、公共輸送手段（public transportation）のない地方（rural areas）の高齢者（elderly people）には日常生活（in daily / everyday life）に車が不可欠（cannot do without cars）であるため

② 「電気自動車（electric cars）」

→ ［その理由］

　・CO_2の排出（emission）削減（reduction）による温暖化（global warming）防止および環境を汚さないエネルギー（clean energy）推進のため

　・化石燃料（fossil fuels）の値上げ（higher prices）が見込まれる（expect）

③ 「リニアモーターカー（the linear motor super express）」などの高速輸送機関

→ ［その理由］

　・移動時間（travel time）の短縮（reduce /save）による東京一極集中の解

消 (decentralization of population in the Tokyo metropolitan area)

・観光客の増加 (more and more tourists / visitors) による地方都市の活性化 (boost regional economy, revitalization)

　今回の問題はあくまで、「30年後の交通手段の予測とその理由」ですから、例えば「自動運転車で事故が起きた場合の補償・責任問題」とか、「電気自動車のバッテリーに必要なリチウムなどの金属採掘により、かえって環境破壊が進む」といった問題点に触れるのは蛇足になります。

《解答例》では①自動運転車の場合を示しておきます。

- -

《解答例》

In thirty years from now, self-driving cars would be more and more widely used. This is because more use of driverless vehicles[*1] would lead to fewer traffic accidents, with fewer people killed. Moreover, in aging countries, as in Japan, it[*2] would be very helpful to elderly people who live where there is no public transportation and have no choice but to use cars, and yet are too old to drive on their own.　[73語]

> 今から30年後は、自動運転車が一層普及するであろう。自動運転車の普及が進めば、交通事故が減り、死者も減るからだ。さらに、日本のように高齢化が進む国では、自動運転車が普及すれば、公共交通機関がなく車に頼らざるを得ない地域で暮らし、年齢的に自分で運転できない高齢者は助かるであろう。

> ＊1 self-driving cars の言い換え
> ＊2 it = more use of driverless vehicles「自動運転車が普及すること」
> ※ have no choice but to V...「V…するしかない」　　※ on one's own「一人で、独力で」

- -

●──（ 歴史は繰り返す？ ）

　興味深いことに、東大ではほぼ同じ問題が08年にも出題されています。異なっているのは、変化の「理由」ではなく、「影響」を問うている点です。

3 ★★☆☆☆

　今から50年の間に起こる交通手段の変化と、それが人々の生活に与える影響を想像し、50〜60語の英語で具体的に記せ。

_____

_____

_____

_____

- -

《解答例》

In fifty years from now the linear motor super express would have replaced the Shinkansen. That means that it would take about one hour to go to Tokyo from Osaka, which would make it possible to commute from Nagoya or even Osaka. As a result, it would help solve the problem of over-concentration of population in Tokyo.　［57語］

　50年後には、リニアモーターカーが新幹線に取って代わっているであろう。すなわち、東京大阪間が1時間程度になり、名古屋はもちろん大阪からも通勤が可能になって、結果、東京一極集中問題の解決につながるだろう。

　　※ replace「…に取って代わる」　　※ over-concentration of population「人口の一極集中」

- -

自由作文—東大篇③

テーマ提示型 ── 賛成・反対を述べさせる
形式の問題

20年・東大

1 ★★★☆☆

　我々は言葉を操っているのか。それとも、言葉に操られているのか。あなたの意見を 60 〜 80 語の英語で述べよ。

　テーマを提示して、それに対する賛成・反対を述べさせる形式の問題で、自由作文では最も多い形式の問題です。

　今回のテーマ「我々人間は言葉を操っているのか、それとも操られているのか」でも、どちらの立場をとるにせよ、書くべき内容はまたしてもある程度限定されてくる

と思います。

　今回のテーマと関連することで、やや専門的ではありますが、言語相対性理論（language relativism）というのをご存じでしょうか？（これを唱えた学者の名をとって「サピア・ウォーフ仮説」（Sapir-Whorf Hypothesis）と呼ぶこともあります）簡単に言えば「言語が思考を支配する」、今回で言えば「言葉に操られている」という側の主張です。つまり「言語と文化と思考の間には密接な関係があり、ある文化に存在しないものには、それを表す語は存在せず、その文化で育った人間以外には、別の言語で置き換えたところで、そのもの自体や概念を真に表すことはできない。また言語が異なれば思考も異なるため、異なる言語同士では本当の意味での相互理解は困難である」というものです。これはあくまで「仮説」であり、これまで多くの賛否両論が唱えられていますが、ある程度までは真実であると言えるでしょう。

　一例を挙げるなら、スポーツ（sports）という語はカタカナで日本語に浸透していますが、それは「スポーツ」に相当する日本語がないためです。よく「運動」では？と思われる方がいますが、「運動」は exercise や workout であり、英語の sport はもともと「気晴らし、楽しみ（fun）のために行うもの」という意味で、play baseball / basketball のように動詞 play（本来は遊び）を用いることからも、「運動」とは厳密には一致しないのです。

　対して、日本語には従来「楽しみながら体を動かす」という概念はなく、どちらかと言えば「柔道」「剣道」のように「道」を究めるもの、苦行のようなイメージでとらえることが中心です。これはどちらが良いとか優れているということではなく、単に文化の違いであり、まさに文化が異なれば、その文化にない概念を表す言葉が存在しない好例と言えます。

　また、2016 年にアメリカ大統領選挙でトランプ氏が当選した際、ジョージ・オーウェルによる『1984』という書物が再び脚光を浴びたのですが、同書は近未来において言論統制が行われている架空の社会を描いており、（彼は強烈な反共産主義です）そこでは Newspeak と呼ばれる表現が用いられています（翻訳版でも構いませんので、未読の方は是非一読をお勧めします）。これは近年で言えば、ロシアによるウクライナ侵攻の際に、プーチン大統領が「戦争」ではなく「特別軍事作戦」とい

う言葉を用いたようなものです。トランプ元大統領の時代でも、「虚偽」（fake）を
alternative facts「別の事実」という表現が使われたことがありました。こうした
背景知識があると今回の問題にも十分生きてくるでしょう。

- -

《解答例①》「我々が言語を支配する」派
I think we control language. Language enables us to communicate with others.
They say we can understand each other without talking, but what's really
important can only be expressed by words. Even if we believe someone loves
us, we want them to say "I love you." When we tell others what is in our minds,
and they don't seem to understand us, we can use other words or expressions
to get them to see what we mean.　[79語]

> 我々は言語をコントロールしていると考える。言語のおかげで我々は他者と意思の疎通
> が可能になるのである。以心伝心などと言われるが、本当に大切なものは言葉でしか伝
> えられない。自分のことを愛してくれていると信じている人でも、その人に言葉で「愛
> している」と言ってもらいたいのである。我々が心の中で思っていることを他の人に伝
> えても、相手が理解していないように思われる場合、我々は自分の言いたいことを理解
> してもらうために、他の言葉や表現を用いることができる。

- -

- -

《解答例②》「我々は言語に支配される」派（サピア・ウォーフ仮説賛同派）
I think we are controlled by language. As some scholars put it, language is
closely related to thought and culture. Indeed, we wouldn't be able to think
without language. It would often be impossible to describe in our own language
what does not exist in our own culture, which shows that the way we think
depends on our own language. Therefore, it would be difficult to fully understand
what cannot be expressed in our own language.　[76語]

> 我々は言語に支配されていると考える。一部の学者の言葉を借りれば、言語は思考や文
> 化と密接に関係している。それどころか、言語がなければ、思考はできないであろう。
> 自分たちの文化に存在しないものは、自分たちの言語で説明することが不可能になる場
> 合も多いが、それは我々の思考の仕方が母語に依存している証拠である。したがって、
> 母語で表現できないものは完全に理解することは困難であろう。

- -

もう一問、同様の形式の問題を紹介します。

04年・東大

2 ★★☆☆☆ 《自宅通学 vs. 下宿》

　もし、あなたが自宅から電車で片道2時間の距離にある大学に通うことになったとしたら、あなたは自宅から通学しますか、それともアパートなどを借りて一人暮らしをしますか。いくつかの理由を挙げ、50語程度の英語で答えなさい。

　どちらの立場をとるにせよ、「自宅から電車で片道2時間の距離にある大学に通うことになったとしたら」から、この問題も「仮定法」を使うことが求められていることは明白です。それぞれの根拠も以下のような内容に集約されるでしょう。

◎「自宅通学」派
　・下宿よりも金銭的負担は少ない。
　・確かに往復4時間は長いが、通学時間に本を読むなどすれば無駄にはならない。

◎「一人暮らし（下宿）」派
　・通学時間に使わなくて済む時間を有効活用できる。

- -

《解答例①》「自宅通学」派

I would live in my house to go to college two-hour train ride away. It might be hard to spend four hours commuting to and from college, to be sure, but I would be able to use the time to read books or study. Besides, it would cost more money to rent an apartment. 〔54 語〕

> 私は自宅から、電車で 2 時間かかる大学に通うつもりだ。 確かに往復 4 時間かけて通うのは大変だろうが、その時間は読書や勉強に使えるであろう。そもそもアパートを借りたら、自宅通学よりも物入りとなるだろう。

> ※ two-hour train ride away「電車で 2 時間の距離の」　　　※ commute「通勤・通学する」
> ※ to and from...「…との往復」　　　※ to be sure, ... but 〜「確かに…だがしかし〜」
> ※「アパートを借りる」　rent an apartment（○)「有料の貸し借り」
> 　　　　　　　　　　borrow an apartment　（×)「無料で借りる」

- -

- -

《解答例②》「一人暮らし（下宿）」派

I would rent an apartment and live by myself. Of course, it would cost more money to rent an apartment than to live in my house to go to college, but it would be a waste of time to spend four hours going to and from college. I would like to use the time for more useful purposes. 〔58 語〕

> 私はアパートを借りて一人暮らしをするつもりだ。もちろん、大学に通うのに自宅通学よりもアパートを借りた方がお金はかかるだろうが、電車で往復 4 時間もかけるのは、時間の無駄であろう。そんな時間があったらもっと別の有益な目的に使いたいものだ。

> ※ by oneself「一人で」　　　※ a waste of time「時間の無駄」

- -

8

自由作文 — 東大篇④

「思うところを述べよ」は適当な感想を書く問題ではない

1 ★★★☆☆ 次の、シェイクスピアの戯曲『ジュリアス・シーザー』からの引用を読み、二人の対話の内容について思うことを 40 〜 60 語の英語で述べよ。

引用

CASSIUS　Tell me, good Brutus, can you see your face?

BRUTUS　No, Cassius; for the eye sees not itself,

　　　　　But by reflection, by some other things.

………

CASSIUS　I, your glass,

　　　　　Will modestly discover to yourself

　　　　　That of yourself which you yet know not of.

引用の和訳

キャシアス　どうだ、ブルータス、きみは自分の顔が見えるか？

ブルータス　いや、キャシアス、見えない。目は、反射によってしか、つまり他のものを通してしか自分自身を見ることができないから。

（中略）

キャシアス　私が、きみの鏡として、

　　　　　　きみ自身もまだ知らないきみの姿を、

　　　　　　あるがままにきみに見せてやろう。

一般に自由作文で「思うことを述べよ」とある場合、何を書いたらよいかわからないという方が多いようです。もちろん何でもよいから適当な感想を書けばよいわけではありません。このタイプの問題で求められるのは、ほぼ以下のような内容に集約されます。

①「与えられた内容」を真と考えるか偽と考えるか → 「理由」を述べる
②「与えられた内容」に賛同するかしないか → 「理由」を述べる
③「与えられた内容」から得られる「教訓」を読み取る

　この問題では、最後のキャシアスのセリフから、「自分では見えない自分の姿は、（欠点にせよ長所にせよ）他人からしか見えない」という内容が読み取れます。さらに一歩突っ込んで、「自分では見えない姿を教えてくれる相手には感謝しなければならない」というような内容（教訓）を盛り込めれば、あとは英訳するだけになります。
　実は、今回の問題の伏線となるような問題が 80 年代の東大の英作文問題でも出題されたことがあります。

2 ★★★☆☆

他人のよくないところは、面と向かって言いにくい。<u>気づいていても知らん顔するのが世間というものだ</u>。<u>だからこそ言いにくいことを言ってくれる友達は貴重と思うべきなのである。</u>

◆ 「他人のよくないところ」

- bad things about others （○）
- others' fault　欠点　/　shortcomings　短所 （○）

◆ 「気づいていても知らん顔する」→「気づいていないふりをする」

- pretend not to notice... （○）
- 　〃　　not to be aware of... （○）
- cut... dead （×）… （相手）を知らないふりをする、無視する

◆ 「…するのが世間というものだ」

- people generally / usually V （○）

◆ 「言いにくいことを言ってくれる」

- dare to say what is hard to say （○）
  ※ dare to... 「あえて…する」

◆ 「（〜する友達を）貴重と思う」

- regard... as valuable （△）
- 〃　　as important （○）
- think that A is a good friend （○）
- appreciate it if you have a friend who 〜 （○）

《解答例》 2

① People generally pretend not to be aware of others' faults, even if they actually are*. This is why you should think that those who dare to tell you what is hard to say are really good friends.

　　　* are (aware of others' faults) の省略

② People usually pretend not to be aware of bad things about others, even if they actually are*. This is why you should appreciate it if you have a friend who dare to say what is not easy to say.

『ジュリアス・シーザー』の一節は、「自分の顔は見えない」 → 「欠点も含め、自分の本当の姿は自分では見えない」 → 「それは他人しか教えられない」ということですが、この 80 年の東大の問題も「歴史（過去問）は繰り返す」実例と言えるでしょう。1 の解答例はこの問題を参考にしてあります。

《解答例》 1

You can't see yourself with your own eyes, and you'll only know your true self through others, but most people will find it hard to tell you who you really are, including your bad things. That's why you should think those people who dare to tell you what is hard to say are really important.　[55 語]

　自分の目で自分を見ることはできないため、他人を通してしか本当の自分を知ることは

できないが、ほとんどの人は欠点を含め、相手の本当の姿は伝えるのが困難であると思うであろう。だからこそ、あえて言いにくいことを言ってくれる人は本当に大切だと思うべきである。

※ who A really be 「A の本当の姿」

3　★★★☆☆　下の画像について、あなたが思うことを述べよ。全体で 60 ～ 80
　　　　　　　　語の英語で答えること。

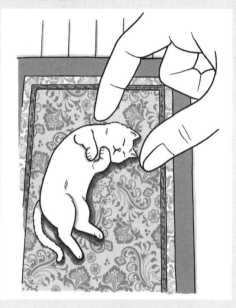

注）実際の入試では写真だったものをイラストに差しかえ

この絵を見て、指でつまめるほど小さな猫がいると思う人はいないと思います。明らかに、これは遠近法（perspective）による一種の錯覚（illusion）ですが、ではなぜ我々が騙されないかと言えば、実際には猫の大きさを大体わかっているためです。逆に言えば、猫の大きさを知らない人が見たら、騙されてしまう可能性があります。つまり、正確な知識を持たないと簡単なトリックに引っ掛かりやすい、気を付けなければいけない、という **「教訓」** を読み取れるかどうかにかかっていると言えます。

《解答例》 3

At first sight, this picture may seem to show a giant is about to pick up a cat with its two big fingers. Of course, this is perspective ; putting the cat at a distance can make it look much smaller than it really is. However, you might be deceived if you didn't know the real size of a cat and a person. Thus, you should be aware that things might look totally different from what they really are.　［79 語］

一見、この写真は巨人が二本の大きな指で猫を拾おうとしているように見えるかもしれない。もちろん、これは遠近法である。猫を遠くに置くことで、実物よりもはるかに小さく見せることが可能なのである。しかし、猫と人間の実際の大きさを知らないと騙される可能性がある。したがって、物事は現実とは全く異なって見える可能性があることを認識しておく必要がある。

※ at first sight「一見したところ」　　　※ be about to V...「今にも V…しようとする」

自由作文 ― 東大篇⑤

パラグラフの内容を推測させ、その内容の英訳を求める問題

　今回取り上げる問題は、前に来るべき英文を読ませ、その内容から書くべき内容（前段落と内容的に整合するパラグラフ）を書かせるというものです。ここでは、知性とは何かをめぐり、動物（ゾウとチンパンジー）を用いた実験から考察される「結論となるべき内容を推測させる力」と「作文力」を同時に試す問題と言えます。

16年・東大

1　★★★☆☆　次の文章を読んで，そこから導かれる結論を第三段落として書きなさい。全体で 50 〜 70 語の英語で答えること。

1 　In order to study animal intelligence, scientists offered animals a long stick to get food outside their reach. It was discovered that primates such as chimpanzees used the stick, but elephants didn't. An elephant can hold a stick with its trunk, but doesn't use it to get food. Thus it was concluded that elephants are not as smart as chimpanzees.

2 　However, Kandula, a young elephant in the National Zoo in Washington, has recently challenged that belief. The elephant was given not just sticks but a big square box and some other objects, while some fruit was placed just out of reach above him. He ignored the sticks but, after a while, began kicking the box with his foot, until it was right underneath the fruit. He then

stood on the box with his front legs, which enabled him to reach the food with his trunk.

[   ]

（注）trunk　ゾウの鼻

_____

_____

_____

_____

_____

_____

　さすがに東大受験生と言えども、ややハードルが高かったのでしょうか、この形式の出題は、翌年以降は残念ながら（受験生的にはそうではないかもしれませんが）姿を消してしまいました。

　ただし、実際に第三段落に至るまでの英文（1パラ・2パラ）をご覧になればおわかりかと思いますが、この問題は実質的に**「例・実験結果」から、どのような結論が導き出せるかを問いかけているものです。いわば、「帰納的」思考を問いかける問題**と言えるでしょう。

　まずは、第3段落に至るまでの英文を見ていくことにします。[1パラ][2パラ]の英文自体は平易なもので、理解を妨げるような語句や構文は全くと言ってよいほどありません。

1 パラ

①{In order to study animal intelligence}, scientists offered animals a long stick to get food (outside their reach*). ②It was discovered [that primates such as chimpanzees used the stick, but elephants didn't]. ③An elephant can hold a stick {with its trunk}, but doesn't use it to get food. ④**Thus** it was concluded [that elephants are not as smart as chimpanzees].

①動物の知性を研究するために、科学者は、動物に長い棒を与えて、手の届かないところにある餌をとれるかどうか確かめてみた。②結果わかったことは、チンパンジーなどの霊長類は棒を使ったが、ゾウは使わなかったことである。③ゾウは鼻で棒を持つことはできても、棒を使って餌をとることはしない。④したがって、ゾウはチンパンジーほど頭が良くないと結論付けられた。

* outside one's reach「手の届かないところに」

2 パラ

①However, Kandula, a young elephant in the National Zoo in Washington, has recently challenged* that belief. ②The elephant was given not just sticks but a big square box and some other objects, while some fruit was placed {just out of reach above him}. ③He ignored the sticks but, (after a while), began kicking the box with his foot, until it was right* underneath the fruit. ④He then stood on the box with his front legs, which enabled him to reach the food {with his trunk}.

①しかしながら、ワシントン国立動物園の若いゾウ、カンドゥラにより、最近その考えに異議が唱えられるようになった。②カンドゥラには棒だけでなく、大きな四角い箱やその他の物が与えられる一方で、果物は頭上の鼻も届かないところに置かれた。③彼は棒には目もくれなかったが、しばらくすると、箱を蹴り始め、果物の真下にまで移動させた。④次に、彼は前足で箱の上に立ち、それにより餌に鼻が届いた。

* challenge [動]「…に異議を唱える」
* right [副詞]「場所・時の強調、まさしく…」

空所に至るまでの展開をあらためて整理すると、以下のようになります。

1パラ 「動物の知性に関する実験」

・手の届かないところにある餌をとるのに、棒を与えてみた。

・チンパンジーは棒を使って餌をとったが、ゾウは棒を使わず餌にありつけなかった。

・この結果から、知性に関してはチンパンジー＞ゾウという結論が出された。

2パラ 「実験結果の結論に対する異議・反論」

・しかしながら、あるゾウの行動から、この結論に異議が唱えられた。

・そのゾウは、頭上の鼻も届かないところにある餌をとるのに棒を使わず、四角い箱を移動させ、上に乗って餌をとることができた。

・ゾウは餌をとるのにチンパンジーのように stick は使えなくとも、別の道具（square box）を使うことができた。

以上のことから、第三段落で展開されるであろう内容、つまり、この二つの事実から明らかになることは、おのずと以下のような内容であることが見えてくるのではないでしょうか？

---

① 棒を使えるかどうかという視点だけで、ゾウの方がチンパンジーより知性が劣るとするのは、いささか性急・早合点と言える。

② 動物の知性は、一概にある特定の道具を使えるか否かでは判断できない。

　→ 知性とは何か（what is intelligence, what intelligence is all about）を only from one angle から考えるのは、危険・間違いである / 好ましくない。

ここまでが、書くべき内容を推測するという部分にあたります。あとは、こうした内容をなるべく平易で、自分が確実に使える語彙や構文を使って英文に直す作文力が求められることになります。解答例を示しておきます。

《解答例》

As is clear from these findings, even though elephants don't use sticks as chimpanzees do, they can use other tools to get food. So we cannot conclude that they are not so smart as chimpanzees. Thus, it would be dangerous to determine whether an animal is more intelligent than others only from one angle, such as whether it can use a particular tool. [63 語]

> こうした調査結果から明らかなように、ゾウはチンパンジーのように棒を使わないものの、他の道具を使用して餌を手にすることができる。したがって、ゾウの知性がチンパンジーに劣ると結論付けてはならない。かくして、ある動物と他の動物の知性の優劣を、特定の道具を使用できるかどうかといったような一つの視点だけから判断するのは危険であろう。

　動物の行動について、かつて東大では似たような内容の問題が出題されたことがあります。

2　★☆☆☆☆　次の英文において，前後がつながるようにするには下線部にどのような英文を入れればよいか。話の流れを考えて，適切な英文を５〜10 語程度で書け。

①We know that many animals are capable of trying to deceive. ②Konrad Lorenz, a famous scientist, told a story about Bully, his old dog whose eyesight had become bad. ③Bully sometimes mistakenly barked in an unfriendly way at Lorenz when he returned home. ④After realizing his mistake, Bully would rush past Lorenz and bark angrily at a neighbor's gate, as if ＿＿＿＿＿＿＿＿＿＿. ⑤This episode made Lorenz realize that human beings are not the only creatures that try to deceive.

```
_____

_____

_____
```

下線部の前の as if は「まるで…のように」（実際には…ではない）という仮定法で使われる語句であることを踏まえて、下線に至るまでの展開を考えてみます。

「動物にも相手を騙そうとする能力がある」という第①文の例として、ローレンツ氏（有名な動物行動学者です）の愛犬ブリーが、間違って飼い主に吠えてしまったことに気付いて隣家の門に吠えるというエピソードが挙げられています。as if 以下は「隣家に向かってブリーが吠えた」ということから、一種の照れ隠し、つまり**「あなたに向かって吠えたのではなく、隣の誰か怪しい人（実際にはいない）に向かって吠えたんですよ」**と言わんばかりに、という内容が適していることがわかります。ただし、このまま英訳すると、5 ～ 10 語では収まりそうもありませんので、もう一工夫必要になります。1 と比べれば、語数も少ない分だけ書きやすいと思われます。

- -

《解答例》

① as if (he had found someone suspicious there)　[6 語]
　誰かそこに怪しい人を見つけたかのように

② as if (it were not his owner that he had barked at)　[10 語]
　まるで自分の飼い主に向かって吠えたのではないかのように

- -

10

自由作文－京大篇

新たに登場し始めた
京大の自由作文

　京大は従来から度々入試制度が変更されても、一貫して読解は下線部和訳のみ、作文は長い和文英訳のみというスタイルを頑なにとってきましたが、2000年代に入ると少しずつ変化が見られ、英作文では和文英訳に加え、自由作文が出題されるようになりました。

　以下は、東大でも出題されていた形式と同じタイプの京大の会話文補充問題です。

1　★★★☆☆　「積ん読」という言葉をめぐる次の会話を読んで、空欄 (1)(2) に入る適当な応答を、解答欄（それぞれ 12cm × 7 行）におさまるように英語で書きなさい。

Dolly：I see that you have so many books! You must be an avid reader.

Ken：Well, actually, I haven't read them. They are piling up in my room and just collecting dust. This is called tsundoku.

Dolly：Really? I've never heard of tsundoku. Can you tell me more about it?

Ken：(1) (＿＿＿＿＿＿＿＿＿＿＿＿＿＿＿＿＿＿)

Dolly：I can understand. What are your thoughts on tsundoku?

Ken：(2) (＿＿＿＿＿＿＿＿＿＿＿＿＿＿＿＿＿＿)

(1)

_____

_____

_____

_____

_____

_____

(2)

_____

_____

_____

_____

_____

_____

《訳例》

ドリー：たくさん本をお持ちですね！ きっとあなたは本の虫なんですね。

ケン：それがですね、実はまだ読んでいないんです。部屋にはそれらが山積みになって
　　　いて、ただ埃をかぶっています。「積ん読」ってやつです。

ドリー：そうなんですか？「積ん読」とは初めて聞きました。詳しく教えてもらえますか？

ケン：(1)（　　　　　　　　　　　　　　　　　　　　　　）

ドリー：わかります。「積ん読」についてどう思いますか？

ケン：(2)（　　　　　　　　　　　　　　　　　　　　　）

今回の問題は、「積ん読」という言葉を通して、日本文化、自分たちが当然だと思っていることを外国人に説明するという異文化交流の元となる話です。

会話の展開から（1）には「積ん読」という語の意味を知らない外国人に説明する内容の文が入ることがわかります。同時に（2）は「積ん読」についての考えが問われています。

つまり、ここでも自由作文で求められる、「あるテーマに対する賛成・反対、肯定・否定」というパターンをただ会話形式で聞いてきたにすぎません。**「積ん読」を肯定的にとらえるか、否定的にとらえるかの内容を書けばよいことになります。**

まず、（1）の部分です。「積ん読」という日本語の句の意味・成り立ちを（外国人である Dolly に）説明する必要があります。幸い直前の Ken のセリフに They are piling up in my room and just collecting dust.（部屋にはそれらが山積みになっていて、ただ埃をかぶっている）とあることから、「積ん読」の「積む」は pile up を用いればよいことがわかります。

- -

《解答例》（1）

① Sure. The word "Tsundoku" is made up of two words. "Tsun" is from "Tsumu", which means to pile up, and "doku" means reading, as in "Sokudoku", a word for rapid reading. So, "Tsundoku" means that you have too many books to find time to read and pile them up only to leave them unread. What's ironic about this phrase is that while "doku" literally means reading, you actually don't read them. ［71 語］

> わかりました。「積ん読」という言葉は二つの単語からできています。「積ん」は「積む」から来ていて、それは「（本を）積み上げる」ことを意味し、「読」は「速読」のように「読む」という意味です。だから「積ん読」とは、本が多すぎて読む時間が取れず、積み上げたまま読まずに放置するという意味です。このフレーズの皮肉なところは、「読」は文字通り読むという意味でありながら、実際には読まないということです。
>
> ※ be made up of...「…から成る」　　※ literally「文字通りに」

② Sure. When you buy several books at a time, you think you can find time to read them someday, but in most cases you end up piling them up and not reading them at all. That's what "Tsundoku" means. It is a combination of the two words "tsumu" and "doku." The former means to pile up and the latter means to read, though you actually don't.* [67 語]

いいですとも。一度に何冊か本を買うと、いつか暇を見つけて読もうと思っていても、結局積み上げるだけで、全く読まない場合がほとんどです。それが「積ん読」の意味です。「積む」と「読む」という二つの言葉を組み合わせた言葉で、前者は「積み上げる」という意味、後者は「読む」という意味です。実際には読まないんですけどね。

※ at a time「一度に」　　　※ the former「前者」/ the latter「後者」
＊ don't (read) の省略

- -

（1）では、積ん読についての意見が求められています。つまり積ん読が、良いか・悪いか（肯定・否定）のいずれかを書くことになるわけです。この問題は会話文の形式をとっていますが、結局、「テーマに対する賛否」を書かせる問題と同じです。

もちろん、肯定・否定どちらの立場をとるにせよ、その根拠を示す必要があります。結局、それぞれの立場として考えられるのは、次のようになるのではないでしょうか？

---

① 「積ん読」否定派

・ 積ん読はスペースをとる。（take up a lot of space）

・ そもそもお金の無駄。（a waste of money）

・ 持っているだけで読まないのは、意味がない。（meaningless）

② 「積ん読」肯定派

・ 今は読まないかもしれないが、手元にあれば読む気になった時に読むかもしれない。

・ ある意味、自宅に図書館があるようなもの。

- -

《解答例》(2)

① 「積ん読」否定派

Well, I think that's not only a bad habit, but a waste of money. Moreover, it takes up a lot of space. No matter how many books you have, it would be meaningless if you don't read them. That's why I'll think I should buy one book at a time and read it on the day.　[56 語]

まあ、それは悪い習慣であるだけでなく、お金の無駄だと思いますね。さらに場所をとってしまいます。本を何冊持っていても、読まなければ意味がありません。だから一冊ずつ買ってその日に読もうかなと思います。

② 「積ん読」肯定派

You might think that "Tsundoku" is not only a waste of money but meaningless. However, it has some advantages. Having books at hand enables you to read them whenever you want to, even if you don't at the moment. Having lots of books piling up is like having a library at home. It would be much better than not to have a book right away when we want to read.　[70 語]

「積ん読」はお金の無駄であるだけでなく、意味がないと思われるかもしれませんが、利点もあります。本が手元にあれば、たとえ今は読まなくても、いつでも読みたい時に読むことができます。たくさんの本を積み上げておくのは、家に図書館があるようなものです。読みたい時にすぐに本が手に入らないよりはずっと良いでしょう。

- -

佐藤 ヒロシ（さとう・ひろし）

早稲田大学教育学部英語英文学科卒。代々木ゼミナール講師として、30 有余年にわたり、大学受験科クラスを中心に「東大英語」「早大英語」「英語構文」「ハイレベル国公立大英語」などの授業を担当。その講義は全国各校舎および提携塾・予備校などに配信されている。近年は動物園通い（いわゆるZoo活）にはまっており、日本全国の動物園を巡るのが当面の目標。

主な著書『東大英語が教えてくれる英文正読の真相55』『実は知らない英文法の真相75』『実は知らない英文誤読の真相88』『ラッセルと 20 世紀の名文に学ぶ英文味読の真相39』『関係詞の底力』『五文型の底力』『and と as の底力』（以上 プレイス）、『英語が面白くなる東大のディープな英語』『佐藤ヒロシの英語長文［マーク式］が面白いほどとけるスペシャルレクチャー』『佐藤ヒロシの英語長文［記述式］が面白いほどとけるスペシャルレクチャー』（以上 KADOKAWA／中経出版）、他多数。

◉──装丁　　　　都井 美穂子
◉──イラスト　　いげた めぐみ
◉── DTP　　　　清水 康広
◉──校正　　　　余田 志保

教養としての東大・京大英語の入試問題

2024 年 5 月 25 日	初版発行
2024 年 7 月 11 日	第 3 刷発行

著者	佐藤 ヒロシ
発行者	内田 真介
発行・発売	ベレ出版
	〒162-0832　東京都新宿区岩戸町 12 レベッカビル
	TEL.03-5225-4790 FAX.03-5225-4795
	ホームページ　https://www.beret.co.jp/
印刷	三松堂株式会社
製本	根本製本株式会社

ISBN 978-4-86064-765-0 C2082　　　　　　　　編集担当　新谷友佳子

真の英語力を身につける
英文法・語法完全マスター

植田一三／上田敏子／中坂あき子 著

A5 並製／定価 2420 円（税込）■ 400 頁
ISBN978-4-86064-751-3 C2082

中・上級の英語学習者が最も知りたい英文法・語法を 10 のカテゴリーに分け、それぞれのテーマごとにどんな問題にも答えられるように徹底解説。「人間の行動を決定づける動詞の語法・時間の流れを表す時制の用法・人の気持ちを表す助動詞の用法」から「論理的で引き締まった美しい英文をつくるためのパラレル・倒置・主語統一・強調・省略構文」までを一気にマスターできる構成です。各セクションごとに、英語試験対策＆英文ライティング力アップの「文法・語法訂正問題」を取り上げ徹底解説していきます。

ハイレベル実戦英文法

猿谷宣弘 著

A5 並製／定価 1980 円（税込）■ 292 頁
ISBN978-4-86064-519-9 C2082

英語力を上げるうえでもっとも重要な文法項目にしぼり、系統的にまとめた一冊。文法項目、構文、文型ごとの例文に解説をつけ、確認問題で理解できていないところ、あやふやだった知識をしっかり整理していきます。高校の英語教師を勤め上げたあと、大手予備校講師を経験した著者が、基礎的文法事項を終えてさらに上を目指したいという学習者に、何が必要なのかを考えまとめた本です。努力を無駄にさせない、効率よく学習することを目指した新しい文法書。

[音声DL付] 意見・主張をクリアに伝える技術
ディスコースマーカーで英語はこんなに伝わる

コチェフ アレクサンダー 著

A5 並製／定価 2420 円（税込）■ 256 頁
ISBN978-4-86064-742-1 C2082

「ディスコースマーカー」とは、「談話標識」、つまり「論理を示す標識」です。本書では特に「話す」「書く」といったアウトプットに着目して、ディスコースマーカーをはじめとした、論理展開をクリアにするための様々なテクニックやボキャブラリをご紹介します。練習問題も豊富に収録し、知識の定着を強固にすることができます。よりスマートで洗練された英語力を身につけたい方、「中級」を脱して、もっと自信を持って英語を使いこなしたい方、日本語なら伝えられるニュアンスや起承転結を英語でも伝えられるようになりたい方おすすめの 1 冊です。

科学の知識と
英語を身につける

臼井俊雄 著

A5 並製／定価 2420 円（税込）■ 352 頁
ISBN978-4-86064-462-8 C2082

ニュートンの万有引力から地球、光ファイバーまで基礎的で重要な科学のテーマを 30 とりあげ、そのテーマに沿って興味深く学習できます。まず平易な科学英文を読解、そしてテーマの基礎知識とエピソード、背景知識を日本語で解説します。自然科学のさまざまな分野の英語表現や語彙を幅広く覚えることができるので TOEFL、英検受験者にも有効。英語例文、単語は MP3 に収録。

[音声 DL 付] 英語スピーキング大特訓
自分のことを論理的に話す技術とトレーニング

植田一三／上田敏子／ Michy 里中／常田純子 著

A5 並製／定価 2420 円（税込）■ 320 頁
ISBN978-4-86064-700-1 C2082

英語で人生経験や哲学、自分の仕事や学校のことなど様々なパーソナルなトピックを論理的に話すことは、ネイティブと友好関係を深めるためにも、また様々な検定試験のスピーキング力アップのためにも必要です。本書では相手からの質問に瞬時に分かりやすく答えることができるための技術と幅広い表現を紹介しています。自分の考えを論理的に相手に伝えたい、分かりやすく丁寧に伝えたいと願う中上級者のスピーキング対策の決定版です。

ガチトレ
英語スピーキング徹底トレーニング

藤井拓哉 著

A5 並製／定価 3630 円（税込）■ 768 頁
ISBN978-4-86064-350-8 C2082

英語の知識とテクニックと発音を身につけながら、大量のトレーニングを行なう、絶対に英語が話せるようになる本気の一冊。《いざというときにまったく英語が出てこない》という状態から抜け出すためには、すばやく日本語を英語へ変換する練習が大切。単語レベルから徐々に文章レベルにあげていくトレーニングを繰り返し行なうことで、必ず英語がスラスラと出てくるようになります。1100 分のトレーニング音源付き。

英語ライティング
至高のテクニック 36

植田一三／小谷延良／上田敏子／中坂あき子 著

A5 並製／定価 2090 円（税込）■ 368 頁
ISBN978-4-86064-607-3 C2082

英語のライティング力を構成するものには「リズム・バランス力」「語彙・表現力」「文法・語法力」「論理力・発想力」「一般知識・哲学力」があります。第 1 章で概論を述べ、第 2 章から第 6 章の理論編では個別にサンプル問題をあげて、テクニック 36 を具体的に解説していきます。実践編の第 7 章では英検、TOEFL, IELTS などの資格試験や論文、レポート、ビジネス文書などのテクニカルライティングトレーニングを行います。論理明快で洗練された英文を書く技術を極めたい人にお勧めの一冊です。

英語ライティングこれ一冊

津村元司 著

A5 並製／定価 2200 円（税込）■ 400 頁
ISBN978-4-86064-569-4 C2082

本書で、英検・TOEFL・IELTS のライティング試験において押さえておかなければならない、英文を書くときのルール、エッセイの構成をひと通り学ぶことができます。ライティング試験の採点では、どのようなところをチェックされるのか、どのような間違えが多いのかを分かりやすく解説。スコアアップにつながるポイントをしっかり意識しながら学習を進めることができます。また、練習問題が豊富なので、本書で学んだ内容を確かめながら、実際の試験で活きるライティング力を養うことがきます。

英語でSNSトーク
そのまま使えるネイティブ表現800

Nicholas Woo 著

四六並製／定価 1430 円（税込）■ 224 頁
ISBN978-4-86064-407-9 C2082

英語力をつけるなら毎日触れることが一番。LINE、twitter、Facebook、Skype などで「やばい！」「いま何してる？」「別に」など、友だちと日本語でやりとりしているその言葉を、そのまま英語でできたらと思ったことはないでしょうか。自然な日本語でのやりとりを、ニュアンスそのままにネイティブの英語で覚えられたら、楽しく学ぶことができ、ネイティブと英語で楽しくネット上のおしゃべりをすることも可能に。実際のチャットの例をあげながら使える表現をたくさん紹介していきます。